SAGA PARISIENNE

DU MÊME AUTEUR
CHEZ POCKET

SAGA PARISIENNE

1942-1958
UN BALCON SUR LE LUXEMBOURG

1959-1981
D'UNE RIVE À L'AUTRE

1981-2003
AU RENDEZ-VOUS DE *L'HEURE BLEUE*

Mc Brun

Gilles Schlesser

Gilles Schlesser est l'auteur de plusieurs romans dont les polars *Mortelles voyelles* (2010), *La mort n'a pas d'amis* (2013), *Mortel Tabou* (2014), *Sale Époque* (2015) et *La Liste Héraclès* (2016) aux éditions Parigramme. Il a également publié *Le Cabaret « rive gauche »* (2006) et une biographie de Mouloudji (2009) aux éditions de L'Archipel.
Sa *Saga parisienne*, publiée en trois volumes (Parigramme, 2011 et 2012), décrit la vie d'une famille sur plusieurs générations de 1942 à 2003.

Retrouvez toute l'actualité de l'auteur sur :
www.gilles-schlesser.fr

GILLES SCHLESSER

SAGA PARISIENNE

Tome 2
1959-1981
D'une rive à l'autre

PARIGRAMME

FSC www.fsc.org
MIXTE
Papier issu de sources responsables
FSC® C003309

Pocket, une marque d'Univers Poche,
est un éditeur qui s'engage pour la préservation
de son environnement et qui utilise du papier fabriqué
à partir de bois provenant de forêts gérées
de manière responsable.

ISBN : 978-2-266-25804-3

À kuikui

1

(Jeudi 1er janvier 1959)

Delphine allume la veilleuse, son regard s'attarde sur le visage d'Olivier, les tempes, les paupières, le nez, les petites rides. Il dort sur le côté, une main hors du lit. Cheveux longs en bataille, respiration lente, il sourit légèrement. À quoi peut-il rêver ? Son cœur se serre, elle ignore tout de lui. Elle l'aime, c'est suffisant.

Lorsqu'elle est entrée à tâtons dans sa chambre, vers 2 heures du matin, il a prononcé quelques mots indistincts. A-t-il murmuré : « Viens… » ? Il lui semble. Elle s'est glissée dans son lit, s'est blottie cœur battant contre son dos. Il est resté immobile un long moment, puis il a soupiré et s'est retourné vers elle. Il l'a prise dans ses bras et lui a longuement caressé les cheveux. Elle a respiré sa peau, elle a senti sa main se promener sur son front, sa joue ; un doigt s'est attardé sur ses lèvres, c'était doux. « Il ne faut pas », a-t-il dit. Pour toute réponse, elle a enlevé sa chemise de nuit, s'est à nouveau serrée contre lui en tremblant de bonheur. Elle a posé la tête au creux de son épaule et avancé une jambe entre les siennes. Ils sont restés ainsi pendant une éternité puis il a répété : « Il ne faut pas. »

Elle en pleurerait. Pourquoi lui a-t-il refusé ce qu'elle désirait ? Pendant le dîner, il lui avait semblé qu'il la regardait enfin comme un homme peut regarder une femme et non une petite fille. La trouve-t-il trop jeune ? Lui trop vieux ? Qu'importe, la chambre est baignée par la grâce des certitudes ; elle sait qu'ils sont faits l'un pour l'autre, c'est écrit. Elle l'attendra le temps qu'il faudra.

Delphine frissonne, cherche sa chemise de nuit. Elle se penche, embrasse le creux du poignet du dormeur. Elle aime que ce soit son premier geste de la nouvelle année. La villa dort encore. Delphine s'aide de la main courante, rejoint sa chambre sur la pointe des pieds en évitant de faire craquer le parquet du couloir, ouvre sa porte avec d'infinies précautions. S'habille. Un halo blanc-bleu éclaire le parc recouvert de neige, la nuit commence à faiblir. À moins que ça ne soit que la grosse lampe ornant la façade au-dessus du perron. Elle descend l'escalier, traverse le grand salon, se dirige vers la cuisine. Mme Farge est bien sûr déjà à pied d'œuvre.

— Bonjour, Delphine…

— Bonjour, bonjour !

— Bien dormi, petite ?

L'accent savoyard de Mme Farge semble légèrement narquois. Serait-elle au courant ? Delphine fronce les sourcils. Cela ne l'étonnerait pas. La villa de Fontenay est son royaume, la vieille gouvernante sait faire parler les murs.

— Pas si petite que ça, j'ai presque dix-sept ans !

— Oui. Presque la moitié du double…

Delphine cherche à comprendre puis rougit violemment. Le visage de Mme Farge s'illumine d'un sourire complice.

— Vous ne direz rien à mon père ?

— Non, Mademoiselle. Mais ce n'est pas bien, vous êtes trop jeune, vous allez vous faire du mal.

Delphine se penche, dépose un baiser sur la joue fripée.

— Merci, madame Farge, ne vous inquiétez pas pour moi, je vais prendre mon petit déjeuner !

— Allez-y. J'ai mis la chaudière à fond et j'ai préparé la cheminée. Si vous avez froid, il y a aussi des couvertures.

Mme Farge la regarde se diriger vers le salon. Si c'est pas malheureux ! Avec le fils de Mme Odette, la deuxième femme de son propre grand-père ! Si elle continue, cette petite va mettre le feu à toute la famille, c'est déjà assez compliqué comme ça.

Le pain, la motte de beurre salé, la confiture d'orange. Comme elle l'a toujours fait dans cette maison depuis trente-cinq ans, elle s'affaire. Plus pour très longtemps. C'est fini maintenant, monsieur Valentin est mort, elle ne va pas rester au service de madame Odette. Elle donnera ses huit jours et rentrera au village, à La Sauce, en Savoie. Ici, les souvenirs deviendraient trop cruels. Les jours heureux n'ont pas manqué, certes, mais les moments de bonheur, ça ne se mange pas en salade. Surtout quand on connaît la fin de l'histoire : au bout, il n'y a rien. Rien que des fâcheries, des manigances, des trahisons et la mort. Ces enfants qu'elle a élevés, les enfants de monsieur Valentin, ces enfants qui riaient dans le jardin, ces pauvres enfants… Jean-Noël torturé à mort par la Gestapo, Amédée collabo et banni de la famille, Amélie enfermée chez les fous… Il n'y a plus que monsieur Pierre… et madame Odette qui va le plumer comme une volaille. Quant à Olivier, évidemment, il ne peut pas s'empêcher de faire des bêtises. Comme d'habitude. Mme Farge sèche une larme avec le coin de son grand tablier rouge puis, plateau d'argent en main, trottine vers le salon.

*

Delphine en sourit : tels des collégiens, son père et sa mère se tiennent par la main en descendant le grand escalier. Elle jette un œil sur le carillon : 7 h 10. À un quart d'heure près, elle se faisait surprendre. Pierre Ormen contourne la table, embrasse sa fille, se frotte les yeux d'une nuit sans sommeil. Il aide sa femme à s'installer, s'assied à son tour, déplie sa serviette. Son regard s'embue, il songe aux derniers instants de son père mort dans cette pièce, il y a à peine dix jours, alors que toute la famille regardait la télévision. Ses os ne le portaient plus. « Et toi, papa, tu aurais voté quoi ? » avait demandé Pierre. Le petit homme n'avait pas répondu pour la simple raison qu'il venait de mourir. Pierre s'en veut. « Tu aurais voté quoi ? » Comme ultimes paroles, difficile de faire pire. Grotesque, même.

Cafetière à la main, Mme Farge pénètre dans le salon. Son regard croise celui de Pierre.

— Bonjour, madame Farge…

— Bonjour, monsieur Pierre, bonjour, madame Ariane. Vous êtes bien matinaux.

Ariane tend sa tasse, observe sa fille du coin de l'œil. Qu'a-t-elle ? Ce n'est pas sa Delphine habituelle.

— Bien dormi, chérie ?

Delphine hoche la tête. Si on veut.

À quarante-neuf ans, Ariane Ormen n'a rien perdu de sa beauté altière. L'ovale de son visage surmonté de tresses blondes formant diadème est toujours aussi pur. La peau est claire, sans rides, quelques rares cheveux blancs se perdent dans le blond, une légère myopie adoucit son regard. La vieille gouvernante lui présente le sucrier.

— Merci, dit Ariane. Madame Odette est descendue ?

— Elle dort, répond Mme Farge d'un ton sec.

Cette fois, c'est vraiment la guerre, songe Ariane en balayant d'un regard un peu las le cadre familier du salon. Tout paraît si calme ce matin, alors qu'hier soir, le bruit et la fureur rebondissaient d'un mur à l'autre. Pierre et sa belle-mère, drapés dans leur légitimité respective de fils et d'épouse du défunt, s'affrontant au sujet de l'héritage. À la pensée des prétentions ahurissantes d'Odette, de ses faux en écriture plus que probables pour travestir les dernières volontés de Valentin, une bouffée de colère lui fait monter le sang aux joues. L'incroyable culot ! Dieu merci, Pierre ne s'est pas laissé faire. Il se battra, même s'il faut attendre des mois, voire des années, l'issue d'un procès.

Pierre avale une dernière gorgée de café, allume une cigarette, se lève.

— Je descends un moment, annonce-t-il. On part dans une demi-heure, dépêchez-vous…

Le sous-sol de la villa respire le salpêtre, le vieux chiffon, une vague odeur d'égout. S'y entassent meubles estropiés, vélos cassés, caisses éventrées, valises, jouets, toute la peau morte d'une famille installée dans les lieux depuis 1917. Pierre pousse une porte en fer, entre dans la « villa Godin », vaste espace dans lequel Valentin avait reconstitué le logis qu'il habitait au début du siècle, dans la petite impasse adossée au Père-Lachaise, près de la porte de Bagnolet. L'unique pièce servait alors de salon, de chambre à coucher et d'atelier de menuiserie. Pierre caresse le lit-cage métallique de son enfance. Le buffet, la lampe, la cuisinière à bois et charbon, rien ne manque, à part l'odeur des copeaux de chêne. Il inspecte les lieux : le couteau sur l'établi, un vieux paquet de Troupes, des pantoufles trouées, un verre de vin. Dans un tiroir, une photo de sa mère, Marie-Thérèse, dépasse d'une enveloppe jaune. Une jeune femme aux cheveux blonds, au sourire doux et timide. Pierre glisse la photo dans sa poche. Contrairement à Valentin, sa mère restera toujours jeune. Au mur, son père a exposé son œuvre préférée, un tableau sur fond de nuages « très ressemblants », dont le sujet principal semble être le cèdre du jardin, celui devant lequel il se recueillait en pensant à Jean-Noël. De nouveau, une vague d'émotion submerge Pierre. Où est passée l'enfance heureuse ? Par le soupirail, il contemple le ciel cotonneux qui s'éclaircit par le sud.

— Comment ça va là-haut, papa ?

— Ça va, fiston, aujourd'hui c'est bouché, on ne voit pas grand-chose…

— Tu ne t'ennuies pas ?

— Je n'ai pas le temps, il faut que je trouve mes marques…

— Tu me manques, papa…

— Je suis là, fils, je suis avec toi…

— Je sais.

— J'y vais, papa, je prends quelques dossiers dans ton bureau, il faudra que je revienne, un ou deux meubles pour Vaugirard, je repasserai bientôt.

— Tu ne prends pas ma mappemonde !

— Mais non. Elle est affreuse. À plus tard, papa…

— Salut, fiston… Reviens quand tu veux.

Pierre remonte au rez-de-chaussée et rejoint le salon.

— Vous êtes prêtes ? On s'en va.

— On ne dit pas au revoir ? demande Delphine.

— À qui ? À Odette ? Cela m'étonnerait qu'elle descende avant que nous soyons partis.

Delphine se lève, pense à Olivier en pliant sa serviette. Inutile d'attendre. Lui non plus, il ne descendra pas.

*

Pourquoi a-t-il acheté cette voiture ? Il déteste ces courbes, ces chromes, cette ligne faussement américaine. Quant à l'intérieur, c'est l'indigence française, le strict nécessaire. Ariane conduit prudemment, comme à son habitude. La Vedette entre dans Bagneux, s'engage au ralenti dans l'avenue Henri-Barbusse. La neige s'est remise à tomber. Ils longent un terrain vague jouxtant le cimetière parisien. L'usine de son père, bombardée pendant la guerre.

— L'ancien royaume de Valentin, murmure Pierre. Le début de sa fortune.

— Une fortune familiale bâtie sur des obus, jette Delphine, il n'y a vraiment pas de quoi se vanter !

— Il ne les fabriquait pas. Il les polissait.

— C'est pareil !

La Vedette se dirige vers la Vache Noire.

Oui, concède Pierre intérieurement, ce n'est guère mieux. Comment son pacifiste de père a-t-il pu faire fortune par les armes ? Cela reste un mystère.

— Quand sera annoncé le nouveau gouvernement ? demande Ariane.

— La semaine prochaine. Le 8 ou le 9.

— Et c'est sûr pour Malraux ?

— Oui. Le Général a demandé à Debré de lui tailler un ministère sur mesure, un ministère d'État qu'on appellerait « Affaires culturelles ». Il a ajouté que cela donnerait du relief à son gouvernement.

— Je ne te comprends pas. Tu n'es pas bien à la Cour des comptes ?

— Je m'ennuie, chérie…

— Et ton roman ? L'écriture et la politique, ce n'est pas vraiment compatible.

— Je sais.

Depuis un mois, Pierre piétine. *L'Année sans fin* porte bien son titre, Gallimard commence à râler gentiment. Aura-t-il le temps d'écrire rue de Valois ?

*

(Mercredi 4 février 1959)

Maurice, le garçon du Royal, dépose sur la table *Le Canard enchaîné* et un double café accompagné d'un croissant.

— Et voilà, monsieur Charles !

Amédée Ormen lève les yeux, remercie d'un bref signe de tête, tend la main vers le sucrier.

Quarante ans dans un an, songe-t-il en se regardant subrepticement dans la glace, est-ce encore jeune ou déjà vieux ? De son adolescence, Amédée a conservé une certaine grâce qui peut faire illusion. Mais ses traits de jeune premier se sont alourdis, le menton s'affaisse, les rides se creusent. La mort de son père le laisse indifférent. Ce dernier ne l'aimait pas. Et c'était réciproque. Il ne s'est pas rendu à l'enterrement, n'a pas rappelé le notaire. Il trempe avec satisfaction le bout de son croissant dans le café : refuser un héritage, à plus forte raison s'il est conséquent, est un réel bonheur. Cela confère des droits, celui de regarder de haut, de ricaner.

Il ouvre le journal, parcourt l'article sur les Ballets roses et les personnalités compromises. « Du Palais de justice aux Ballets-Bourbon » : son nom et celui de Ghislaine ne sont pas mentionnés. Ce n'est pas « le Tout-Paris », écrit *Le Canard*, c'est le « Tout-pourri ». Un peu facile, le jeu de mots.

Amédée relève la tête, aperçoit son associée qui gare sa Dauphine blanche juste devant le magasin. C'est à grand-peine qu'elle extrait son mètre quatre-vingts de la petite Renault. Amédée se lève, replie son journal, fait signe à Maurice d'inscrire la consommation sur sa note. Il relève le col de son manteau, traverse la rue avec précaution : sous une mince couche de neige, la chaussée est verglacée. Rejoignant Ghislaine aux prises avec le cadenas de la grille, il la salue, l'aide à ouvrir et la suit à l'intérieur.

— J'ai lu *Le Canard*, il n'y a rien.

— Je le savais, répond Ghislaine.

Elle enlève son poncho, se rend dans la petite cuisine pour faire chauffer de l'eau.

— Le Troquer va tomber, par contre. Il est en première ligne.

— On s'en fiche, tranche-t-elle. On est à l'abri.

Amédée acquiesce. Ghislaine a été parfaite : personne ne peut prouver qu'elle fut en coulisse la grande ordonnatrice des soirées « roses ». Et l'une des entremetteuses les plus assidues auprès de ces jeunes demoiselles.

— Tu n'oublies pas ton rendez-vous avec Steiner, rappelle-t-elle. Et nous allons chez Charpentier en début d'après-midi.

Depuis deux ans, rue du Faubourg-Saint-Honoré, la peinture a pris le pas sur les meubles de style. Le magasin d'antiquités s'est transformé peu à peu en galerie spécialisée dans l'École de Paris, surtout les Russes de l'entre-deux-guerres, Lanskoy, Poliakoff, Garbell. Amédée a fait inscrire en lettres dorées son « nom d'antiquaire » sur la porte : Charles de Beaurepaire.

En regardant Ghislaine préparer le thé, il mesure le chemin parcouru : Levallois n'est plus qu'un lointain souvenir. L'ancien garage qui servit de dépôt durant la guerre a été rasé pour faire place à un immeuble de six étages. Il pense aux membres de la bande, à son incroyable chance : Ziegler et P'tit Louis fusillés par les FFI à la Libération, Morel et Blanc massacrés fin 1944 avec leur division Waffen-SS en Poméranie. Quant à Marcel Ducasse, enfui en Argentine et de retour en France six ans plus tard, il a eu le grand tort d'être vraiment trop gourmand. Et trop bavard. Il repose désormais à Levallois sous des tonnes de béton, après une fin peu enviable : mourir de faim dans une cave ou se faire dévorer vivant par les rats, quel destin !

Amédée rectifie l'horizontalité d'un tableau de Zevaco particulièrement hermétique, chasse ce souvenir en pensant à sa fortune. L'immense butin amassé durant la guerre est pratiquement écoulé. Ne subsistent que trois toiles de la collection Bronstein, dont *L'Heure bleue*, le Picasso, soigneusement emballé, à l'abri dans la cave de son appartement, avenue Victor-Hugo.

— Tu veux du sucre ? demande Ghislaine.

— Oui, merci.

Amédée et Ghislaine travaillent ensemble depuis maintenant trois ans. En mars dernier, Ghislaine a acquis dix pour cent des parts, juste récompense d'un réel talent à développer la galerie.

Fille d'un ancien ministre des Colonies, elle possède un étonnant carnet d'adresses. Politiciens, hommes d'affaires et voyous y font bon ménage, sollicitant ses services dans les domaines de l'art, du transport de devises et du sexe. Durant ces trois années, elle a lancé avec succès l'officine de Genève qu'Amédée a ouverte près du Grand Théâtre. Elle a également fait passer la frontière à quelques tableaux cotés, en particulier un Matisse et un petit Marie Laurencin. Astucieuse, intuitive et organisée, elle a vite cerné la personnalité d'Amédée, l'a mis en confiance avec son amoralité tranquille. Il ne lui a pas caché sa condamnation pour indignité nationale, ses liens équivoques avec la collaboration, la provenance douteuse de certaines œuvres. Mais sans noms, sans détails. Elle n'a pas bronché.

Il y a quelques mois, Ghislaine a persuadé Amédée de rencontrer Steiner, un remarquable faussaire, afin d'explorer la piste des « vrais-faux tableaux ». Amédée est enthousiaste : cette idée de se jouer des limites, de naviguer entre le vrai et le faux l'intéresse beaucoup. Le monde n'est-il pas ainsi ? Il est bien placé pour le savoir : entre le vrai et le faux, entre le bien et le mal, il est parfois difficile de s'y retrouver. Comme la différence entre Pierre et lui. L'un résistant, l'autre collabo. Ce n'est, au fond, qu'une question de hasard.

— Tu sais que mon père m'a déshérité, dit-il.

Ghislaine pose la théière, ouvre la boîte à sucre.

— Je sais. Cela te peine ?

Les pensées d'Amédée dérivent vers la rue de Rivoli, la réunion chez le notaire. Bien joué, Odette. Si le testament est validé, la fortune des Ormen va tranquillement tomber dans son escarcelle. Quelle farce ! Et la tête de Pierre !

— L'argent, je m'en moque, j'en ai assez. Mais c'est un peu dur d'être banni de sa famille. J'aurais aimé avoir un père, comme tout le monde. Il a toujours pensé que j'étais plus ou moins responsable de la mort de Jean-Noël.

— Et… ?

— Totalement faux. C'est plutôt le contraire. J'ai tenté de le sauver, ça n'a pas marché.

— En fait, ironise-t-elle en soufflant sur son thé pour le refroidir, tu es un incompris !

— Je t'en prie, pas de sarcasmes !

— Un petit héros qui s'est trouvé du mauvais côté, qui n'a pas eu de chance !

Amédée se retient de lui jeter sa tasse de thé à la figure. Depuis quelque temps, elle ne cesse de l'asticoter sur sa famille ou son passé.

— Qu'est-ce qu'il y a ? Qu'est-ce que tu cherches, encore ?

— J'adore les histoires de famille. Surtout les tiennes. Et ta sœur Amélie, elle a hérité de quelque chose ?

Amédée la regarde, interloqué : comment connaît-elle l'existence de sa sœur ?

— Elle n'a besoin de rien, malheureusement.

— Un peu de toi, peut-être. Pourquoi ne vas-tu jamais la voir ?

Amédée lève la tête, hargneux. De quoi se mêle-t-elle ?

— C'est mon problème.

Ghislaine s'est levée, a allumé une cigarette. L'odeur âcre de la Gitane maïs envahit la galerie.

— Et tes problèmes sont les miens, tu le sais bien, mon petit Charles…

Amédée lui tourne le dos, observe l'embouteillage qui se forme dans la rue du Faubourg-Saint-Honoré. Par moments, il aimerait la tuer à petit feu, il l'imagine nue et ligotée sur la chaise de la cave, à Levallois, livrée en pâture aux rats, sans personne pour l'entendre. Amélie est à lui, personne n'a le droit de lui en parler.

*

(Mardi 10 février 1959)

Sous un pâle soleil, le Solex remonte en ahanant la rue Soufflot, dépasse la pharmacie Lhospitalier, contourne le Panthéon par la droite et se dirige vers le lycée Henri-IV. Malgré les deux cache-cols et les moufles en mouton retourné, Delphine serre les dents pour ne pas pleurer de froid. Plus d'un mois sans nouvelles ! Elle a téléphoné, laissé des messages que Gisèle, la barmaid, a promis de transmettre. Mais Olivier n'a jamais rappelé. Elle a également déposé deux lettres dans sa boîte, rue du Pot-de-Fer, sans le moindre résultat.

L'Heure Bleue se trouve dans le haut de la rue Descartes, face à la librairie Plein Vent. Au-dessus de la porte de l'ancienne ferronnerie, sur une enseigne en bois, soleil et lune s'entrelacent dans les tons bleus. Delphine attache son Solex, déchiffre l'ardoise de la soirée : Luce Klein, Petit Bobo, Claude Vinci, Rufus, Christine Sèvres. Elle pousse la porte, se dirige vers le bar sans se faire remarquer. Dans la pénombre, Olivier s'entretient avec un petit brun qu'elle a déjà croisé il y a trois ans, François quelque chose. Ils discutent à voix basse sans se préoccuper d'un homme vêtu de noir assis sur une chaise au milieu de la scène, mimant un ouvrier qui déballe son panier, sort son mouchoir, casse un œuf dur puis pèle une banane.

Delphine s'approche, le cœur battant. La première fois qu'elle est venue ici, elle avait quatorze ans, un type répétait déjà sur la scène, ruisselant de sueur, guitare à la main. Rien n'a vraiment changé à part l'éclairage : l'électricité a enfin remplacé le gaz.

Olivier l'aperçoit, fronce les sourcils. Ennuyé. Il lui fait signe de les rejoindre, se tourne vers son ami.

— François, je te présente Delphine, Delphine Ormen.

Truffaut la regarde avec attention. Belle fille. Bonne ossature de visage. Probablement photogénique, la petite, il serait curieux de voir comment elle prend la lumière.

— J'y vais, prévient-il en attrapant son manteau. Achète le livre et dis-moi ce que tu en penses.

Sur la scène, imperturbable, le mime poursuit son numéro. Delphine entraîne Olivier à l'écart, lui tend un papier qu'elle a préparé. Il le déplie : « Je t'aime », lit-il.

— Et toi ? demande-t-elle d'une faible voix.

Olivier hésite un moment, cherche un crayon dans

un tiroir. Il ajoute le mot « bien » derrière le mot « aime », lui rend le papier.

— Je t'aime beaucoup, Delphine, mais ce n'est pas de l'amour. Tu n'aurais pas dû venir dans ma chambre à Fontenay, et moi, je n'aurais pas dû accepter que tu restes dormir près de moi. Ma mère était mariée à ton grand-père, est-ce que tu te rends compte ?

— Et alors ? Nous n'avons pas une goutte de sang commun.

— Alors, ça me gêne. De toute façon, tu es trop jeune, je ne peux pas. Tu vas rentrer chez toi et tu vas m'oublier.

— Et Oona avec Charlie Chaplin ? Elle était trop jeune, elle aussi ? Ils ont trente-six ans d'écart !

Olivier lui répond qu'il n'est pas Chaplin, qu'il faut sûrement être génial pour vivre avec une femme qui a trente-six ans de moins que soi ; lui, il n'est pas génial. Il faut qu'elle l'oublie.

Le comédien sur scène termine son numéro, range son panier, glisse sur la peau de banane imaginaire, se rattrape à un pilier. Delphine aimerait rire mais elle fond en larmes. Le type s'approche d'elle, lui tend un mouchoir à carreaux rouges et blancs. Delphine s'essuie les yeux, renifle. Il sourit, pose une main sur son cœur puis tend sa paume ouverte vers la jeune fille, y dépose un baiser soufflé. Puis il lève la tête et, d'un index léger, dessine un flocon voletant dans l'air, tente de l'attraper, le manque. Delphine est subjuguée. L'homme s'approche d'Olivier, saisit un objet imaginaire sur son épaule, l'offre à Delphine.

— C'est un p'tit bonheur, dit-il, je vous l'offre, prenez-en soin, mademoiselle…

Delphine tente de sourire. Olivier la prend par la

taille, la raccompagne lentement mais fermement jusqu'à la porte.

— Excuse-moi, Delphine, mais j'ai du travail. Oublie-moi, mon petit chat. Et prends garde à toi.

Delphine se hausse sur la pointe des pieds, effleure ses lèvres d'un baiser. Un jour, c'est lui qui viendra vers elle. En attendant, il fait moins cinq, la nuit commence à tomber, elle va geler sur son Solex.

*

Delphine suit la rue Lhomond jusqu'à la place de l'Estrapade, traverse la rue Saint-Jacques, rejoint le jardin du Luxembourg et la rue de Vaugirard. Elle pousse la lourde porte encadrée de deux pilastres, range son Solex dans la cour, monte au sixième sans s'arrêter à l'appartement. Pas question d'apparaître dans cet état, les yeux rougis par les larmes. Parvenue dans sa chambre, elle allume le radiateur électrique, branche la radio sur Paris Inter. Jacques Brel, ça ne pouvait pas mieux tomber. De l'amour et du froid.

« *Quand on n'a que l'amour / Pour habiller matin / Pauvres et malandrins / De manteaux de velours*… »

Cette chambre de bonne n'a pas été facile à conquérir mais la libération d'une pièce au cinquième, aisément convertible en bureau pour Pierre, a eu raison des réticences parentales. L'indépendance perd toutefois beaucoup de ses attraits quand un vent glacé, comme ce soir, s'infiltre par l'interstice de la lucarne. Delphine consulte sa montre : 8 h 30. Sur la table s'empilent ses cahiers de dessin débordant de personnages et de natures mortes. Elle s'assied sur le lit, se remet à pleurer. Tout cela est trop triste, elle aimerait disparaître, s'ouvrir les veines, s'endormir pour toujours. Elle imagine Olivier s'appuyant sur Ariane devant le caveau familial où elle gît pour l'éternité, Olivier accablé de chagrin, Olivier jetant une rose rouge sur le cercueil, Olivier à jamais inconsolable. Elle ferme les yeux, émue par ces douces images. Bon, cela suffit peut-être pour le pathos. Elle se lève, marche de long en large, saisit un pastel gras et dessine rageusement un cœur brisé sur le mur. Un peu démonstratif, mais ça soulage… et ce n'est pas si mal croqué.

Malgré les hauts cris de son père, Delphine a arrêté ses études. Elle a quitté Fénelon et s'est inscrite chez Met de Penninghen, afin de préparer le concours des Arts décoratifs de la rue d'Ulm. La seule pensée d'étudier à quelques centaines de mètres du cabaret d'Olivier l'avait exaltée.

— Mademoiselle Delphine ?

On a frappé. La voix d'Odile. Delphine va ouvrir.

— Bonsoir, Mademoiselle, je viens de rentrer, est-ce que vous avez besoin de quelque chose ?

— Non merci, Odile, je vais descendre à l'appartement pour manger un morceau. Les parents sont là ?

— Non, Mademoiselle. Ils sont sortis.

Delphine prend sa clé, descend au cinquième par le petit escalier aux marches raides qui marquent bien la différence de condition entre les deux paliers. Elle ouvre la porte, allume la lumière, va chercher un plaid dans le salon. À l'appartement, depuis le début de l'année, le temps s'est accéléré. Le téléphone ne cesse de sonner, les jumeaux s'engueulent sans relâche, et Ariane affiche une mine de six pieds de long en comptant les jours qui la séparent du départ de Julien en Algérie. Delphine se rend dans la cuisine, ouvre le réfrigérateur. Une cuisse de poulet, de la salade et un Yabon au riz. L'amour, ça donne faim.

*

(Dimanche 12 avril 1959)

— À quelle heure est le départ ?

— Maman, 9 h 35, je te l'ai dit cent fois !

Dans la Vedette qui les emmène à la gare de Lyon, les jumeaux sont étrangement calmes. Pierre est au volant, Ariane fume nerveusement. Pour un mois d'avril, l'air est exceptionnellement doux. Vendredi, des rafles ont été menées dans les milieux FLN de Paris, quatre cent soixante-cinq personnes ont été arrêtées. En Algérie, les attentats se multiplient.

— Tu m'éc dès que tu ar ?

— Prom !

— Te fais pas tu…

— Je f 'rai att…

Ariane se retourne. Elle maîtrise parfaitement le dialecte gemello-orménien : oui, mon Julien, ne te fais pas tuer s'il te plaît.

Dans la rue de Lyon, François avise la grande horloge. Ils sont en avance. Pourquoi son frère fait-il cela ? Interrompre ses études, s'engager, l'abandonner, alors qu'ils ne se sont jamais quittés ? Sans lui, il n'est plus rien. François ne comprend pas. Julien part sans explication. Peut-être écrira-t-il ce qu'il n'a pas voulu dire ?

Tout au long du trajet, Pierre n'a pas desserré les dents. Amer et mécontent de lui-même. Durant ces deux derniers mois, il a tout tenté pour dissuader son fils de devancer l'appel. En vain. Est-ce réellement une question de conviction politique ? Ils en ont souvent discuté, âprement, comme Pierre le faisait avec Amédée avant la guerre à propos des Croix de feu. Julien est farouchement Algérie française, il affirme vouloir agir. Quitte à faire son service, avance-t-il, autant le faire maintenant, ce sera plus utile pour la France. La torture ? On en parle beaucoup mais, selon lui, il s'agit d'actes isolés, réprouvés par la hiérarchie. Julien ne croit pas qu'il puisse s'agir d'un mot d'ordre général. Pierre lui a offert *La Question*, d'Henri Alleg, ouvrage interdit depuis plus d'un an mais circulant sous le manteau. L'a-t-il seulement lu ?

— J'ai compris, dit François. Tu as buté un mec, tu as les flics au cul et c'est pour ça que tu t'engages. J'ai tout bon, non ?

— Pas drôle, rétorque Pierre.

— Si tu veux, poursuit François, je pars à ta place, ils y verront que du feu, et à la première perm', on échange, chacun son tour, on se fait un demi-service chacun !

— J'ai dit pas drôle, répète Pierre.

Devant la gare, assis sur leur sac, une dizaine de jeunes gens fument en silence. Pierre arrête la voiture et en fait le tour pour ouvrir à sa femme. Ariane a déjà sorti son paquet de cigarettes.

— Donne-moi du feu.

— Ariane… On est dans la rue…

— Et alors ? Les hommes fument dans la rue, que je sache…

Ariane se penche, une flamme jaune éclaire ses traits fatigués. Le départ approche. Quand reverra-t-elle

Julien ? Dans vingt-sept mois ! Deux ans et demi ! Et dans quel état ?

— On y va ? demande Pierre en sortant la valise du coffre.

— Je préfère y aller seul, dit Julien.

Ariane ouvre les bras, le serre contre elle.

— Au revoir, mon chéri… Fais attention à toi.

— Au revoir, maman, ne t'inquiète pas. Papa a ses entrées au ministère de Guillaumat, tu auras de mes nouvelles au jour le jour, tu pourras même savoir ce que j'ai mangé la veille !

— Tu m'écriras, promis ?

— Bien sûr.

Julien embrasse sa mère, son père et son frère. Il saisit sa valise, fait un geste de la main et se dirige sans se retourner vers le quai numéro huit. Demain, à Marseille, ce sera le Sidi Ferruch ; et après une nuit de traversée, il sera à Alger.

*

(Mardi 14 avril 1959)

« *Ordre et beauté,* 1904, Henri Matisse, provenance possible (non confirmée) d'une collection dérobée le 20 juillet 1942 chez Isaac Bronstein, 38, rue de Vaugirard, Paris 6e. »

Ghislaine exulte. C'est bien celui-là. Pour plus de sûreté, elle consulte les Marie Laurencin disparus pendant la guerre. « *Jeune fille au bain*, 1914, provenance possible (non confirmée) d'une collection dérobée le 20 juillet 1942 chez Isaac Bronstein, 38, rue de Vaugirard, Paris 6e. »

Elle referme le tiroir, cherche à se souvenir : oui, celui qu'Amédée avait vendu à cet acheteur argentin qui ne parlait pas le français et qui avait payé en espèces. Elle se retourne, appelle l'employé d'un petit geste de la main.

— Serait-il possible, s'il vous plaît, de consulter la fiche se rapportant à la famille Bronstein, Isaac Bronstein ?

— Je vous l'apporte.

Ghislaine le suit des yeux. Petit, malingre. Un ancien déporté. Juif, probablement. Elle sait les reconnaître.

— Voilà, Madame.

Ghislaine ajuste ses lunettes, parcourt le feuillet jauni.

« En date du 24 février 1947, déposition dans mon bureau de David Bronstein, fils d'Isaac et d'Esther Bronstein, morts à Auschwitz le 13 août 1942. D'après le demandeur, la collection Bronstein de son père comprendrait : un Matisse, un Courbet, une eau-forte de Rembrandt, plusieurs tableaux du groupe Nabis : Bonnard, Vuillard, Maurice Denis, Félix Vallotton. Plus un petit Delacroix, un Cézanne et des dessins de Michel-Ange. Et surtout L'Heure bleue, de Picasso.

Collection qui aurait été dérobée le 20 juillet 1942 au domicile d'Isaac Bronstein, 38, rue de Vaugirard, Paris 6e. Recherches ERR effectuées. Sans résultat.

Fiche établie personnellement par Albert Henraux, président de la Commission de récupération. »

Ghislaine pâlit. Comment est-ce possible ? *L'Heure bleue*, le tableau mythique de Picasso, le « Bleu + 8 » disparu en 1919 ! Combien peut-il valoir ? D'après ses souvenirs, en 1950, *Le Garçon à la pipe* a atteint des sommets aux enchères.

Elle remercie le petit homme, quitte l'immeuble, rejoint la Floride garée avenue Rapp. C'est vraiment ennuyeux, elle ne cesse de grossir, il va falloir bientôt changer à nouveau de voiture, quelque chose de spacieux, une américaine peut-être… Elle allume une cigarette, réfléchit. Il faudrait être sûre. Être en possession des tableaux ne signifie pas forcément les avoir volés. Si le pillage de l'appartement des Bronstein est le fait des Allemands, il va falloir continuer à investiguer. Mais si c'est l'œuvre de Français, l'affaire est entendue : ça ne peut être que la bande avec laquelle Amédée traînait pendant l'Occupation, fréquentation qui lui a valu cinq ans d'indignité nationale. Ghislaine démarre, se dirige vers l'École militaire : le plus simple est de passer rue de Vaugirard.

*

Derrière la cage aux tourterelles, sur un carton posé contre le rebord de la fenêtre, la concierge a inscrit le nom des propriétaires et locataires. Ghislaine se penche : M. et Mme Ormen, 5e droite. Le frère d'Amédée, l'écrivain, habite toujours là.

— Vous cherchez quelqu'un ?

Mme Crié, fichu sur la tête, porte bien son nom : elle ne parle pas, elle hurle.

— Bonjour, madame. Henriette Gautier, ministère de l'Intérieur, Commission de restitution des biens juifs. J'aimerais vous poser quelques questions.

La concierge, impressionnée, essuie ses mains sur son tablier.

— C'est bien ici qu'habitaient les Bronstein ?

— Oui, madame.

— Vous étiez là, pendant la guerre ?

— Oui, madame. Je suis ici depuis 1927. Ils étaient juifs, ils se faisaient appeler Bronville.

— Est-ce que vous connaissez la date exacte du… déménagement de leur appartement en 1942 ? Étaient-ce des Allemands ?

— Non, madame, c'étaient des Français, j'en suis sûre. Je revois très bien celui qui commandait. Un petit à tête de rat. Je m'en souviens, ils avaient un camion sur lequel il y avait une réclame pour Le Bon Lait. Ils ont tout emporté en deux heures !

— Et la famille Bronstein ?

— Quel malheur ! Il y a eu la rafle du Vél' d'Hiv', le jeudi matin, l'autobus qui attendait devant le Luxembourg. Même le bébé a été emmené ! Et le déménagement a eu lieu le lundi, ça n'a pas traîné.

— La famille Ormen, elle habitait l'immeuble, à l'époque ?

— Bien sûr. Ils sont là depuis 1938. Ils étaient très amis avec les Bronstein qui habitaient juste en dessous. Pourquoi ? Vous avez des nouvelles de la famille Bronstein ? Ils étaient si gentils…

Ghislaine remercie, rejoint sa voiture. Tout est clair : Amédée sait que les Bronstein possèdent une collection de tableaux. Peut-être a-t-il été invité chez eux avec son frère avant la guerre ? En 1942, il s'acoquine avec une bande de voyous dirigée par Ziegler, le spécialiste des biens juifs. Amédée dénonce les Bronstein, qui sont arrêtés, puis déportés. Avec Ziegler, Amédée fait main basse sur les tableaux et les meubles de l'appartement. Le butin peut très bien avoir été entreposé à Levallois, dans cet ancien garage qu'il a revendu à un promoteur. À la Libération, les complices d'Amédée sont probablement en fuite, emprisonnés ou fusillés, il faudra qu'elle vérifie. Lui s'en sort, il a été prudent, il n'existe aucune preuve. Il attend un an, deux ans, et comme personne ne réapparaît, il s'installe comme antiquaire au marché suisse. Ghislaine se met à siffloter : elle le tient.

*

(Mercredi 15 avril 1959)

Odette sort du cinéma de mauvaise humeur. Jean Gabin en fait trop, cette histoire de clochard ne tient pas debout... Elle aperçoit dans une vitrine sa silhouette mise en valeur par son nouvel ensemble vert mousse. En tortillant légèrement de l'arrière-train, elle remonte la file de taxis qui attendent devant la gare, fait la moue devant les 203 et les Aronde et ouvre la portière d'une Versailles bicolore crème et chocolat. Et tant pis s'ils râlent, c'est son droit de choisir.

— Avenue des Gobelins, sur la droite en montant, je vous indiquerai.

Elle s'installe à l'arrière de la voiture, ouvre *Cinémonde*. Entre Alain Delon et Romy Schneider, c'est du sérieux. Le chauffeur jette un coup d'œil dans le rétroviseur, allume la radio. Dalida, évidemment. *Come prima*. Odette aime bien. Mais moins que Gloria Lasso et son *Étranger au paradis*. Elle fait baisser le son, pense à ses petits rôles au cinéma dans le début des années 1920. Avec de la chance, elle aurait pu devenir une grande actrice.

Au coin de la rue Campagne-Première, l'affiche pour l'eau minérale Charrier la fait sourire : « Bébé aime Charrier ». Ça c'est amusant ! Dix minutes plus tard, Odette pousse la porte du cabinet, une petite maison qui fait face au Kursaal de l'avenue des Gobelins. Dans la salle d'attente, une pile de *Réalités* voisine avec quelques *Marie-France*. Odette croise les jambes, arrange sa coiffure, se poudre le nez. Elle se sent bien. La mort de Valentin, il y a quatre mois, a totalement changé son existence. Elle sort, profite de la vie ; elle vient de s'offrir un voyage à New York dans un des premiers Boeing à réaction pour se faire faire un « facelift » particulièrement réussi. Odette sourit : la mort des uns fait rajeunir les autres. Le faux testament qu'elle a rédigé ne lui pose aucun problème moral, ce n'est que justice. Pendant ses trente années de mariage, elle s'est occupée de la villa et de l'éducation des enfants. Elle a aidé Valentin dans la conduite de ses affaires, lui a fait gagner beaucoup d'argent. Elle s'est dévouée sans jamais se plaindre, cet héritage, elle le mérite. Et c'est bien fait pour Pierre : jamais elle ne lui pardonnera d'avoir empêché Valentin d'adopter Olivier lorsqu'il était petit.

Sur le plan financier, elle a largement de quoi assurer le quotidien jusqu'à l'issue du procès. En trente ans, elle s'est constitué un solide pécule sous forme de jaunets sonnants et trébuchants, placés sous bonne garde à la banque. Valentin lui avait également versé une très grosse commission en bons du Trésor pour sa négociation de l'indemnisation de l'usine de Bagneux et de l'expropriation du terrain. De quoi attendre tranquillement les résultats de l'expertise. Elle a confiance dans la justice : elle imite parfaitement l'écriture de Valentin.

*

Un parfum de printemps enivre l'avenue des Gobelins. Odette sort de chez l'avocat, hésite entre flâner vers la Butte-aux-Cailles ou rejoindre le bas de la rue Mouffetard. Dans les frondaisons, des oiseaux s'appellent. Devant le cinéma, deux jeunes filles s'exercent au hula hoop. Odette consulte sa montre : elle dispose de deux heures avant son rendez-vous chez Gabriel Garland, son institut de beauté, aux Champs-Élysées. Me Ménard l'a prévenue : compte tenu des expertises et contre-expertises, le procès risque de durer longtemps, l'argent sera bloqué durant des années. Et cela coûtera cher, très cher. Il lui a par ailleurs confirmé qu'Amédée Ormen refusait sa part d'héritage et que Pierre Ormen était le tuteur de sa sœur Amélie.

L'évocation d'Amédée a mis Odette en rage. Monsieur fait le fier, le beau… Mais s'il a refusé sa part d'héritage, c'est qu'il se sent coupable vis-à-vis de la famille. Infâme salopard ! Il a dénoncé Isaac Bronstein, sans doute pillé son appartement, et il croit peut-être qu'en se retirant de la succession, il s'achètera un pardon ! Mais quel toupet !

Elle cligne des yeux. Penser aux Bronstein est toujours aussi douloureux. D'autant que David semble vouloir l'éviter. Elle qui l'a caché pendant la guerre, l'a fait vivre et lui a payé ses études après la Libération, elle qui l'a aidé à tenter de retrouver les biens spoliés de sa famille… Il n'est pas très reconnaissant ! Depuis l'ouverture du testament, en décembre dernier, leurs relations se sont nettement refroidies. David s'est plaint de se sentir en porte-à-faux : ce procès est très préjudiciable à l'image de son étude, son associé est furieux. Par ailleurs, Pierre Ormen pourrait le soupçonner de complicité.

Odette hausse les épaules. David est parfait en notaire respectable et demeure un garçon charmant mais il lui manque quelque chose. Du caractère, sans doute. Peut-être a-t-il tout simplement oublié de devenir un homme ? En balançant son sac et en claquant des talons, elle descend l'avenue des Gobelins et va s'asseoir à la terrasse du Verse Toujours, au coin de la rue du Fer-à-Moulin. Le garçon s'approche.

— Et pour Madame ?

— Un Saint-Raphaël quinquina, s'il vous plaît.

Odette suit des yeux un camion hippomobile des fromageries Charles Gervais qui attaque la pente de la rue Claude-Bernard. Le cheval est fatigué, lent. Sans doute un des derniers. C'est à ce genre de détails que l'on sent qu'on vieillit. Rue de Bazeilles, une marchande des quatre-saisons s'époumone en vantant ses salades. La rue du Pot-de-Fer est toute proche, Odette pourrait rendre visite à son fils. Mais à quoi bon ? Ils n'ont jamais rien à se dire, elle se sent perpétuellement jugée, elle a parfois l'impression qu'Olivier a honte d'elle. Qu'il aille au diable. Plus de mari, plus de fils, plus de protégé… C'est beaucoup mieux ainsi, les hommes sont bien décevants.

— Saint-Raphaël quinquina !

Le garçon pose le verre et quelques cacahuètes sur la table en marbre. Demain jeudi, songe Odette, je pourrai peut-être emmener le petit au bois.

Odette fréquente beaucoup Colette, l'ex-femme d'Olivier, la mère de Serge. L'ancienne ouvreuse du Studio des Agriculteurs travaille désormais comme secrétaire dans un journal sentimental : *Cœur à prendre*. Toujours aussi belle, celle-là, et pas bêcheuse pour un sou malgré son remariage très réussi. Le petit Serge a maintenant huit ans. Odette l'adore, c'est son soleil. Elle l'emmène au cinéma, au jardin d'Acclimatation, le couvre de friandises et de cadeaux : trottinette à pédales, meccano, train électrique, cyclorameur, patins à roulettes… Roger Delacour, le mari de Colette, apprécie modérément les largesses de cette grand-mère qui transforme l'appartement en magasin de jouets.

Odette saisit son verre, croque une cacahuète, détaille avec sévérité les hommes qui passent devant le café en tournant subrepticement la tête vers elle : ils sont tous laids, mal fagotés, peu susceptibles d'inspirer le moindre désir. Elle a cinquante-neuf ans, il n'y a pas d'homme dans sa vie, tout juste quelques passades tarifées avec de jeunes garçons. Des hommes, des vrais, elle en a eu deux. Isaac pour le grand amour, et Valentin pour la sécurité. C'est bien assez.

*

(Samedi 20 juin 1959)

Pierre Ormen s'est installé à la table numéro un, celle de toutes les convoitises, idéalement située près de la caisse de chez Lipp. Il sort ses Balto, en offre une à Queneau.

— Alors, Ormen, tu nous le files quand, ce manuscrit, ça traîne…

Décidément, Pierre peine à terminer *L'Année sans fin*, qui devait sortir en mars dernier. Il est en retard, comme d'habitude.

— Patience, Raymond. Trop de travail rue de Valois, Malraux m'épuise. Et toi, Zazie ? On ne parle que de ça. C'est fini la grève ? La gamine est enfin descendue dans le métro ?

Queneau ricane en nettoyant ses lunettes.

— Tu parles. C'est Mauriac qui m'a descendu dans *L'Express*. « Cynisme morne et rabâcheur », j'en ai pris pour mon grade.

— Je sais, il m'en a parlé, il se bouchait le nez en levant les yeux au ciel. Je pense qu'il n'a pas supporté ton « Doukipudonktan ».

Queneau lui tape sur l'épaule.

— Eh bien, c'est la faute de ta fille. Tu te souviens de la soirée chez toi avec le président de la Cour des comptes ? Je discutais avec Delphine dans l'entrée, je lui demandais si elle allait souvent dans le métro. Elle m'a répondu oui, mais ça sentait mauvais. C'est ce soir-là que j'ai trouvé ma première phrase. Et chez Malraux, c'est respirable ?

Pierre résume ironiquement ses premiers mois rue de Valois : le tout nouveau ministère des Affaires culturelles est une cabane en planches dont les locataires n'ont même pas de quoi s'acheter un morceau de pain.

— Quand Pinay entend le mot culture, ajoute Pierre, il ferme son portefeuille.

Cazes, le patron de Lipp, se joint à eux.

— Qu'est-ce que c'est, ce ministère ? lance-t-il en renouvelant les bières. À quoi ça sert vraiment ?

— Je ne sais pas trop, répond Pierre. À rendre Malraux insupportable.

— Très bien, tout à fait louable, dit Marcellin Cazes en s'éloignant pour saluer un client.

— On m'a parlé de cinéma, enchaîne Queneau. Ça m'intéresse. Malle veut adapter Zazie. Explique-moi cette histoire d'avance. Est-ce toi qui t'en occupes ?

— Exact. Je propose un nouveau système « d'avance sur recettes ». Mais c'est le parcours du combattant : il faut que je fasse signer le texte par les Finances, puis par Matignon. Pinay déteste le cinéma. Et pour choper Debré, il faut se lever de bonne heure...

Cazes les rejoint à nouveau.

— Alors, messieurs ? On continue à comploter ? Un juré Goncourt cul et chemise avec un futur lauréat, ça va jaser…

— Jasez, monsieur Cazes, jasez, rétorque Queneau. Nous sommes au-dessus de tout cela. Et je vous rappelle les petits dessous pas toujours proprets de votre prix Cazes, céparagoutan.

— Grand merci, cher ami. Le prestigieux lauréat du prix du Tabou 1949 est vraiment trop aimable. Vous étiez une femme, à l'époque, si je me souviens bien. Sally Mara, c'est cela ? Je vous ressers. À mes frais, évidemment.

Pierre sourit. Les joutes entre les deux hommes sont toujours cocasses. Il soupire. Il aurait tant aimé recevoir le Goncourt du vivant de son père. Le petit bonhomme lui manque terriblement. Où es-tu, papa ? murmure-t-il en lui-même. J'aimerais que tu reviennes nous voir de temps en temps. On doit bien avoir des vacances, là-haut, non ?

*

(Vendredi 26 juin 1959)

La 4 CV descend à vive allure la colline de Saint-Cloud. Dans le minuscule habitacle, l'air est sec, suffocant. Olivier chantonne *Le Petit bonheur* de Félix Leclerc.

— Tu conduis trop vite, râle Le Dantec, un jour tu vas te foutre en l'air. Et j'aimerais bien que ce ne soit pas avec moi.

Claude Le Dantec, directeur artistique chez Philips, est un habitué de L'Heure Bleue où il vient souvent faire son marché, dans l'espoir d'y glaner les vedettes de demain. À Ville-d'Avray, l'enterrement de Boris Vian n'a pas été de tout repos, les fossoyeurs étaient en grève, ils ont dû porter eux-mêmes le cercueil et mettre leur ami en terre.

— C'était quand, la dernière fois ? demande Le Dantec.

— Quoi ? Qu'on l'a vu vivant ?

— Oui.

— Il y a quinze jours, la grande fête sur la terrasse du Moulin Rouge.

— Merde, lance Claude, trente-neuf ans, ça ne fait vraiment pas lourd ! Je n'en reviens toujours pas. Tu l'as connu comment ?

Olivier traverse le pont de Suresnes et pénètre dans le bois de Boulogne en s'essuyant le front. Cette bagnole est un véritable sauna.

— Boris ? C'est vieux. On s'est connus en 1952, du temps de *Cinémassacre* à la Rose Rouge. À l'époque, je courais les cabarets, je préparais un numéro de mime. Ensuite, au milieu des années 1950, il est venu souvent à L'Heure Bleue jouer de la trompinette ou prendre un pot avec Moulou. Un soir, je me souviens, il a garé sa grosse Unic sur la place de la Contrescarpe. Quand il a voulu la reprendre, à 2 heures du matin, c'était devenu un dortoir avec cinq clochards à l'intérieur !

— Qu'est-ce qu'il devient, Moulou ?

— Théâtre. Il joue dans *La Tête des autres*. Paraît qu'il n'est pas trop mauvais. Et toi, chez Philips ?

— Pas terrible. Canetti va se faire virer. Moi aussi. Et toi, ça a l'air d'aller ? Je t'ai vu dans le Louis Malle, *Ascenseur pour l'échafaud*.

— Un tout petit rôle…

— Oui. Mais on te voit bien. Truffaut vient toujours rue Descartes ?

— Toujours. Il veut me confier un rôle, un rôle important dans un de ses films, j'ai un peu la trouille.

— Qu'est-ce que c'est ?

— Ça s'appelle *Jules et Jim*. C'est l'adaptation d'un premier roman, l'auteur a soixante-quinze ans, tu te rends compte ?

— C'est bien, Russier, tu vas peut-être enfin trouver ta voie… Tu n'en as pas marre de vivre comme un oiseau sur la branche ? De te croire éternellement jeune ? Tu sais que dans cinq ans, tu auras quarante balais !

— Cinq ans, c'est dans longtemps… C'est la mort de Boris qui te chatouille l'âme ?… Je te dépose où ?

— Châtelet, si tu peux. On m'a dit que tu faisais dans les Lolita, c'est vrai ?

— Pas vraiment. C'est une nièce par alliance, elle me court après depuis qu'elle a treize ans, rien de plus.

Olivier songe à Delphine, à leur nuit du réveillon. Pourquoi n'a-t-il pas couché avec elle ? Par égard envers Pierre et Ariane ? Il hausse les épaules. Pas vraiment. Quoi donc, alors ? L'impression de commettre une sorte d'inceste ? C'est ce qu'il lui a affirmé, mais il n'en est guère convaincu. Et merde ! La vérité, c'est qu'il aimerait bien la revoir.

— Quel âge ? interroge Le Dantec.

— Dix-sept. Allume-moi une cigarette.

— Jolie ?

— Très jolie.

— Pauvre vieux !

Le Dantec lui tend une Gauloise allumée. Olivier soupire, s'essuie le front. Quelle chaleur ! Il dépose

Claude sur la place du Châtelet, bifurque vers Saint-Michel, rejoint la Contrescarpe par la rue de la Montagne-Sainte-Geneviève et va se garer rue Blainville. Il verrouille la portière et se rend à pas vifs à L'Heure Bleue afin de préparer la soirée. Dans la rue Descartes, les commères ont descendu leur chaise sur le trottoir et, en s'éventant, discutent de la pluie qu'on n'a pas vue depuis quinze jours. Olivier est en retard, Gisèle l'attend au bar en essuyant ses verres.

— Salut, Olivier. Je commençais à m'inquiéter, elle t'attend, elle est au piano.

Olivier se retourne. En l'apercevant, Barbara plaque un accord et se met à chanter, la tête penchée vers lui.

— « *C'est moi que je suis la Joconde / la Joconde... la Joconde...* »

— On n'avait pas dit 6 heures ?

— Cinq heures trente, mon chéri... Et mes compliments pour ton piano. Celui de L'Écluse est une vraie casserole.

— Merci. C'est toujours entendu, pour ce soir et demain ?

— J'ai mon bon de sortie.

— Parfait. Qu'est-ce que tu vas chanter ?

— Tu verras bien.

— En un, tu pourrais attaquer par celle que tu as chantée à *Discorama*, en février, j'aime bien.

— *La Belle amour ?*

— Oui.

— D'accord. Mais en échange, tu m'invites chez toi, après le spectacle.

Olivier acquiesce mollement. La dernière fois, ça n'a pas été une réussite.

— Il va faire chaud, tu sais... C'est sous les toits...

— On se fait prier, maintenant ?

— Bon, je n'ai rien dit. Vas-y Joconde, je suis à toi.

Barbara sourit. À défaut du grand amour, le petit mignon, elle va le croquer avec volupté.

Elle plaque un accord, se remet à chanter :

— « *Et puis je me suis fait une raison / J'ai balancé mes illusions / La belle amour avec un A / Grand comme Paris / J'en aurais pas…* »

*

(Jeudi 2 juillet 1959)

Après le chewing-gum, le Coca et les Lucky Strike, l'Amérique a encore frappé avec ses hamburgers, ses milk-shakes et ses gadgets. Au Drugstore des Champs-Élysées, Pierre achète le journal et des cigarettes, va s'asseoir en terrasse. Clientèle jeune, beaucoup de clinquant, il préférait l'hôtel Astoria, encore un morceau de Paris qui disparaît.

Son rendez-vous avec David le met mal à l'aise. Pourquoi le garçon a-t-il demandé à le voir ? Il grimace : le dos de sa main s'est soudain mis à brûler. La perspective de cette rencontre a déclenché une furieuse démangeaison, des taches rouges apparaissent à la jointure des doigts. L'« eczémain » ! Il croyait s'en être définitivement débarrassé dans l'eau du fleuve-dieu il y a trois ans, au Niger. Mais voilà que les stigmates reviennent lui rappeler sa forfaiture. Il se remémore l'enchaînement fatidique : l'annonce par Bompart du viol d'Amélie par son frère à Fontenay, sa dérive hagarde dans Paris, la nuit passée chez une femme qui n'était pas la sienne. Quand il était rentré à Vaugirard, au matin, les Bronstein venaient juste d'être embarqués par la police française. Et, sur le guéridon de l'entrée, un mot de la Résistance déposé la veille au soir le prévenait de la rafle imminente. Impardonnable. S'il n'avait pas tenté de noyer sa détresse dans un lit de passage, les Bronstein seraient peut-être encore vivants.

— Pierre Ormen ?

— David ?

David Bronstein s'assied en face de lui. Pierre le reconnaît à peine. La dernière fois qu'il l'a vu, c'était en janvier 1942 lors d'un dîner chez ses parents à l'étage au-dessous. David avait quatorze ans. Sa ressemblance avec Isaac n'est pas évidente. Quel âge a-t-il aujourd'hui ? À peine plus de trente ans, bien sûr, même si plusieurs mèches grises le vieillissent prématurément. Pierre est ému. Ce garçon a souffert. Il allume une cigarette, tend le paquet.

— Non merci, je ne fume pas…

— Content de te voir, David.

— Moi aussi, monsieur Ormen. J'ai pensé venir vous saluer lorsque vous êtes venu à l'étude pour l'ouverture du testament, mais votre frère était là, je n'ai pas pu.

— Je comprends, David. Qu'est-ce que tu bois ?

— Café.

— Alors deux cafés. Que puis-je faire pour toi ?

David baisse la tête, semble ne pas savoir quoi faire de ses mains.

— Je souhaitais vous parler, commence-t-il, je suis très embarrassé par ce dossier d'héritage. Je voudrais lever toute ambiguïté : je ne suis pour rien dans cette histoire. Odette est venue un jour déposer le testament, je n'en connaissais bien sûr pas la teneur. Je l'ai immédiatement confié à mon associé, Me Feigel, pour ne pas être impliqué dans un éventuel conflit familial.

— Continue…

— Honnêtement, monsieur Ormen, je ne sais pas si ce testament est valable. Mais je ne voudrais pas que vous puissiez penser que j'ai été complice, actif ou passif, d'un faux en écriture. Je dois tout à Odette, sans doute même la vie, mais je suis un homme honnête et jamais je n'aurais donné mon aval à une telle chose.

Pierre le regarde droit dans les yeux. Indubitablement, le jeune homme est sincère.

— D'accord, David. Je n'en ai jamais douté. Et appelle-moi Pierre. Tu es au courant du résultat d'expertise ?

David acquiesce. Le premier examen graphologique diligenté par le juge penche pour l'authenticité. Pierre a exigé une contre-expertise qui ne sera menée qu'en avril prochain.

— Désolé, monsieur Ormen. Dadou m'a dit, pour votre fils. Avez-vous des nouvelles ?

Le visage de Pierre se rembrunit.

— Il est en Algérie depuis trois mois, aspirant dans la 10e division parachutiste. Il vient de partir pour la Kabylie, Challe veut nettoyer tous les maquis. Opération « Jumelles », un gros truc.

— Comment tout cela va-t-il finir ? s'inquiète David.

Pierre ne répond pas. Au ministère, une rumeur se répand : de Gaulle serait pour l'autodétermination des Algériens, mais ne voudrait pas prendre l'initiative de l'annoncer lui-même.

— Pierre ?

— Oui, David…

— J'aimerais que vous me parliez d'Amédée. De son rôle exact dans… la mort de mes parents. Savez-vous des choses que j'ignore ?

Pierre se demande si ce n'est pas la véritable raison du rendez-vous. Un garçon dépose avec désinvolture deux tasses sur la table.

— Je ne suis pas plus avancé que toi. Il n'a jamais été prouvé qu'il ait dénoncé tes parents. Il a été condamné pour ses accointances avec la bande de Ziegler, sur la foi de rumeurs. Il est lâche, il est con, mais je ne le pense pas capable d'une chose pareille.

Pierre agite sa petite cuillère dans un café sans sucre. Silence.

— Excusez-moi, Pierre. Je n'aurais pas dû vous parler d'Amédée.

— Ne t'excuse pas. C'est ton droit.

— Je voulais également vous demander : Valentin était-il au courant de la liaison entre Odette et mon père ?

Pierre éclate de rire.

— Évidemment ! C'était un secret de Polichinelle ! Ils se retrouvaient dans la garçonnière d'Isaac, rue d'Anjou…

— Je connais. J'y suis resté caché trois semaines, sans sortir. Odette venait me ravitailler, j'étais terrorisé, elle tentait d'obtenir des nouvelles de ma famille à Drancy.

— J'ai tenté, moi aussi, de faire quelque chose.

— Je sais. Dites-moi, Pierre, comment fait-on quand tout a disparu ? Je n'ai aucune photo de mes parents, aucune lettre, pas le moindre souvenir, uniquement un document administratif : « Disparus à Auschwitz en 1942. »

Pierre n'avait jamais pensé à cela. Dans le pillage de l'appartement, ce ne sont pas seulement des meubles et des tableaux qui ont disparu, mais aussi et surtout des preuves de vie. Que dire ?

— Il y a la photo qu'on a dans le cœur, David, elle sera toujours avec toi.

Pierre secoue la tête. Lamentable, comme réponse, il aurait mieux fait de se taire.

— Souvent, dans mes rêves, j'entends encore ma mère crier : « Cours, David, cours ! » Je me vois hésiter puis détaler à toutes jambes en les laissant. Ensuite, je les imagine dans le train qui les emporte vers l'Allemagne, je m'élance le long de la voie ferrée pour monter avec eux, mes jambes ne suivent pas, elles sont en plomb, je cours de toutes mes forces sur le ballast mais je n'avance pas et le train disparaît. Pierre, vous qui écrivez des livres, vous qui savez, est-ce que je suis coupable ? Est-ce que j'aurais dû rester avec eux ?

— Non, David. Il fallait courir en les laissant, comme ta mère te l'a demandé. Il le fallait pour que les autres puissent survivre à travers toi.

Pierre est mal à l'aise. De quel droit parle-t-il ? Que penserait ce garçon s'il connaissait son rôle peu glorieux dans ce drame ?

— Et sinon, as-tu des nouvelles de la collection de tableaux de ton père ?

— Rien. J'ai souvent relancé M. Henraux, le directeur de la Commission de récupération. En vain. Les tableaux peuvent être en Allemagne, en Russie… Mais ce ne sont pas les œuvres qui me manquent le plus.

Ce sont les petites choses, les photos, les lettres dont je vous parlais. Le plus dur, c'est de savoir qu'elles existent probablement quelque part, dans la boîte à chaussures d'un brocanteur, aux puces de Clignancourt ou de la rue Gracieuse, une boîte qu'on peut acheter pour quelques sous. Mais on ne peut pas passer sa vie à courir après ses souvenirs, n'est-ce pas, monsieur Ormen ?

Pierre s'interroge. Non, bien sûr, il ne faut pas. Que disait Lord Byron ? Le souvenir du bonheur n'est plus du bonheur, mais le souvenir de la douleur est encore de la douleur. Bien vu, *my Lord*.

— Je t'aime beaucoup, David, appelle-moi quand tu veux.

— Merci de m'avoir écouté, monsieur Ormen…

Pierre regarde le fils d'Isaac s'éloigner vers la sortie. Sa main est toujours aussi brûlante, il aimerait la plonger dans de l'eau glacée. Jusqu'à quel point est-il coupable ? Il tente de se changer les idées en se plongeant dans les pages littéraires de *L'Express*. En vain. Il imagine les Bronstein devant les portes du Vél' d'Hiv', l'inattention d'un policier français, le cri d'Esther tenant la petite Rebecca par la main : « Cours, David, cours ! »

Pierre lève la main, la gauche, et commande un autre café.

Quand pourra-t-il se pardonner ?

*

(Jeudi 3 septembre 1959)

Delphine a toujours détesté les vacances au Reculet, qui se résument à la contemplation des bois et des champs ou au compagnonnage avec les souris et tous les insectes de la Création. Sans oublier les travaux forcés auprès de sa mère pour repeindre ici, rehausser là, déplacer des pierres, faire du bois pour l'hiver. Pierre, retenu en permanence le samedi au ministère, ne vient que le dimanche. François, en stage chez Sopad-Nestlé, n'a pas mis les pieds dans la maison depuis deux mois. Dieu merci, le calvaire a pris fin, septembre est là et les cours vont reprendre.

— Tu nous bassines avec ton Miles Davis, râle Christiane.

Delphine enlève du doigt une poussière sur le saphir, redépose le bras sur le 45 tours de la musique d'*Ascenseur pour l'échafaud*. La veille, elle est retournée voir le film au Studio Bertrand, juste pour Olivier. Son apparition d'à peine trente secondes, au milieu du film, lui a chaviré le cœur : il est encore plus beau que Maurice Ronet. Elle adore cet air, cette trompette qui s'étale en nappes, se tord et se déplace comme un nuage.

Christiane met de l'eau à chauffer.

— Et alors, questionne-t-elle, avec ton Olivier, t'en es où ?

— Je ne sais pas. Je crois qu'il a des scrupules vis-à-vis de mes parents.

— Qu'est-ce que tu vas faire ?

— S'il est assez con pour avoir peur de mon père, il ne m'intéresse plus.

— Alors pourquoi cette musique du matin au soir ? J'en ai marre de ta trompette !

— Je ne peux pas m'en empêcher. Ça me fait du bien.

— Heureusement qu'il ne t'intéresse plus !

Les deux filles entament leur deuxième année chez Penninghen, rue du Dragon. Delphine hausse les épaules. Elle s'entend bien avec Christiane mais elle se passerait volontiers de ses petites pointes à deux centimes. Et de ses goûts musicaux vraiment tartes, comme cette *Nouvelle vague* de Richard Anthony qu'elle ne cesse de chantonner.

— Tu veux vraiment acheter le disque ?

— Je vais le piquer. J'ai une combine.

— Qu'est-ce que tu mettras demain soir ?

— Ma robe en popeline turquoise, celle à décolleté bateau sans manches. Et mes nouvelles ballerines !

Une surprise-partie est prévue rue Serpente, chez les frères Loriot. Christiane ignore si le grand Bernard sera là.

— Tu sais, prévient Delphine en servant le thé dans des gobelets en carton, ton Bernard, ce n'est pas vraiment une affaire.

Effarouchée, Christiane baisse la tête. Elle est encore vierge, les aventures de son amie la fascinent en même temps qu'elles l'effraient.

— Je ne comprends pas que tu puisses coucher avec autant de garçons !

Delphine rigole.

— Eux ne se gênent pas ; pourquoi pas nous ?

— Tu n'as pas peur de tomber enceinte ?

— Je suis tranquille, j'ai un machin qui vient d'Angleterre ! Tu veux l'adresse ?

Devant le visage gêné de son amie, Delphine éclate de rire.

— Eh bien ma vieille ! Pour la libération sexuelle, il y a encore du chemin à faire !

*

(Vendredi 4 septembre 1959)

À la terrasse du Robespierre, Olivier contemple son ex-femme avec ravissement. La grâce personnifiée. Il aimerait ne l'avoir jamais connue pour tenter de la séduire une nouvelle fois. La petite ritournelle qui tinte à son oreille ne lui est que trop familière ; combien de fois en a-t-il fredonné l'air ? Tu t'approches, je m'esquive, tu t'éloignes, je rapplique… Une vie à contretemps, en somme. Pour l'heure, ce sont les secondes qui s'étirent délicieusement ; la bière fraîche coule dans sa gorge, abolissant une succession d'épreuves : la résistance obstinée de sa 4 CV à toutes les sollicitations de démarrage, la course dans la fournaise du métro, puis une marche forcée sous un soleil de plomb car il s'est, bien entendu, trompé de station. Le bonheur, c'est toujours celui de l'instant.

— Comment se porte la chanson ? demande Colette.

— Bien. Mais c'est contraignant. Je me suis associé avec Gisèle, elle tiendra la boutique de temps en temps, ça devient trop lourd pour moi. Et toi, tes cœurs à prendre ?

Colette repousse d'une main une mèche rebelle.

— Ça va mal. Plus *Nous Deux* augmente, plus nous diminuons. Les vases communicants, je ne sais pas pourquoi.

Olivier a déjà feuilleté *Cœur à prendre*. Les histoires sont plutôt bien faites, les photos sans reproche, mais l'ensemble manque de fantaisie, ça respire le bien-pensant, la petite morale bigote.

— On est à deux doigts du dépôt de bilan, poursuit Colette. Si mon patron ne trouve pas rapidement un repreneur, c'est la clé sous la porte.

Olivier se gratte délicatement le bout du nez.

— J'ai eu une idée, dit-il. Tu en as déjà parlé à ma mère ?

Colette, surprise, le dévisage avec étonnement.

— Non. Je ne préfère pas, c'est personnel.

— Tu devrais lui en toucher un mot. C'est exactement le genre de truc qui pourrait lui plaire, elle est bourrée de fric et en plus, elle t'aime bien !

— Tu crois ?

— J'en suis sûr. Tu sais qu'elle a été actrice, dans les années 1920 ? Elle va se croire au cinéma, jouer les metteurs en scène, choisir les acteurs, elle adorera ça. Et puis, elle est habile. Elle pourrait très bien remettre la revue sur de bons rails…

— Je vais voir, dit Colette, je vais voir.

— Le petit va bien ?

— Un vrai diable. Mais il travaille bien à l'école, c'est déjà ça.

Olivier ferme les yeux. Quel âge a son fils ? Neuf ans ?

— Rappelle-moi la date de son anniversaire, je sais que c'est en août…

— Olivier !

— Excuse-moi, chérie, j'oublie chaque fois…

— Le 28 août !

— Voilà, très bien… Il faut dire que ce n'est pas très pratique, avec les vacances, je ne peux jamais le lui souhaiter.

— Je t'en prie, tu charries.

Olivier réprime un sourire, vide son verre. Elle a raison, il est impardonnable.

— Tu te souviens de notre première rencontre, à la Maison pour tous ?

— Bien sûr. C'était en 1946. Tu jouais au théâtre dans *Androclès et le lion* et moi, j'étais ouvreuse aux Agriculteurs.

— Tu savais tout de ma carrière de figurant au cinéma.

— C'est vrai. Mais je me souviens surtout de l'avertissement de Bill.

— Lequel ?

Colette lui prend la main.

— « Faites attention, Colette, c'est un dangereux séducteur. Fiché. Récidiviste. »

— Quelle mémoire !

— Je ne sais vraiment pas pourquoi tu m'as épousée.

— Mais j'étais amoureux !

— C'est bien ça le drame. Tu as la sincérité de l'instant. Les types comme toi, on peut coucher avec, mais il ne faut pas les aimer… On monte ?

Olivier appelle le garçon, règle les consommations. Colette se lève.

— Nous allons bientôt quitter le Champ-de-Mars. Roger vient d'hériter d'un appartement rue Gay-Lussac. Serge sera tout près du Luxembourg et de chez toi.

— Où ça, rue Gay-Lussac ?

— Au 15, presque en bas, en face de Météo Sport.

Colette pousse la lourde porte d'un bel immeuble haussmannien dont le portail est surmonté d'un mascaron dionysiaque. Elle salue la concierge et entraîne

Olivier au deuxième étage en négligeant l'ascenseur. Roger Delacour, le mari de Colette, les attend dans l'entrée.

— Bonjour, Olivier.

— Bonjour, Roger. Toujours dans les dragons ?

L'homme en impose ; par sa stature, sa voix, son regard et son titre de chercheur au CNRS. Depuis cinq ans, il travaille sur le Proterius, une curiosité de la nature, sorte de bébé dragon blanchâtre qui mesure vingt centimètres, pèse vingt grammes et peut vivre plus de cent ans dans l'obscurité absolue.

— Il est comme vous, cher Olivier. Éternelle jeunesse. Activité sexuelle débordante. Et il travaille à peine cinq minutes par jour.

Olivier a l'habitude. Le mari de Colette est un champion de la mise en boîte.

— Papa !

Le petit Serge déboule dans l'entrée sur son cyclorameur. Olivier le prend dans ses bras, le soulève, l'embrasse sur les deux joues.

— Alors, mon bonhomme ! On va passer le week-end avec son père ?

— Oui. On va faire plein de choses.

Olivier soupire. Tout un week-end ! Comment pourra-t-il occuper le petit monstre ? Il y a *Les Sept Merveilles du monde* au Cinérama de l'avenue de Wagram ou le festival Tom et Jerry, au Studio Universel… En fait, le mieux, ce serait d'appeler Odette pour qu'elle s'en charge, au moins le dimanche, elle sera ravie…

*

(Samedi 10 octobre 1959)

— Bonjour, madame Crié.

— Bonjour, monsieur François. J'ai du courrier pour vous.

François caresse d'un doigt une tourterelle blanche peu farouche. Aussi loin que remontent ses souvenirs, la volière a toujours été là et il n'a jamais connu la loge autrement que roucoulante.

— Voilà, ça vient d'Algérie ! Et celle-là d'Amérique ! Vous me garderez les timbres si c'est possible… Pour mon neveu.

François examine les deux enveloppes : la première vient de New York, Ariane sera heureuse, enfin des nouvelles de Marie. La seconde est datée du 31 août, l'écriture est celle de Julien, sa deuxième lettre en six mois. Hier, quatorze soldats français ont encore été tués dans une embuscade, en Kabylie. D'après ce qu'il sait, Julien est en première ligne dans l'éradication des maquis.

François met la lettre de Marie dans sa poche, remercie la concierge et sort de l'immeuble. Il traverse la rue, entre dans le jardin. Près des tennis, les joueurs d'échecs sont déjà à l'œuvre. François poursuit jusqu'au bassin, tire une chaise vers la balustrade.

Sal, mon Fran,

Boum boum ça barde. J'ai été engag' dans une op d'enverg en grande Kabylie auprès du général Challe.

Je t'écris du P. C. Artois, sur les hauts des forêts de l'Akfadou, et je ne sais pas quand tu recev' cette lettre.

Nous avons eu la visite de De Gaulle, qui semble faire la tourn' des popotes. Je ne sais pas si c'est pour encour' l'armée à s'engag' à fond ou pour la prépar' à d'autres horiz. Il a témoigné sa satis devant l'œuvre déjà accomp et a indiq qu'elle serait achevée. (Qu'est-ce que ça veut dire ?) Puis il a assuré l'armée de sa sollicit perso et de celle du gouvern, ce qui a flatté les off.

Il a condamné l'admi directe des autochtones par les Europ' et insisté sur le rôle qu'il faudrait conf' aux Algé' dans la conduite de leurs aff'. Ensuite, Il a mis l'acc' sur le devoir d'obéiss à son égard. Je te cite mot à mot : « Celui que je suis doit être obéi, pour que la France vive. »

Curious, my friend. C'est évident, il est présid chef des arm'. Pourquoi le rappeler ? Aurait-il dans la tête des idées que l'armée aurait du mal à partag' ? Je vais te dire : s'il veut vraiment lâcher l'Algé', il est zabile.

J'espère que Vaugi va bien, dis-leur de ne pas se faire de bile. Lorsque je rentrerai, je te parlerai de quelque chose qui me touche de près, un problème qui n'est pas étrang' à mon engag' et que j'ai résolu. Tout vab. Embr tout l'm, affectu, Ju.

François relit la lettre une seconde fois, la plie, la glisse dans l'enveloppe. De quoi parle-t-il ? Un problème « qui le touche de près et qu'il a résolu ». Une histoire d'amour ? Impossible, il l'aurait su. Un problème politique, une bagarre avec les cocos qui aurait mal tourné, qui l'aurait obligé à s'engager ? François soupire. L'absence de son frère est un vide béant qu'il ne parvient à combler qu'en s'abrutissant avec ses cours. Si cela continue, il va sortir major d'HEC.

Il se lève, fait le tour habituel, la fontaine Médicis,

les voiliers de l'amiral, les tennis, le Guignol, les chevaux de bois du père Piquet, les joueurs d'échecs. Tout en flânant, François pense à son déménagement : dans trois jours, il quitte l'appartement familial pour s'installer rue des Petits-Champs, à cinq minutes à pied du bureau de son père, rue de Valois. Que fera Julien en rentrant d'Algérie ? Restera-t-il à Vaugirard ?

Avant de remonter à l'appartement, François fait un dernier tour du bassin pour inspecter les jeunes filles révisant leurs cours. Mais le cœur n'y est pas. Sans Julien près de lui, il n'est bon à rien.

*

(Mardi 5 janvier 1960)

Pierre se presse dans la rue de Médicis en maudissant le ciel. La pluie givrante attaque légèrement par la gauche, l'air humide et glacé s'infiltre partout, il rehausse son col, le serre entre deux doigts et se dirige épaules rentrées vers la gare du Luxembourg.

— *Combat*, s'il vous plaît.

Le vendeur examine la pièce que lui tend Pierre et lui rend soixante-dix petits centimes jaunes. Cela fait drôle, ces nouvelles pièces. Pierre parcourt la une, regarde les photos. La voiture, le platane, le visage de Camus. Hier, au ministère, il était en train de lui écrire pour lui dire qu'il avait enfin réussi à lui attribuer un théâtre quand Beuret a ouvert la porte en annonçant : « Camus est mort. »

Cette disparition le bouleverse. Il a toujours admiré l'homme, le résistant, le journaliste, l'écrivain. Une de ses phrases favorites lui revient en mémoire : « La vraie fidélité envers l'avenir est de tout donner au présent. » C'est ce qu'il a fait, jour après jour, jusqu'à hier. Quand se sont-ils rencontrés pour la première fois ? Ce devait être en 1942, chez Michel Leiris. Ils avaient discuté foot et littérature, parlé d'Edmond Charlot, l'éditeur de *Noces*, avaient noué des liens d'amitié. Dans l'immédiat après-guerre, avec Ariane, ils allaient souvent dîner chez lui, rue Séguier, dans l'appartement prêté par les Gallimard.

Dans le 27 qui l'emmène au Palais-Royal, Pierre va s'asseoir tout au fond, près du moteur, au chaud. Il se sent très las tout à coup. Il enlève ses gants, détache deux tickets lamelles. Maussade. A-t-il eu raison de quitter la Cour des comptes ? Aurait-il été le détonateur de la dispersion générale ? En un an, la famille s'est totalement éparpillée. Julien en Algérie, Delphine au sixième, François rive droite, Marie à New York ou à Los Angeles. Vaugirard est devenu un hôtel où il rentre tard et d'où il part très tôt. Et il n'a plus le temps d'écrire, trop accaparé par le projet des maisons de la culture.

Et avec Ariane, songe-t-il en regardant le receveur composter ses billets d'un tour de manivelle dans sa moulinette, que devenons-nous ? Les turbulences d'il y a quelques années se sont apaisées, nous nous sommes assagis mais chacun vit sa vie. Ariane ne supporte pas Malraux et, de mon côté, sa croisade pour l'émancipation féminine me fait bâiller d'ennui. C'est sérieux, d'accord, mais toute cette énergie, mon Dieu ! Comme s'il n'y avait pas de combats plus utiles et plus urgents que ces histoires de canules !

Le 27 traverse la place Saint-Michel, s'engage sur le quai des Grands-Augustins. Pierre se plonge dans les pages intérieures de *Combat*, parcourt les titres, s'attarde sur la page littéraire. Nouveau Roman... Décidément, c'est la manie de l'époque, cette quête éperdue et incessante de « nouveautés » après le nouveau franc ou la Nouvelle Vague. Qu'y a-t-il de vraiment neuf dans tout ça ? Pourquoi pas nouvelle cuisine, nouvelle politique, nouvelle peinture ?

Pierre descend à Palais-Royal et, avant de rejoindre la rue de Valois, passe à la Civette pour acheter des Balto, une boîte de cinquante qu'il glisse dans sa serviette. Delamain se trouve juste à côté et présente en vitrine le prix Goncourt, ce *Dernier des justes* qui déchaîne les passions ; Ariane a dévoré cette vaste fresque retraçant sur huit siècles l'histoire des Juifs dans l'Europe chrétienne.

Pierre entre dans la librairie, salue d'un signe de tête et consulte les dernières parutions, agacé. Le Goncourt, il l'a raté de peu il y a cinq ans avec *La Porte dérobée,* Beauvoir et ses *Mandarins* l'ayant coiffé au poteau. D'après Hirsch – son éditeur – tous les espoirs sont permis pour *L'Année sans fin*. Mais pour l'instant, c'est le bouquin qui cherche sa fin, cela commence à devenir urgent. Pierre sort ses Balto et tente de mettre la main sur des allumettes. Le libraire s'approche, lui tend son briquet.

— Bonjour, cher ami. Comment allez-vous ? J'ai cru comprendre que votre *Année sans fin* sortait en mai.

— Mi-mai, je pense.

— J'organiserai une signature, si vous le voulez bien. À propos de signature, j'aurai justement début mai celle d'un très jeune auteur de chez Grasset. Vous passerez ?

— Bien sûr. Un peu de jeunesse ne peut que me faire du bien.

— Merci. Vous verrez, c'est intéressant, ça ressemble un peu à ce que vous faites, mais en plus… en plus brouillon.

— Vraiment ? Je passerai, promis.

Pierre lui serre la main et s'en va. Ce qu'il fait, mais en moins bien : il serait curieux de voir ça.

*

(Jeudi 4 février 1960)

Le jardin du Luxembourg est transi de froid, le bassin a gelé, les gardes sont calfeutrés dans leur kiosque-champignon. Rue de Vaugirard, Delphine s'est résignée à descendre chez sa mère, emportant avec elle un léger sentiment de honte : Odile ne vit-elle pas dans les mêmes conditions ?

— Pourquoi ne dors-tu pas ici ? propose Ariane. Tu pourrais t'installer dans l'appartement jusqu'aux premiers beaux jours…

Delphine s'étire voluptueusement.

— Peut-être. Sinon, je vais faire exploser le compteur électrique.

— Et tu vas finir avec 39, au fond de ton lit.

Tout en feuilletant *L'Express*, Ariane a préparé un chocolat chaud. Françoise Giroud se débrouille vraiment bien, son cahier *Madame Express* est remarquable. Dire que personne n'y croyait ! Elle examine la photo du manteau de flanelle à col rond et boutonnage sous patte : si elle avait le temps, elle aimerait bien s'en confectionner un. Delphine a branché la vieille TSF que Pierre utilisait pour capter Radio-Londres. Ça crachouille. Elle cherche en vain la fréquence d'Europe n° 1 pour écouter *Salut les copains.* De guerre lasse, elle abandonne, reprend *Paris Match.*

— Incroyable ! C'est Marie !

— Il y a sa photo ?

— Attends, je lis.

Sous le titre « L'Ormen une drôle de vie », le journaliste s'attarde beaucoup plus sur les frasques de la jeune femme que sur son talent de violoniste. La photo la montre en compagnie de « Monsieur Georges », un python enroulé autour de son cou. L'article évoque sa suite au Waldorf-Astoria louée à l'année, ses excès en tous genres, la succession des « fiancés » hollywoodiens, ses tenues extravagantes, ses démêlés avec les chefs d'orchestre.

— Tu sais ce qu'elle dit ? s'étrangle Delphine.

— Non, quoi ?

— Je cite : « Mozart ? C'est vraiment barbant, et je suis polie, à part quelques opéras comme *Don Giovanni* et *La Flûte enchantée*. Mais pas aussi soporifique que Schubert. Jouer Mozart, c'est bon pour les enfants. »

— Pas de doute, sourit Ariane, c'est bien elle.

Delphine a peu connu sa sœur : lorsque Marie a commencé à se produire en concert et à se déplacer dans toute l'Europe avec Paul Barbizon, son pianiste, elle n'avait qu'une dizaine d'années. Marie était pour elle une déesse olympienne affranchie de toute règle, planant au-dessus du commun, des modes et des mortels. Jusqu'à cette scène horrible, dans cette même pièce, il y a quatre ans. Delphine referme *Paris Match*, tend la main vers un Petit Lu et tente de lui donner le visage de Mickey en commençant par les oreilles.

— Maman, pourquoi a-t-elle dit que j'étais la fille des Bronstein ?

Ariane prend son temps, sert le chocolat dans les tasses de Gien.

— Je te l'ai déjà expliqué, chérie. Esther venait d'accoucher d'une petite fille lorsque la rafle du Vél' d'Hiv' est survenue. Toi, tu étais âgée de quelques jours, pas plus d'une semaine, nous t'avions trouvée dans la rue dans une caisse en bois. Je crois me souvenir que c'était un jeudi. La police a débarqué à 6 heures du matin, elle a embarqué toute la famille Bronstein. En t'entendant pleurer dans la journée, les voisins et la concierge ont pu croire que nous avions réussi à sauver le bébé d'Esther. C'est un bruit qui a couru.

Delphine boit son chocolat par petites gorgées, grignote son Petit Beurre mutilé. Sceptique. Mais elle sait que sa mère n'ira pas plus loin dans les confidences. Cette histoire de caisse en bois qu'on lui sert systématiquement est romantique en diable, mais un peu trop jolie pour être vraie. Pierre et Ariane lui cachent quelque chose, elle en est persuadée, mais il lui est difficile d'insister. Pourtant, le mystère qui entoure sa naissance est un mal lancinant, comme une rage de dents. Elle aimerait mieux qu'on arrache la dent une bonne fois pour toutes, elle aimerait tant savoir.

— Julien a écrit ? soupire-t-elle.

— Non. Enfin, je ne sais pas. Il n'écrit qu'à François.

— Et que devient-il, celui-là ?

— Il va bientôt terminer HEC. Je suis allée chez lui, il a un beau studio, avec une douche et des toilettes… Il semble reprendre goût à la vie ; c'est la première fois que je le sens vraiment heureux depuis le départ de Julien. Il y aurait une fille là-dessous que ça ne m'étonnerait qu'au quart. Il est peut-être amoureux… Et toi, tes amours ? Désolée de mon indiscrétion mais si je ne te pose pas la question, tu me diras que je m'en fiche. Et si je te la pose, tu me diras que je suis indiscrète.

Ariane poursuit, embarrassée :

— Mme Crié m'a parlé. J'ai cru comprendre que ça défile un peu dans l'escalier du sixième. Surtout des garçons…

— Maman ! C'est ma vie ! Ce n'est pas toi, la féministe, qui vas me dire le contraire !

— Du calme, ma chérie, je ne suis pas là pour te juger. Mais je voudrais te mettre en garde contre les accidents. Je peux te faire venir un moyen de contraception qui commence à être utilisé en Angleterre, ça s'appelle le diaphragme…

— Merci, jette Delphine assez sèchement, j'en ai déjà un…

Ariane hoche la tête. Évidemment. Comment se l'est-elle procuré ? Par le Planning familial ? La jeune génération ne sait pas quelle chance elle a.

— Très bien, je n'insiste pas. Tu ne vas pas à tes cours, aujourd'hui ?

— J'ai la flemme. Et j'ai un rendez-vous à 18 heures.

Ariane consulte sa montre.

— Il est 17 h 30.

— Je sais, c'est tout près, boulevard Raspail.

Ariane attend la suite. Qui ne vient pas.

— Un rendez-vous ? hasarde-t-elle timidement.

— Maman ! Un rendez-vous pro-fes-sion-nel. Chez un designer.

— C'est quoi, ça ?

— Un spécialiste du design, de l'esthétique industrielle. Dessiner des objets ménagers, des objets, des meubles, des produits industriels.

— C'est ce que tu veux faire ?

— Oui.

— Je pensais que tu pourrais essayer les décors de théâtre, ce n'est pas loin de l'architecture intérieure. J'ai gardé de très bons contacts avec André Barsacq, il pourrait t'aider.

Delphine se lève.

— Non, maman ! Je sais parfaitement ce que je veux faire ! Qu'est-ce qu'il y a ce soir ?

— Peut-être quelque chose à la télé. Sinon, il n'y a que nous deux, ma pauvre chérie. Ton père va encore rester rue de Valois jusqu'à 11 heures.

— Je peux me maquiller chez toi ?

Sans attendre la réponse, Delphine se dirige vers la chambre de sa mère. Elle s'assied devant la coiffeuse, souligne soigneusement ses yeux, et sa bouche.

— Où est ton Heure Bleue ?

Ariane lui tend le flacon de parfum. Sa fille est très belle. Le design a bien de la chance.

*

À la hauteur du square Boucicaut, Delphine distingue un car de police stationné au coin de la rue Chomel, apparemment devant le 38 du boulevard Raspail, l'adresse où elle se rend. Des agents font monter un homme dans le fourgon noir et blanc, referment les portes, le Citroën s'éloigne toutes sirènes hurlantes. Delphine s'approche. *Technès, bureau d'études*. C'est bien là. Elle pousse la porte, s'approche de la réception. L'homme au visage rond qui lui fait face n'a vraiment rien d'une hôtesse d'accueil.

— Qu'est-ce qu'il a fait ? questionne Delphine en désignant la porte du doigt.

— On ne sait pas. Vous cherchez quelqu'un ?

— J'ai rendez-vous avec M. Tallon.

— Tallon ? Vous êtes sûre ?

— Certaine. Il m'a fixé un rendez-vous par téléphone, aujourd'hui, à 18 heures.

— Alors suivez-moi.

L'homme la précède dans un dédale de couloirs, ouvre la porte d'un bureau, la prie de s'asseoir.

— Je suis Roger Tallon, annonce-t-il. Vous ne manquez pas de culot. Qui êtes-vous ? Que faites-vous ici ?

Delphine lui adresse son plus beau sourire, explique son cas. Voilà : elle passe dans quatre mois le concours d'entrée des Arts décoratifs, elle l'aura sans difficulté, mais elle a un problème, il n'existe pas aux Arts décoratifs d'enseignement du design et donc, elle cherche un stage.

Roger Tallon scrute le visage de l'effrontée. Cette fille lui plaît.

— Qu'est-ce que c'est, le design ? demande-t-il.

— C'est quand l'utile est beau. Et parfois le contraire.

— Pas mal, mademoiselle. Mais souvenez-vous que si la beauté est souvent le résultat, elle n'est pas un but. Quel âge avez-vous ?

Delphine n'hésite pas. Un mensonge d'un an, ça ne compte pas.

— Dix-huit ans et demi.

— Et comment vous appelez-vous ?

— Delphine, Delphine Ormen.

Tallon fronce les sourcils.

— Vous êtes parente avec Marie Ormen, la violoniste ?

Delphine se met à pouffer.

— Qu'est-ce qu'il y a ? Je suis si drôle que ça ?

— Je pense à mon père : il ne serait pas du tout content de votre question.

— Pierre Ormen ?

— C'est cela.

— Belle famille, mademoiselle. Il va falloir être à la hauteur. C'est amusant de vous voir ici : ce matin, je suis allé retenir des places pour le concert de votre sœur, en avril prochain. Bon, montrez-moi votre dossier.

Delphine ouvre le carton à dessin où se mêlent caricatures d'hommes politiques, dessins personnels et croquis d'objets insolites, une moto à trois places, un lit circulaire, un parapluie transparent…

— C'est bien, ça…

Tallon pointe du doigt un personnage de bande dessinée.

— C'est Apolline. Une terrible. Elle tire sur tout ce qui bouge et repeint le reste en rouge.

— Je vois. Un peu comme vous.

Roger Tallon se cale dans son fauteuil, saisit une règle, jauge sa visiteuse. Un stage ? Pourquoi pas ? Ici, ça manque un peu de présence féminine. Et une future élève des Arts déco peut lui être utile.

— Chez qui êtes-vous ? Charpentier ?

— Penninghen.

— Bien. D'accord pour un stage, mais il va falloir le réussir, ce concours. Je ne veux pas être celui qui sabote vos études. Nous avons un projet d'appareil photo, le Focamatic, et un rasoir électrique pour Thomson. Vous travaillerez là-dessus. Et vous allez m'être utile : dans un an ou deux, je vais ouvrir une section « design » aux Arts déco, rue d'Ulm. En tant qu'élève, vous pourrez m'aider à préparer mes cours, vous serez mon cobaye, cela vous va ?

— À merveille. Qu'est-ce qu'il a fait, le type arrêté ?

— Porteur de valise. Réseau Jeanson. Vous savez ce que c'est ?

— Non.

— Tant mieux. Vous êtes engagée. Une ou deux heures par jour, après vos cours. Delphine, c'est ça ? À demain donc, je vais vous raccompagner. Et n'oubliez jamais : le beau n'est pas le but, c'est le résultat…

*

(Samedi 23 avril 1960)

La foule. Les cris. Impossible d'approcher Marie après son concert à Pleyel. Furieux, Pierre a emmené Ariane chez Allard, son restaurant fétiche des grandes occasions. Il la regarde : elle resplendit, respire l'élégance et l'intelligence, elle est superbe.

Ce qu'il aime ici, c'est cette tradition du plat unique. Quel que soit le nombre de convives, on pose le plat commun au milieu de la table. Ce soir, il en va de la pintade aux lentilles comme de leur âge. Cent ans en partage. Il compte et recompte les années, les mois, les jours… Pas de doute, ils ont cent ans à eux deux. Que disait Sainte-Beuve sur le pont des Arts ? Vieillir est encore le seul moyen qu'on ait trouvé pour vivre longtemps. Ou quelque chose comme ça. Sauf que cinquante ans, ce n'est pas vraiment vieux. Pour un futur académicien, ce n'est même pas la puberté.

— Monsieur et Madame, quel bon plaisir…

Ariane sourit : le patron possède toujours son diamant à la main gauche. En serait-il ? Il n'en a pas l'air.

— Suivez-moi, je vous prie.

Le couple s'installe près du zinc.

— Un cocktail, peut-être ? suggère le patron.

— *Pick-me-up* pour moi, s'il vous plaît, lance Ariane, en détachant légèrement la dernière syllabe afin de lui conférer de la joyeuseté.

— Désolé, madame Ormen, je ne connais pas. C'est américain ?

— Une vodka Dubonnet, alors.

— Scotch pour moi, dit Pierre, en fixant sa femme d'un air amusé. Un *Pick-me-up* ? interroge-t-il en se penchant vers elle.

— Orange, Cointreau, brandy, champagne.

— Diable. Et où as-tu bu cela ?

— Au Ritz. Avec Marie, il y a quatre ans, le jour où elle a offert cette petite voiture à Delphine, la Messerschmitt qui ressemblait à un avion, tu te souviens ? J'étais rentrée pompette…

Pierre saisit la carte des vins, remercie le patron d'une inclinaison de tête.

— C'est terrible, soupire-t-il, je ne la comprends toujours pas. Elle est si… différente. Tu as vu ce qu'elle a encore fait ?

Ariane lui prend la main, la presse doucement. À la fin du concert, à Pleyel, devant deux mille spectateurs extatiques, Marie a mis un nez rouge en plastique pour saluer. Puis, comme à son habitude avec ses souliers, ses écharpes ou ses gants, elle l'a enlevé et l'a jeté dans la foule.

Ariane caresse doucement la paume de Pierre avec un doigt.

— Je ne sais pas pourquoi elle est ainsi. C'est nous qui l'avons conçue, tu sais. Tu te souviens de l'île sur le Niger dont tu me parlais, celle qui ne figure sur aucune carte ?

— Badjibo. Un État grand comme quatre terrains de football, peuplé d'un seul habitant, un brigadier énigmatique veillant sur une tombe…

— Oui. Je ne sais pas pourquoi, en regardant jouer Marie, j'ai précisément pensé à ce brigadier. Notre petite reine est seule en son royaume, comme lui. D'où lui vient cette part insondable ? De toi ? De moi ?

Pierre retire sa main comme si elle le brûlait. Et lui ? Que devient sa part d'ombre, celle du 15 juillet 1942 ? Combien de fois a-t-il songé à tout lui avouer ? Dix-huit ans de mensonge par omission, cela fait bien tard pour revenir en arrière. D'ailleurs, pourquoi lui infligerait-il ce fardeau ? C'est son lot, et le sien seul, de traîner ses secrets jusqu'à la tombe. En espérant qu'ils ne s'échapperont jamais du cercueil.

— Je me demande si ce brigadier est toujours là-bas, dit Ariane. Cela fait combien de temps ?

— Ce n'est pas vieux. C'était il y a quatre ans !

— C'est fou, j'ai l'impression que cela fait plus de dix ans.

— C'est la faute de Malraux, répond Pierre. À la Cour des comptes, le temps coulait lentement. Aujourd'hui, rue de Valois, il galope au rythme d'un cheval furieux.

— Vodka Dubonnet et scotch à l'eau !

Le patron dépose les deux verres sur la table, tend son briquet, allume la cigarette qu'Ariane vient de sortir.

— Merci, dit-elle. Nous arrivons à la fin du service, il est tard, je suis désolée.

— Vous plaisantez, madame Ormen, vous êtes ici chez vous.

Ariane bascule la tête en arrière, expire la fumée vers le plafond.

— À quand le procès, la nouvelle date est-elle arrêtée ? demande-t-elle à Pierre.

— Novembre, si tout va bien. C'est long. Et ce n'est pas évident.

— Cela représente combien, déjà ?

— Les terrains ? Près de dix millions. De nouveaux francs, bien sûr.

— Ton père était si riche que ça ?

— Plus encore. Entre les deux guerres, il a gagné une véritable fortune avec son usine. Il possédait les terrains de La Croix-Valmer, il avait été très joliment indemnisé pour Bagneux et gardait un très gros portefeuille d'actions ; il aimait bien la Bourse.

Ariane écrase sa cigarette dans le cendrier, en allume aussitôt deux autres. Une pour lui, une pour elle. Elle lève son verre, lui sourit.

— À ta santé, chéri. Et à la santé des enfants. J'espère que nous gagnerons. Cet argent, c'est de l'argent Ormen, c'est l'argent des enfants. Notre chère Odette n'a vraiment peur de rien ! Elle risque gros, non, avec son faux testament ?

— C'est bien ce qui m'inquiète. Si elle a pris ce risque, c'est qu'elle a confiance dans sa capacité à imiter l'écriture de mon père. Et elle peut arguer qu'à la fin de sa vie, Valentin avait du mal à tenir un crayon.

— Tu voulais revoir Amédée, pour parler du testament. Tu l'as fait ?

— Non. Mais je lui ai téléphoné. Il n'a pas changé d'avis : il refuse sa part d'héritage, il nous la laisse, comme il dit.

— Et Amélie ?

— Si nous perdons, elle touchera la rente mentionnée par mon père. Trois millions par an, trois millions d'anciens francs, c'est largement suffisant pour les frais de la clinique. Si elle guérit un jour et si nous gagnons, je m'arrangerai pour qu'elle touche une part conséquente. C'est curieux, papa n'a pas envisagé qu'elle puisse sortir de sa clinique, retrouver une vie normale…

Le patron s'approche, calepin à la main. Pierre commande une bouteille de Saint-Joseph.

— Quelles nouvelles de François ? reprend-il. Je ne le vois plus. Il habite pourtant à deux pas du ministère !

— Il passe à Vaugirard, de temps en temps. Mais tu n'es jamais là.

— Je sais.

— Son souffle au cœur lui aura au moins servi à quelque chose. Quand je pense qu'il aurait pu partir lui aussi !

— Pas de lettre de Julien ? demande Pierre.

— Rien… Et je n'aime pas ce silence.

Pierre saisit un morceau de pain dans la corbeille.

— De source sûre, Challe va être démis de ses fonctions de commandant en chef. Après ça, on ne peut pas savoir si Julien sera éloigné d'Alger ou non.

— Et Dédé la Culture, il se bouge celui-là, qu'est-ce qu'il t'a dit ?

— J'aurai des nouvelles lundi, il me l'a promis, il a appelé le cabinet de Messmer.

Ariane lui prend à nouveau la main.

— Insiste, Pierre, je veux savoir où est Julien, s'il n'est pas exposé.

— Oui, chérie. Je ne lâche pas Malraux. En attendant, c'est notre anniversaire. Cent ans à nous deux, vingt-sept ans de vie en commun. Je t'emmène tout à l'heure Aux Trois Mailletz écouter Bill Coleman, cela te convient ?

Ariane regarde Pierre avec ravissement. Si elle avait neuf vies, comme les chats, ce serait l'homme de toutes ses vies.

— Avec toi, tout me va, dit-elle. Je t'aime, Pierre.

*

(Samedi 30 avril 1960)

Sur la place Dancourt, l'accordéon semble pleurer. Comme Fréhel sur le tard, la chanteuse, toute de noir vêtue, présente un visage empâté et livide.

— « *Y en a qui vous parlent de l'Amérique / Ils ont des visions de cinéma / Ils vous disent : "quel pays magnifique / Notre Paris n'est rien auprès d'ça"...* »

Sortis parmi les premiers de l'Atelier, François et Leila s'attardent un moment pour écouter la goualante.

— Ta mère travaillait ici, au théâtre ? questionne Leila tout en cherchant de la monnaie.

— Elle y a conçu les costumes pour Dullin, jusqu'à

la guerre. Elle l'appelait l'Araignée, c'était un petit bonhomme totalement tordu, un vrai génie. Ça t'a plu ?

— Pas vraiment. C'est creux et inconsistant. Mais j'aime bien Claude Rich.

François a obtenu les places par sa mère, qui les lui a offertes : Pierre n'a pas le temps. Et il n'aime pas Sagan.

— On marche un peu ?

Il prend Leila par la main et l'entraîne vers la rue des Martyrs par la rue d'Orsel.

À l'angle du boulevard de Rochechouart, le cirque ferme ses portes.

— Tu connais ? demande-t-il. C'est Medrano. Grand-père nous y emmenait souvent, Julien et moi, quand nous avions huit ou neuf ans. Il appelait ça le cirque Boum Boum, je ne sais pas pourquoi. En 1946, j'y ai vu Buster Keaton en clown triste qui rate tout ce qu'il entreprend, il me faisait pleurer.

Leila se serre contre lui. François connaît l'histoire de chaque rue de Paris.

— Et là ? rit-elle en désignant un immeuble au hasard.

— Là, répond François en la prenant dans ses bras, c'est l'endroit où François Ormen a embrassé Leila Tazegaït pour la millième fois.

Sur la place Pigalle, quelques taxis attendent les fêtards du samedi. François avise une Panhard et ouvre galamment la portière pour Leila.

— Rue des Petits-Champs, s'il vous plaît, au 47.

Leila fronce les sourcils. Il aurait pu lui demander son avis. Elle se renfrogne. Susceptible ? Oui, et alors ? Elle a toujours affiché une fierté hautaine. Son père, maçon d'origine kabyle, s'est installé en France en 1950. Fille de bougnoule, de melon, de bicot, de raton… Elle a tout entendu et s'est faite seule, contre tous. Aujourd'hui, elle est cadre commercial, vend des espaces publicitaires chez Jean Mineur, ce qu'elle n'aime pas trop mentionner : le « Pan ! toujours dans le mille ! » du petit personnage de la réclame lui attire systématiquement des plaisanteries d'un goût douteux.

C'est à un débat du mardi soir au Studio Parnasse de Jean-Louis Chéray qu'elle a rencontré François, débat si animé qu'il lui avait fait rater son dernier métro. Le petit-bourgeois du 6e arrondissement l'avait alors raccompagnée à pied jusqu'au boulevard Diderot et elle avait pris la mesure de sa maturité, de sa droiture, de la profondeur de son engagement politique. François venait juste de s'inscrire au PSU pour soutenir activement la cause algérienne. Le souvenir de cette traversée de Paris l'apaise, alors que le paysage du boulevard défile comme au cinéma par la vitre du taxi.

— Tu crois que je lui plairai ?

— À qui ça ?

— À ton frère.

— Bien sûr. Pourquoi dis-tu cela ?

— J'appréhende un peu. Et je sais que c'est important pour toi.

— Ne t'inquiète pas. Tu lui plairas. Et ton père, quand pourrai-je le voir, tu me présentes, un jour ?

— On a le temps, François. Et puis, ce n'est pas trop le moment. Ça devient de plus en plus dur, il reste à la maison, il n'ose plus sortir dans la rue. L'autre jour, dans le métro, il s'est fait agresser par deux individus, rouer de coups de poing, de coups de pied, personne n'est intervenu. Au commissariat, ils ont refusé de prendre sa plainte, ils l'ont traité de tous les noms, il est revenu avec les larmes aux yeux. Mon père ! Ça me rend folle !

— Il… il a des sympathies pour le FLN ?

— François, s'il te plaît, ça ne te regarde pas !

— Et toi, tu es engagée ?

— François !!

— C'est pour t'aider, chérie, tu peux tout me dire.

Leila penche la tête, tente de se repérer dans ce Paris nocturne qu'elle connaît mal. Trinité, Notre-Dame-de-Lorette, rue de Richelieu. Tout lui dire… Elle aimerait pouvoir mais elle n'en a pas le droit. Les valises, on les porte seul.

*

(Mardi 3 mai 1960)

Malraux l'a rassuré : Julien est à l'Amirauté. Muté dans les transmissions, à l'écart des événements. Pierre sort du ministère de la rue de Valois et se rend chez Delamain, place du Palais-Royal, pour la signature d'*Elle était une fois*, le premier roman de Dominique Faure, ce jeune auteur dont lui a parlé le libraire en février. Un peu comme vous mais en moins bien, avait-il dit. Tu parles ! Il y a trois jours, Pierre a feuilleté le livre et n'en a pas cru ses yeux en reconnaissant *La Vive*, son manuscrit perdu il y a quelques années dans le métro. Le texte est remanié, la fin différente, mais il s'agit indéniablement de son roman. Et, franchement, qu'il ait égaré ce texte était sûrement un acte manqué : l'ouvrage n'est vraiment pas très bon, le sujet boiteux, la construction rigide.

La signature a lieu à côté de la caisse. L'auteur est

une fille, très jeune, à peine vingt ans, brune et gracieuse. Pierre s'approche, surpris et amusé de se faire dédicacer son propre ouvrage.

— Pour qui, la dédicace ?

— « Pour Pierre ».

Manifestement, la fille ne le reconnaît pas. Elle lui tend son livre avec le sourire.

— Voilà, j'espère que cela vous plaira.

— Je l'ai déjà lu, dit Pierre.

— Vraiment ? Et qu'en avez-vous pensé ?

— Je suis partagé. Il y a quelque chose mais la fin ne tient pas debout. Et le titre ne convient pas. Vous auriez dû l'appeler *L'Eau vive*. Ou *La Vive*. C'est curieux, mais j'étais persuadé que c'était un homme qui avait écrit cela.

La fille le fixe droit dans les yeux. Sans un soupçon de crainte.

— Intéressant, répond-elle d'un ton moqueur. Vous devriez écrire.

— Mais c'est ce que j'ai fait. Et c'était très mauvais, j'ai préféré le perdre. Merci de m'en avoir débarrassé.

— À votre service.

— De rien. Nous nous reverrons, mademoiselle.

— C'est une menace ?

— Plutôt un souhait. Bonne journée, jeune fille…

Son livre sous le bras, Pierre quitte la librairie d'un pas guilleret. Cette fille ne manque vraiment pas d'air. Curieusement, l'aplomb de la petite voleuse l'a ravi, leur court dialogue lui apparaît comme l'un de ces petits bonheurs de l'existence qui vous donne l'envie de remercier d'être vivant. Il consulte sa montre : 7 h 40. Pour une fois, il ne finira pas à minuit. Le ciel s'est dégagé, un gros soleil rouge décline vers

Chaillot. Il décide de marcher, prend la rue de Rivoli, traverse la Seine par le pont des Arts. Parvenu quai de Conti, il jette un coup d'œil vers l'Institut. D'après Mauriac, ce bas du cul de Montherlant a été élu en mars sans avoir effectué la moindre visite ! Comment est-ce possible ? Dans la rue Bonaparte, il s'attarde un instant devant la vitrine de la galerie Breteau, contemple les tableaux de Manuel Duque, la nouvelle coqueluche d'Ariane.

La terrasse des Deux Magots est prise d'assaut. Pierre songe un moment à rentrer chez Lipp, puis renonce. Son regard s'attarde sur le carrefour, il fouille sa mémoire, fronce les sourcils. Est-ce si vieux que cela ? Il y avait là la statue de Diderot, déplacée cent mètres plus loin. Cazes l'a fait enlever parce qu'elle gênait la vue des clients. Il y avait également une vespasienne et l'arrêt de l'omnibus, également disparus. Décidément, ce bistrotier a le bras cent fois plus long que les députés qui fréquentent son établissement. À cette heure, pour boire un verre, le plus simple est sans doute d'aller chez Georges. Et s'il n'y a pas de place à l'intérieur, on peut toujours s'asseoir sur le bord du trottoir.

Minouche l'accueille sur le pas de la porte, à bras ouverts. Énormes, les bras, il pense étouffer.

— Mais qui s'amène ? C'est mon Ormen !

Pierre se faufile, profite d'une légère cohue pour rejoindre le bar sur sa gauche, dans le petit renfoncement, près du téléphone. Georges lui sert d'autorité un demi de bière.

— Comment va notre écrivain ?

— Ça va, Georges, pourquoi tout ce monde ?

— Aucune idée. Peut-être savaient-ils que tu allais venir ?

Pierre sourit, boit sa bière à petites gorgées. Il aime cet endroit, à mille lieues des intrigues de chez Lipp ou de la faune du Flore. D'un geste de la main, il salue un vieil habitué, ancien prof à Charlemagne, comme lui, sourit à une femme dont il a oublié le nom. Il sort son calepin, note quelques impressions.

— Tu nous mets dans un de tes romans ?

Minouche s'est approchée, cigarette au bec.

— Pourquoi pas ? répond-il. Tu aimerais ?

— J'adorerais ! Un grand roman, long comme un fleuve.

— Qu'est-ce que c'est, un grand roman ? questionne Pierre.

Minouche réfléchit.

— C'est quand on oublie que quelqu'un l'a écrit.

— Pas mal. Je note. La phrase figurera dans le prochain.

Pierre allume une Balto, désigne d'un pouce pointé vers le bas son verre vide à Georges, contemple ses notes : son écriture a la figure de petites pattes de mouches indéchiffrables. Comme celle de son père. Pierre soupire. La seconde expertise graphologique du testament vient d'être rendue. Deux experts estiment que le testament est un faux, un autre le tient pour valide. Procès repoussé, pas de verdict avant dix-huit mois, a prévenu l'avocat.

Il boit son demi, laisse quatre-vingts centimes sur le bar. Avec un peu de chance, Ariane sera à la maison. Il l'emmènera dîner Aux Charpentiers. Ou Aux Assassins, rue Jacob.

*

(Mercredi 5 octobre 1960)

Comme tous les mercredis, Delphine se rend chez le marchand de journaux de la rue Monsieur-le-Prince pour acheter *Une semaine à Paris* dont elle ne lit que la rubrique « cabarets », et plus particulièrement la programmation de L'Heure Bleue. Certaines fois, le nom d'Olivier apparaît à l'occasion d'un remplacement : « Au piano, O. Russier. » Les artistes apparaissent en caractères gras, sans différence de taille et de police et par ordre alphabétique : Jean Bériac, Jean Obé, Roger Riffard, Anne Sylvestre. Ceux-là, elle ne les connaît pas.

Après avoir attaché son Solex devant le Balzar, elle va retrouver Louis au Champollion ; il est dans les premiers de la file d'attente et agite un journal en se haussant sur la pointe des pieds.

— Delphine !

Louis Aubin est un grand échalas qui prépare l'agreg de philo à Normale sup' où il dispose d'une chambre. Delphine le rejoint, se laisse embrasser.

— Je t'invite, annonce-t-il.

— Pas question. Chacun paie sa place.

— Comme tu veux. Il paraît que la scène du lit est assez osée…

Delphine ne répond pas. C'est la première fois qu'elle va au cinéma avec lui, pourvu qu'il ne soit pas collant, le genre qui prend la main quand le film commence. Louis ne lui plaît pas. Et *Les Amants*, c'est sur l'écran, pas dans la salle. Elle pose les deux pièces d'un franc sur le petit guichet et saisit le ticket que lui tend la caissière.

Louis pousse la porte, l'entraîne vers l'avant. C'est

premier rang ou rien. Et si le film est commencé, même depuis cinq secondes, on ressort.

— Tu as commencé tes cours ?

En mai, Delphine a été reçue cinquième au concours d'entrée des Arts déco. En attendant que Tallon vienne enseigner, elle a choisi archi intérieure.

— Depuis une semaine. Ça me change de Penninghen. Mais c'est un peu lourd car après les cours, je vais boulevard Raspail travailler dans une boîte de design.

— Ah ! Et qu'est-ce que tu y fais, au juste ?

— Un projet de chaise pour Wimpy, une chaîne de restauration que va lancer Jacques Borel. Comme en Amérique, des restaurants pas chers à base de hamburgers. Tallon a pensé à une chaise en aluminium et contreplaqué moulé, elle est vraiment superbe.

— Tu vas voir, dit Louis. Pour le documentaire, on va avoir droit à la pêche à la sardine.

C'est cela, songe Delphine en s'allongeant et en calant sa nuque sur le haut du dossier, intéresse-toi à ce que je fais.

En fait de sardines, c'est une locomotive électrique BB 9004, censée battre un record du monde dans le sud-ouest de la France, qu'un commentateur agité présente à l'arrêt et sous toutes ses coutures. Au bout de dix bonnes minutes, Louis se lève, furieux, et lance à la cabine de projection en tapant dans ses mains :

— Alors, bordel, elle part, cette locomotive ?

Prise de fou rire, Delphine se met également à frapper dans les mains, suivie aussitôt par l'ensemble des spectateurs. Peu après, record ferroviaire battu, les lumières reviennent enfin sous les applaudissements.

— Bonbons, caramels, esquimaux, chocolats !

— Tu veux quelque chose ? demande Louis.

— Non merci.

Delphine regarde le petit mineur lancer sa pioche vers la cible. Encore dans le mille. Parce que 0001, ça fait mille à l'envers, elle ne l'avait jamais remarqué. D'après Ariane, la nouvelle petite amie de François travaille pour Jean Mineur Publicité, aux Champs-Élysées. Et elle est arabe. Delphine est intriguée : que peut en penser Julien ? Une heure et demie plus tard, saoulés par le sextuor de Brahms, ils sortent du Champo.

— Ça t'a plu ? s'enquiert Louis.

— Pas vraiment. La première partie est à mourir d'ennui. La seconde est bien faite, mais je trouve ça emphatique, pompeux.

— Mais la scène du lit ?

— Tu parles ! À part la lumière, il n'y a pas grand-chose.

— Mais Moreau !

Oui, bien sûr, songe Delphine, il y a Jeanne Moreau. Dire qu'il y a dix ans, elle sortait avec Olivier !

— On va à Claude B. ? propose Louis.

— Quelle heure est-il ?

— Dix heures. Ils sont tous là-bas.

— D'accord. Je vous rejoins, j'ai mon Solex.

*

Le Tréboul est situé rue Claude-Bernard, à une dizaine de mètres de la rue Vauquelin. Le petit café ne présente pas grand intérêt, n'étaient le flipper – un Liberty Bell à vingt centimes –, le débit de tabac et les sandwichs jambon-beurre à prix raisonnable. La bande des Ulmards aime s'y réunir dans une petite salle presque privée, à l'arrière. L'arrivée de Delphine est saluée par un concert de sifflements.

— Mais c'est Delphine !

— Mais c'est Delphine ! Approchez, mon enfant, n'ayez pas peur…

Paul Taneka, le leader du groupe, est un aimable professeur Cosinus féru d'astrophysique et de science-fiction, grand amateur d'échecs et de gastronomie. Pascal Cavalier, le play-boy du groupe, prépare son agrégation de philo avec Louis Aubin. Aude Prior, une jolie blonde, poursuit sans trop y croire des études d'agronomie. Près d'elle, un garçon massif que Delphine n'a jamais vu, ressemblant vaguement à Vittorio Gassman, débat avec un rouquin frisottant.

— Je te signale, martèle le Vittorio, que le Parti n'a jamais rien fait pour prendre la tête d'un réel mouvement anticolonial. Pire, en mars 1956, il a voté les pouvoirs spéciaux à Guy Mollet pour étendre la guerre et envoyer les appelés du contingent en Algérie !

— Et ta Fédé anarchiste, qu'est-ce qu'elle fait ? rétorque le rouquin. Rien, évidemment, sous prétexte que le peuple algérien serait alors soumis au joug de la bourgeoisie algérienne à la place de la bourgeoisie française. Comme si l'avènement du prolétariat était là-bas l'objectif prioritaire. Révolution de salon !

Delphine s'interpose.

— À mon travail, dit-elle, on a arrêté un homme qui faisait la liaison avec le FLN, un porteur de valises. Il vient d'être condamné à trois ans de prison.

Louis Aubin pousse la porte du bistrot. Manifestement, il a couru. Il achète un paquet de Gitanes filtre et rejoint la petite bande dans l'arrière-salle.

— Tu es bien jeune pour parler politique ! ironise Pascal.

Delphine se cabre.

— Et toi, combien as-tu de plus que moi ? Deux ans ? Trois ans ? La belle affaire ! Je sais distinguer la droite et la gauche.

— Vous n'êtes pas tous comme ça dans la famille, intervient le rouquin. Ton frère s'est bien engagé pour aller se battre en Algérie, je me trompe ou pas ?

— Ouais, tu te trompes. Il s'est engagé pour voir ce qui se passait vraiment là-bas.

— Et ton père, ma cocotte, le grand Ormen, l'humaniste bien pensant, il n'aurait pas changé de camp ? Je n'ai pas vu son nom sur le Manifeste des 121 en faveur du droit à l'insoumission. J'ai vu Sartre, Breton, Duras, Resnais, mais Ormen, inconnu au bataillon. Et je vais te dire pourquoi : en signant, il se serait fait virer du ministère.

— Et alors, ducon, mon père travaille pour Malraux, mais ça ne l'empêche pas d'être de gauche, mets-toi ça dans la tête !

— On se calme, tonne le faux Gassman d'une voix grave et rocailleuse, on se calme. Pascal et Toto, allez donc faire un flipper, c'est bon pour les nerfs.

Il se lève, tape sur l'épaule de Louis, va s'asseoir près de Delphine.

— Je m'appelle Angelo, dit-il, Angelo di Mascio. Ne te laisse pas impressionner, ce sont des grandes gueules mais ils ne sont pas méchants. Tu es vraiment la fille de Pierre Ormen ?

— Oui.

Angelo sourit. Delphine imagine le jugement qui, pour rester silencieux, ne doit pas être moins péremptoire : haut fonctionnaire gaulliste, bourgeoisie éclairée, écrivain réac…

— T'es pas à Normale ? demande-t-il.

— Non, je suis aux Arts déco. Et toi, tu es prof ?

— Pas vraiment. J'écris un peu.

Quel âge peut-il avoir ? s'interroge Delphine. Entre trente et quarante. Et pourquoi suis-je toujours attirée par les hommes nettement plus âgés que moi ?

— Trente-quatre, reprend Angelo qui semble lire dans ses pensées. (Il sourit.) Je te le fais court. Nom de famille : di Mascio. Sauf qu'il n'y a plus de famille : mon père, ancien des Brigades internationales, est mort en 1937 à Barcelone. Ma mère est morte il y a dix ans, d'un cancer. Ni frères ni sœurs. Je vis moitié en Italie, moitié à Paris. Je travaille dans la presse, j'écris des essais, je prépare un bouquin sur les intellectuels et l'engagement politique en Europe. Cela te va ?

— Ça me va. Sauf ce que tu penses de mon père.

— Mais je ne pense rien. Et on n'est pas responsable de ses parents…

— Il faut que je file, dit Delphine.

— Où habites-tu ?

— Rue de Vaugirard.

— On se revoit ?

Delphine tend la main.

— Bien sûr. Je suis souvent ici, avec Louis et la bande.

Elle attrape son manteau.

— Au revoir, tout le monde…

Angelo suit des yeux la silhouette blonde qui sort du Tréboul et détache la chaîne de son Solex. Elle lève les yeux, lui sourit à travers la vitre, disparaît.

— Elle est avec quelqu'un ? s'informe Angelo en se tournant vers Louis.

— Delphine ? Je ne crois pas. Pas avec moi en tout cas. Malheureusement. On dit qu'elle n'est pas farouche, mais je ne l'ai jamais vue avec qui que ce soit. Je crois qu'elle est amoureuse d'un fantôme.

2

(Vendredi 17 mars 1961)

Sur le quai de la gare de Lyon, Odette rêve encore aux projets qu'elle n'a cessé d'échafauder tout au long de son voyage. Son bref séjour dans la région de Saint-Tropez, Gassin et Ramatuelle, a été des plus instructifs. Si le procès tourne en sa faveur, tous les espoirs seront permis. Au cap Camarat, un programme de deux cents villas du nom de Château Volterra est déjà en vente sur plans et, d'après la mairie, pour la zone de Gigaro, ça ne devrait pas trop tarder. Cinq ans au plus. Odette s'est renseignée sur les promoteurs locaux, a noué des contacts et s'est liée d'amitié avec le jeune secrétaire de mairie. Les dix-huit hectares de La Croix-Valmer achetés par Valentin en 1932, idéalement situés entre la départementale 93 et la mer, représentent une fortune.

— Bonjour, Madame.

Revissant sa casquette, Edmond se précipite sur les bagages, règle le porteur. Odette abandonne ses rêveries sonnantes et trébuchantes et s'installe – non sans une pointe de contrariété – à l'arrière de la 403 beige ; elle aurait dû choisir un modèle avec vitre de séparation, comme ces voitures de maître anglaises, noires et rutilantes, plus en rapport avec ce que sera désormais son destin.

Après le départ de Mme Farge pour la Savoie, il y a un an, elle a engagé un couple sans âge pour s'occuper de Fontenay. Rosalie fait le ménage – moins soigneusement que la vieille Savoyarde – tandis qu'Edmond remplit le double office de jardinier et de chauffeur. Malgré ses réticences, Odette a exigé qu'il porte le costume et surtout la casquette, qu'il doit soulever d'une main en ouvrant la portière de l'autre.

— Madame a-t-elle bien voyagé ?

— Très bien, Edmond. Nous pouvons y aller. Rien de neuf à la villa ?

Ce mot « villa », qu'elle prononce en laissant légèrement traîner la deuxième syllabe, la ravit.

— Rien, Madame. Enfin, si. M. Pierre Ormen est passé dimanche dernier.

La Peugeot s'extrait non sans mal d'un magma de voitures et descend la rampe pour rejoindre le boulevard Diderot. Les yeux d'Odette se posent sur la nuque d'Edmond, épaisse, rasée à la prussienne. Une vraie brute, celui-là, une force de la nature, comme on dit. Si elle le voulait, elle pourrait très bien l'attirer dans son lit, ce sont des choses que les femmes sentent. Mais elle n'aime que les jeunes gens à la peau délicate, pas vraiment le profil de l'énergumène au volant. Pour le simple plaisir de s'entendre à nouveau appeler « Madame », Odette lance une question, n'importe laquelle, dont la réponse lui est parfaitement indifférente.

— Il a emporté quelque chose ?

— Non, Madame, il voulait consulter des papiers.

Odette hoche la tête. Depuis la soirée du Nouvel

An qui a suivi la mort de Valentin, elle n'a pas revu Pierre. Lors de ses visites à Fontenay, elle s'arrange pour ne pas être là, laissant Rosalie l'accueillir. S'il cherche un autre testament, il peut courir ! Cela étant, ce procès n'en finit pas : aux dernières nouvelles, d'après Me Ménard, le jugement n'interviendra pas avant l'automne de l'année prochaine.

— Nous allons à Fontenay, Madame ?

— Oui, Edmond. Vous prendrez par Châtillon.

La 403 traverse la place d'Italie, rejoint la rue Bobillot. Le 13e arrondissement est un véritable champ de ruines, Odette contemple les maisons éventrées, les immeubles en construction, bulldozers et grues de tous côtés. Quel chantier ! Elle ferme les yeux. La villa de Fontenay commence à lui peser. Trop lourde à gérer, trop de souvenirs à porter. Et, quoi qu'elle fasse, ce sera toujours la maison des Ormen. Elle préférerait vivre à Paris dans les beaux quartiers, dans le 16e ou vers le Champ-de-Mars, là où habitait Colette.

Colette. Il faudrait l'appeler pour parler du magazine. Le rachat des parts de *Cœur à prendre* s'est avéré une affaire intéressante. Une bouchée de pain pour de sérieuses perspectives. Pour remercier la mère du petit de lui avoir indiqué cette opportunité, Odette l'a nommée « directrice littéraire » et l'a augmentée de quarante pour cent. Puis elle a esquissé quelques idées pour relancer les ventes : engager des vedettes dans les romans-photos, pimenter les histoires, mettre un peu de frisson dans tout ça, du suspense, du moderne, quoi.

Dans le rétroviseur, elle croise le regard d'Edmond. Il serait parfait dans les rôles de voyous pour le magazine : il faudra qu'elle songe à l'utiliser davantage.

— Edmond, dit-elle, faites-moi penser à appeler mon fils.

— Oui, Madame.

Olivier. Elle n'a pas songé à lui une seule seconde durant ces dix jours. Qu'a-t-elle bien pu faire pour qu'il soit aussi froid, aussi distant, comme s'il avait honte d'elle ? Qu'il n'appelle jamais ? Elle l'a pourtant assez choyé quand il était petit. Et comment peut-on vivre ainsi, en se moquant de tout, même de l'argent ? Lorsqu'elle lui a annoncé dans un accès de colère qu'elle envisageait de mettre La Croix-Valmer au nom de Serge plutôt qu'au sien, il a haussé les épaules comme il sait si bien le faire.

— Mais pas de problème. Je m'en fiche, de ces terrains. Surtout qu'ils ne sont pas à toi.

— Pas encore.

Nouveau haussement d'épaules. Elle avait failli le gifler.

— Vous aimiez votre mère quand vous étiez petit ? lance-t-elle à Edmond.

— Je suis de l'Assistance, madame Odette.

— Tenez-vous-en à Madame, si ça ne vous ennuie pas. Ou madame Russier, de temps en temps.

— Bien sûr, madame Russier.

Son fils a honte d'elle, ce doit être ça. L'ingrat !

— Moi, reprend-elle, je n'ai connu ma mère qu'enfant. Je suis partie très tôt à Paris pour faire du cinéma. J'aurais pu faire une grande carrière, vous savez. Mais il y avait le petit, il a fallu choisir. Le plaisir d'un côté, le devoir de l'autre.

— Oui, Madame.

— Dieu merci, il a été élevé dans les bonnes manières, j'ai fait ce qu'il fallait, il a même eu droit à des cours de théâtre. Aujourd'hui, il fréquente les vedettes, c'est un intellectuel, il oublie un peu sa mère mais ça peut se comprendre chez les artistes…

— Bien sûr, Madame.

— Je ne sais pas pourquoi je vous raconte ça. Vous n'avez pas d'enfants, je crois ?

— Non, Madame.

— C'est bien, c'est très bien. Continuez comme ça…

*

(Vendredi 21 avril 1961)

Ghislaine referme la porte grillagée en pestant : la taille de ces ascenseurs est vraiment ridicule, on peut à peine s'y tenir. Elle sonne – deux courtes, une longue, une courte – comme elle le fait toujours. Amédée lui ouvre, esquisse un baisemain ironique et la précède dans le salon. Sur la table basse, devant le canapé de Sede, une bouteille de champagne refroidit dans le seau à glace. Des amuse-gueules, commandés chez le traiteur, attendent sagement sur un plateau d'argent. Sur la cheminée, une pelle à tarte – en argent également – repose en équilibre contre un gâteau aux fraises flanqué de cinq petites bougies torsadées.

Cinq ans. Cinq ans de collaboration.

Pauvre Amédée, songe Ghislaine en contemplant le cérémonial. Toujours prisonnier de sa bonne éducation. Et toujours aussi bête. Il ne faut pas confondre amis et associés. Ce qu'il ne sait pas, c'est qu'elle fête également son propre anniversaire : à 18 heures précises, elle aura trente-huit ans. Trente-huit ans, comme 38, rue de Vaugirard. Et pour cette occasion, elle a décidé de s'offrir un très gros cadeau.

Amédée ouvre la bouteille de Veuve Clicquot Ponsardin, remplit deux verres. Il se dirige vers le pick-up, sort un disque d'Ornette Coleman, dépose délicatement le diamant sur le microsillon. Ghislaine grimace. Elle a horreur de ce type de jazz, ça crie et ça joue faux.

— Bonne journée ? demande Amédée.

— Très bien. J'ai vendu le petit Volovick, au prix, sans rien rabattre.

— Compliments !

Durant une demi-heure, ils évoquent les perspectives de l'année, l'envolée des cotes, la bonne tenue de la galerie de Genève dans laquelle Amédée se rend deux jours par mois. Ghislaine résiste autant qu'elle peut au plaisir de lancer l'offensive. N'y tenant plus, elle entame le tour du salon, examine les toiles, verre à la main. Et attaque :

— Tu as toujours aimé la peinture ? Ton père était un amateur ?

— Pas vraiment. Je suis une sorte d'autodidacte.

— Depuis la guerre, sans doute ?

Amédée lui jette un regard étonné. Que veut-elle dire ?

— À notre collaboration ! proclame-t-il en levant son verre.

— Ah, la collaboration ! Toi, tu auras toujours le mot juste, s'esclaffe Ghislaine.

Amédée se fige.

— Cela veut dire quoi, toutes ces insinuations ?

— Que le mérite en revient surtout au chef de la bande, répond Ghislaine. Il ne faut pas l'oublier, celui-là. Comment s'appelait-il ? Il me semble me souvenir qu'il était petit et qu'il avait une face de rat.

Amédée pâlit. Tout le portrait de Ziegler.

— De quoi parles-tu ?

Ghislaine pose son verre, rejoint le canapé.

— Arrête, Amédée. Ne me prends pas pour une imbécile. Je suis au courant très précisément de tes activités durant la guerre : Ziegler, les biens juifs, Levallois, les complices disparus ou fusillés. Je me demande même parfois si tu n'as pas fait disparaître tes anciens associés ! Sous tes dehors angéliques, je te crois capable de tout.

Amédée encaisse le coup. Certes, Ghislaine n'est pas un parangon de vertu, mais il n'aurait jamais imaginé un tel coup de poignard. Le baiser de Judas. Après des années d'hypocrisie, elle tombe le masque. Mais, au fond, ce n'est pas plus mal : au moins, on sait à qui on a affaire.

— Question moralité, tu n'as pas le cul très propre, ma grande. On reste associés ou on se tue l'un l'autre ?

Les deux regards s'affrontent. Amédée cède le premier.

— Qu'est-ce que tu veux ? siffle-t-il entre ses dents.

— *L'Heure bleue !*

Amédée sursaute. De mieux en mieux. Comment connaît-elle l'existence du tableau ? Que sait-elle de la collection Bronstein ?

— C'est quoi, ça ?

— Amédée, ne joue pas au plus fin avec moi. J'ai mes réseaux, j'ai mes sources : la rafle du Vél' d'Hiv', le pillage de l'appartement des Bronstein. Je sais tout, je te dis !

Amédée hésite. À quoi bon nier ?

— Je ne l'ai jamais eue, répond-il. Même jamais vue. Tu parlais de Ziegler, c'est lui qui l'a embarquée en 1944. Je n'ai jamais eu de nouvelles de lui.

Ghislaine secoue la tête. Elle n'en croit pas un mot mais il est évident qu'il n'avouera jamais. Il va falloir attendre, être patiente, trouver l'ouverture. Et en attendant, il est temps d'équilibrer leur relation professionnelle. Son cadeau d'anniversaire.

— Admettons, dit-elle. Alors voilà ce qu'on va faire : tu me donnes trente pour cent de la galerie de Genève et nous faisons cinquante-cinquante sur Saint-Honoré.

— En quel honneur ? demande-t-il, offusqué.

— En l'honneur de celui que tu as perdu, cher ami. Je ne pense pas que nos amis seraient très heureux de connaître l'origine de ta fortune…

Amédée hésite à nouveau. Coincé ! Pourtant, il ne parvient pas à ne pas l'admirer. Quel toupet ! Quelle énergie ! Il l'imagine très bien en dresseuse de fauves, faisant claquer son fouet.

— Gourmande, la gourgandine, murmure-t-il.

— Gourmande, mais efficace. Plus je m'implique dans la galerie, cher Amédée, plus tu gagnes d'argent. Car je suis la meilleure ! À défaut d'être amis, soyons alliés !

Son verre à la main, Ghislaine s'approche de la fenêtre, près du vrai-faux Monet signé Steiner. Amédée lui sourit. D'accord, ma cocotte. Si tu savais que *L'Heure bleue* est là, au-dessus de ta tête, cachée derrière la toile du Steiner ! Rira bien…

— Très bien, concède-t-il. Cinquante-cinquante. D'ailleurs, j'avais l'intention de lever un peu le pied.

Il saisit la bouteille, remplit les verres, lève le sien en direction de son associée.

— À ta santé, salope.

— À ta santé, ordure.

*

(Samedi 22 avril 1961)

— Qu'est-ce qu'elle fabrique ? J'envoie Odile monter la chercher ?

— Mais non, proteste Pierre, elle a dit 8 h 30.

Pour la première fois depuis bien longtemps, le grand dîner politico-littéraire du samedi soir a été décommandé. On redoute que les paras, après le putsch d'Alger, ne sautent sur Paris. La capitale nage en pleine psychose ; des chars ont pris position aux endroits stratégiques, à l'entrée du boulevard Saint-Germain ou à la Concorde. À la TV, de Gaulle en uniforme fustige un « quarteron de généraux en retraite ». Dans lequel Challe, auprès duquel Julien a servi pendant treize mois, figure à la place d'honneur.

— Ils vont vraiment attaquer Paris ? s'inquiète Ariane.

Pierre réprime un geste d'agacement. Frey et Malraux jouent à la guerre dans la cour Brossolette de la place Beauvau, ils bombent le torse en armant les sections UNR du 8e arrondissement, ça s'agite beaucoup mais tout cela ne lui semble pas très sérieux. La marine et l'aviation ont refusé de suivre les mutins, les soldats du contingent se désolidarisent, l'opération des généraux est vouée à l'échec.

— L'OAS est dangereuse. Mais jamais elle n'entraînera l'armée.

Odile frappe, puis entre.

— Je peux servir, Madame ?

— Plus tard, Odile, dès que Delphine sera arrivée. Pendant que j'y pense, vous avez des nouvelles de votre sœur ?

— Elle va bien, Madame. Elle remercie monsieur Pierre pour l'argent.

Pierre fait un petit signe de la main comme pour signifier qu'il n'y a rien là que de très normal. Après tout, Mme Farge méritait bien un peu de reconnaissance… et lui imposer d'attendre l'issue des controverses judiciaires avec Odette aurait manqué d'élégance. Ariane se penche, éteint le poste, songeuse. Dieu merci, Julien est toujours affecté aux transmissions de l'Amirauté, à l'écart du tumulte, Pierre a eu des assurances du directeur de cabinet de Guillaumat. Mais il faut encore attendre six mois son retour. C'est bien long. Elle ouvre son secrétaire, saisit un petit paquet, se rassied à côté de Pierre.

— Bon anniversaire, chéri !

— Ciel ! Tu vas rire, avec tous ces événements, j'avais complètement oublié !

Ariane n'a pas vraiment envie de rire. En ce moment, il oublie tout. Sa femme, ses enfants, ses romans. Ce Malraux et ses maisons de la culture lui font perdre la tête. Elle le regarde ouvrir le paquet avec application pour ne pas endommager le papier doré et en sortir une bouteille d'encre Waterman toute simple, bleu-noir, celle qu'il préfère, que l'on peut poser de biais.

— Un encouragement ? hasarde-t-il en souriant.

— Prends-le comme tu l'entends, Pierre. Mais tu n'as rien en route. Et je te connais : si tu n'écris pas, tu deviens vite acariâtre.

Pierre acquiesce. Il est en panne. L'épisode du Goncourt lui reste en travers de la gorge : pour la deuxième fois, il y a cinq mois, le prix lui a échappé. Et, comble d'ironie, le lauréat a dû le refuser à la suite de révélations sur son passé politique.

Cliquetis de clés, la porte de l'entrée claque bruyamment.

— C'est moi !

Delphine pénètre dans le salon, jette son manteau sur une chaise, va embrasser sa mère.

— Et moi ? se plaint Pierre.

— Toi, répond-elle en se haussant sur la pointe des pieds, tu as droit à deux baisers et à un petit cadeau. Bon anniversaire !

Un livre, évidemment. Pierre découvre avec gourmandise un traité de menuiserie et d'ébénisterie de 1890, de la collection « Très pratique » des éditions Nilsson. Delphine l'a probablement déniché sur les quais ou sous les arcades de l'Odéon. Il place le livre à côté de la bouteille d'encre, attire à lui sa femme et sa fille.

— Merci, mes chéries. Merci de m'indiquer les bonnes routes. En attendant, on passe à table.

Odile a dressé le couvert sur la table ronde, près du balcon. Les portes-fenêtres sont ouvertes, fleurs et plantes embaument.

— Toujours la main aussi verte, complimente Delphine.

— Je suis inquiète pour le lierre, répond Ariane. Il a ton âge mais pas ta santé.

Pierre s'emploie à remplir religieusement les verres d'un Cheval Blanc 1937, Saint-Émilion Grand Cru, qu'il a subtilisé à Fontenay en l'absence d'Odette. À cette occasion, il a eu un échange agréable avec Rosalie, petite bonne femme dont il a découvert qu'elle était une grande lectrice. Elle lui a parlé de son premier roman, *La Lune à moitié*, avec beaucoup de justesse et de sensibilité. Et aussi d'Odette, non sans un certain humour lui a-t-il semblé.

— À la santé de la crapule, déclare Pierre en levant son verre.

— Pierre, s'il te plaît ! On ne va pas parler d'elle chaque jour que Dieu fait.

— C'est quand même étonnant que grand-père Valentin se soit entiché d'une femme comme ça, dit Delphine. Elle devait le tenir par la queue…

Ariane s'étrangle, épouvantée.

— Delphine !!! Tu n'as pas honte ?

— Pas du tout.

Pierre se met à rire. Les jeunes filles d'aujourd'hui sont vraiment étonnantes.

— Tu l'as réellement volé ? s'offusque Ariane avec un air pincé.

— Quoi ?

— Le vin.

— Bien sûr. La voleuse volée, ça me semble être un juste retour de manivelle. Et je vais te dire : j'ai l'impression qu'Odette ne connaît pas l'existence de cette cave. Avec cette madame Rosalie, j'ai un allié dans la place, notre éthylisme mondain est assuré pour de longs mois.

Ariane agite la clochette comme elle appellerait à l'aide. Se penche vers sa fille.

— Et toi, ma chérie, comment ça va ?

— Bof. Aux Arts déco, je m'ennuie un peu. Et chez Tallon, je porte les cafés. Mais j'ai rencontré un garçon qui me plaît, un Italien, il m'invite à côté de Rome pour une semaine, il faut que je me fasse établir un passeport.

— Et que fait-il dans la vie, ce jeune homme ?

— Je ne sais pas vraiment. Il est très mystérieux. Et pas si jeune.

— Mais que devient... notre... notre ami Olivier ?

— Pas de nouvelles, bonnes nouvelles.

— Tu es sûre ?

— Mais oui, maman. Parle-moi plutôt de Marie, il paraît qu'elle t'a téléphoné depuis le Japon, c'est vraiment incroyable !

— Elle va bien, répond Ariane. Il est question qu'elle s'installe à Los Angeles, elle parle d'épouser un réalisateur de cinéma assez connu, Richard quelque chose, Keen, Queen, quelque chose comme ça.

— Et toi ? s'intéresse Delphine. Comment se portent les fanfreluches ?

Agacée, Ariane hausse les épaules. Delphine ne se souvient jamais qu'elle a revendu ses parts de la maison de « haute couture démocratique » qu'elle avait lancée rue de Sèvres.

— Terminé ! Je m'occupe désormais de l'association « Femme libre » du 6e arrondissement.

— Et ça avance ?

— Bof, comme tu dis. Doucement. On est encore loin des États-Unis. Des lieux d'accueil commencent à ouvrir, on peut s'y procurer divers moyens contraceptifs, c'est clandestin, évidemment.

Pierre a confectionné une petite boulette avec la mie de pain qu'il triture depuis un moment. Il aimerait bien la catapulter d'une pichenette vers l'oranger du balcon. Il arme son doigt, tire discrètement. Raté.

— À ce propos, Pierre, qu'est-ce que tu dirais si on utilisait une partie de l'appartement pour mon projet de Planning familial ?

Il sursaute.

— Tu es folle !

— Mais non. Je voulais juste savoir si tu écoutais. Cela étant, cela devient urgent, il va falloir que je trouve un local.

Odile pose le canard au milieu de la table.

— Et Fontenay, s'exclame Delphine, pourquoi pas Fontenay ? Tu y as pensé ? Tu pourrais prendre l'orangerie !

Ariane, étonnée, consulte Pierre du regard. Elle n'y avait jamais songé.

— Qu'est-ce que tu en dis ?

Pierre abandonne son morceau de pain.

— Avec Odette, répond-il, dans les circonstances actuelles, cela me semble vraiment impossible. Mais si je récupère Fontenay, je te promets d'y réfléchir.

— On ferme ? demande Delphine. J'ai froid.

Pierre se lève, se dirige vers la porte-fenêtre en cherchant des yeux sa boulette. J'ai quarante-neuf ans, songe-t-il, autant dire cinquante. J'ai réussi au-delà du possible, des enfants talentueux, la plus belle des femmes, le pouvoir, les honneurs, et je me sens misérable comme un enfant désemparé. Allons, allons.

Comme disait Camus, persévérons : une certaine continuité dans le désespoir peut engendrer la joie.

*

(Lundi 28 août 1961)

Trois coups, suivis de deux. C'était leur code secret lorsqu'ils avaient cinq ans. François se précipite vers la porte qui s'ouvre sur son frère. Julien est en civil, il n'est pas bronzé, il est noir. Tel un coup de crayon blanc, une légère balafre raye sa tempe droite. Les deux frères restent un long moment immobiles puis s'étreignent, se tapotent le dos, se hument, s'embrassent.

— Putain, Julien ! Pourquoi t'as pas prévenu ? Depuis une semaine, maman passe ses jours et ses nuits dans la boîte aux lettres !

— Je voulais te voir avant. Comme un sas de décompression, tu comprends ?

— Ouais. Sais pas. Bon. Installe-toi, tu peux prendre une douche et te changer. Ensuite, on ira déjeuner.

Julien inspecte le studio. Il est tel qu'il l'avait imaginé d'après la description, sol en tomettes rouges et poutres apparentes, un petit air campagnard avec ses rideaux rouges et blancs.

— Les parents sont à Vaugirard ?

— Uniquement maman. Elle devait accompagner papa en Amérique du Sud, pour le ministère, mais elle n'a pas voulu s'éloigner, pour être sûre d'être là à ton retour. Pas même quelques jours au Reculet. Papa est parti seul, il est encore là-bas avec son ministre adoré.

— Et notre Bécassine ?

— À Rome. Elle s'est mise à la colle avec un Rital

anarchiste, tu verrais l'engin, sourcils charbonneux, poils sur le dos des mains, il sort tout droit d'un film de gangsters.

— Quelles nouvelles de Marie ?

— Elle vit à New York, au sud de Central Park, on devrait la voir en novembre, elle a signé pour une série de douze concerts en Europe. Je te sers à boire ?

— Oui, de l'eau. Alors, ça se passe comment, ici ?

— Pour l'instant, ça va. L'OAS est en vacances, comme tout le monde, mais ça va sauter. En attendant, c'est à Berlin que ça chauffe : les Russes construisent un mur qui traversera toute la ville, pour empêcher ceux de l'est de passer à l'ouest.

— Je sais, j'ai entendu. Mets-moi la radio, je vais prendre ma douche.

François se branche sur Paris Inter, va chercher une serviette dans la commode tandis que son frère se déshabille dans la salle d'eau.

— « *Que sera, sera, whatever will be, will be…* »

— Elle a bien raison, la mère Doris Day, hurle Julien depuis la douche, on verra ce qu'on verra… Tu t'es occupé de mon rendez-vous pour cette histoire de *Minute* ?

— Affirmatif, tu rencontres Jean-François Devay après-demain à La Coupole. Il était temps que tu rentres ! J'ai cru comprendre que son journal était financé par des personnalités : Fernand Raynaud, Sagan, Gréco, Eddie Barclay… Il faut de tout pour faire une soupe, on dirait.

— Merci, frangin… Je te raconterai…

— Et ce soir, abruti, au cas où ça ne te serait pas venu à l'esprit, tu rencontres ta mère. On lui fait la surprise, d'accord ?

— Ça marche. Tu sais ce qui me ferait plaisir, avant qu'on aille déjeuner ? Un tour au Luco. J'ai rêvé du Luxembourg pendant des mois !

*

La petite Fiat rouge est garée au coin de la rue Chabanais. François déverrouille la portière, découvre le toit.

— C'est à toi ?

— Non, à maman. Papa la lui a offerte il y a deux mois. Elle s'en sert pour aller au Reculet et me la laisse le reste du temps. Ces derniers quinze jours, c'était génial, il n'y avait personne à Paris.

Julien tente d'allonger ses jambes.

— Mais c'est une voiture de nain !

— Ne commence pas.

Julien contemple Paris la belle, Paris l'insouciante qui prend le soleil à des années-lumière d'Alger la blanche.

— Alors, frangibus, t'es amou si j'ai bien comp ?

— Fou amou… Elle s'app' Leila…

— Et elle est arabe.

François met le moteur en marche, se tourne vers son frère.

— Ça te gêne ?

— Mais non, ducon. Allez, démarre.

Toute pimpante, la Fiat 500 s'engage dans la rue des Petits-Champs, bifurque dans la rue de Richelieu, longe le Louvre, rejoint la rive gauche.

— Tu me raconteras ?

— Quoi ?

— Comment c'était, là-bas.

Julien s'assombrit.

— Pour tout te dire, je n'ai pas précisément envie de m'étendre sur le sujet. C'était l'enfer.

— J'imagine.

— Non, tu ne peux pas.

La Fiat se range rue Guynemer, à la hauteur de la rue de Fleurus. Julien s'approche des grilles, cherche à passer la tête.

— Tu te souviens, quand on avait huit ans ? On parvenait à se glisser entre certains barreaux, si la tête passait, le corps pouvait y aller.

— Viens, dit François, on commence par la mère Ronchon.

— Elle est toujours là ?

— Et comment !

Le kiosque à bonbons de la mère Ronchon est situé près des balançoires. François prend l'air le plus niais possible.

— Zour m'dame. Ça serait pour mon frère, il a chaud, il a chaud. Paraît que les Mistral, ça fait très frais dans la bouche !

La mère Ronchon se penche : le frère en question est noir comme un pruneau, l'air tout aussi godiche. Les visages de ces deux-là lui semblent familiers. Elle cherche, sans trouver.

— Je vous mets deux Mistral, c'est ça ?

— Ouais. Deux Mistral gagnants.

— Voilà, jeune homme, ça fait vingt francs. Vingt centimes, quoi.

Julien saisit la paille en réglisse, perce le petit trou, aspire la poudre acidulée et sucrée. Le bonheur. Son frère l'imite, ouvre le pliage au dos du sachet, fronce les sourcils.

— Mais il n'est pas gagnant !

— Ça, rétorque la mère Ronchon, ça dépend des fois, jeune homme…

— J'avais demandé deux Mistral gagnants ! J'ai bien spécifié : gagnants ! Tu l'as entendu, Juju ?

— Tu l'as dit, c'était net. Ga-gnants ! En appuyant sur « ga », pour qu'il n'y ait pas d'équivoque.

— C'est donc une escroquerie, si je ne m'abuse, docteur ?

— Absolut', nous allons de ce pas appeler la maréchaussée, que dis-je, la métropolice !

Les deux frères s'éloignent en faisant force gestes. La mère Ronchon les suit des yeux, sans oser réclamer ses vingt centimes. Des fous. Julien entraîne son frère vers les chevaux de bois. Le père Piquet est à l'ouvrage, une petite fille cherche sa maman, un gamin en barboteuse bleue refuse de descendre de son cheval en se cramponnant à la barre. Julien s'assied sur le banc en bois, attend que le manège se remette en route.

— Ce qui m'a le plus manqué en Algérie, murmure-t-il, c'est ça.

— Quoi donc ?

— Les enfants. L'insouciance des enfants.

Julien lève les yeux, cherche à identifier les fenêtres de l'appartement. Sa mère est là, qui l'attend. Comment va-t-elle réagir ? Et Pierre ?

— François, je voulais te dire, je voulais te l'écrire…

— Quoi ?

— J'suis hom' !

— Ben oui, moi aussi.

— Non, François. Homosexuel. Pédé, quoi !

François, stupéfait, reste sans voix. Julien sourit d'un petit air navré et poursuit :

— Eh oui, mon vieux. Je suis pédé. Et il faut que tu m'aides à le dire aux parents.

*

(Mardi 17 octobre 1961)

En entendant les coups de feu du côté du Châtelet, ils pressent le pas. D'après la rumeur, des flics tirent sans sommation et il y aurait déjà des dizaines de morts. Sur le pont Saint-Michel, surgissant de nulle part, huit policiers casqués encerclent un Arabe. Sans un mot, ils commencent à le matraquer, méthodiquement. Le ventre, la tête, le dos.

À terre, ensanglanté, l'homme se contorsionne pour sortir son portefeuille :

— Arrêtez, regardez ma carte, je suis en règle, j'ai un permis de travail !

L'un des policiers envoie valser le portefeuille d'un coup de pied, puis s'acharne sur la nuque du type qui ne bouge plus. Avec un collègue, ils saisissent le corps inerte, le hissent sur le parapet et le balancent dans la Seine.

Sur le pont désormais désert, François ramasse le portefeuille. Leila pleure en contemplant le fleuve. Il lui semble apercevoir plusieurs corps à la dérive.

Depuis 8 heures, abasourdis, ils ont assisté à une véritable chasse à l'homme au milieu d'une population parisienne tétanisée par cette explosion de violence. Papon, le préfet de police, a déchaîné ses hommes en leur assurant qu'ils seraient couverts s'ils tiraient les premiers ; il n'ignorait pourtant pas que les manifestants avaient reçu la consigne de se rassembler sans armes. Leila est au comble de l'inquiétude : son père est sorti à 6 heures pour aller manifester.

— Qu'est-ce qu'on fait ? demande-t-elle.

— On va aux urgences.

Devant l'Hôtel-Dieu, le ballet des ambulances est incessant. Leila aborde un médecin qui court de civière en civière, tentant de faire le tri entre les blessés graves et ceux pour lesquels il est trop tard. Il lève les yeux vers la jeune femme, esquisse un geste las. Des Ali ou des Mohamed, il en a des centaines. Désolé, mais il n'a pas le temps, dégagez s'il vous plaît.

François prend Leila par le bras.

— Viens, ne restons pas là.

— On fait les commissariats ?

— Mais tu es folle ! Ils vont te tuer. Non, on va chez lui, il est peut-être rentré.

Une heure plus tard, après avoir récupéré la Fiat sur le plateau Beaubourg et être passés rue Oberkampf, chez le père de Leila, ils rejoignent le petit appartement du boulevard Diderot. Leila se passe un peu d'eau sur le visage, se regarde dans la glace du coin cuisine. Elle est à pleurer.

— Je vais faire du thé, dit-elle.

François examine les lieux qui se résument à une chambre minuscule et à une pièce principale à peine plus grande. Pas de salle d'eau, toilettes sur le palier. Une table, deux chaises, un canapé recouvert d'un tissu marocain qui sert vraisemblablement de lit. En songeant à l'appartement de la rue de Vaugirard ou à son studio, son cœur se serre. Des centaines de milliers de Parisiens vivent ainsi.

— Tiens, bois.

François saisit le bol brûlant.

— Qu'est-ce qu'on a fait ? questionne Leila. Explique-moi. Toi dont le père est au gouvernement, explique-moi.

— Je ne sais pas, chérie. Je suis atterré, crois-moi, ce soir j'ai honte d'être français.

La sonnette retentit, Leila se précipite, ouvre la porte.

— Ah ! C'est toi… Tu as des nouvelles de papa ?…

L'homme s'avance dans la pièce, jette un regard assassin vers François, se présente sommairement : Aziz, le frère de Leila.

— Toi, dit-il en s'adressant à François, barre-toi !

— Mais qu'est-ce qui se passe ?

— Barre-toi je te dis !

— Il est blessé ? demande Leila.

Aziz l'attire à lui, murmure d'une voix blanche sans quitter François des yeux.

— Il est mort, Leila.

Elle semble vaciller, s'appuie d'une main contre le mur.

— Quoi ?

— Abattu par balles devant la Samaritaine.

François sent les battements de son cœur s'accélérer, à le faire exploser dans sa poitrine. Que dire ? En quelques instants, il est passé du statut d'amant à celui d'assassin. Complice d'assassins.

— Toi, reprend Aziz, je t'ai dit de te barrer, tu as compris ?

— Mais…

— Va-t'en, je te dis !

François secoue la tête.

— Non, je suis avec vous. Nous ne sommes pas

ennemis, je ne suis pas la police, je ne suis pas l'armée française, et vous n'êtes pas le FLN.

Il s'approche de Leila, lui prend le bras. Elle se cabre, s'arrache à son étreinte, se précipite vers l'évier, hoquette violemment, se met à vomir. François sort son mouchoir, le lui tend pour qu'elle s'essuie la bouche.

— Ce qui s'est passé ce soir est une horreur, cela me fait aussi mal qu'à toi. Je t'aime Leila, je suis avec toi, laisse-moi t'aider.

— Va-t'en, François !

François reste immobile et muet durant un long moment, puis, lentement, saisit son manteau et son cache-col.

— Tu es sûre, tu ne veux pas que je reste avec toi ? supplie-t-il.

— Barre-toi !

*

Au volant de la petite Fiat, en état second, François a tourné longtemps dans les rues sans parvenir à se résoudre à rentrer chez lui. Quelle heure est-il ? Une heure dix. Il remonte le boulevard Saint-Michel, longe le Luxembourg. En ce moment, son père doit être en train d'écrire. Il gare la Fiat rue de Tournon, rejoint l'immeuble, tire le cordon.

— Ormen ! annonce-t-il distinctement en passant devant la loge de la concierge.

Jamais les cinq étages ne lui avaient paru si durs à gravir. Comme il le supposait, son père n'est pas couché.

— C'est toi, François ? Ne fais pas trop de bruit, ta mère dort. Qu'est-ce qui t'arrive, tu as perdu tes clés ?

François se laisse tomber dans le canapé.

— Tu as écouté la radio ?

— Pas depuis 19 heures.

— Tu aurais dû. Ton gouvernement est devenu fou. Comment peux-tu écrire pendant que Papon massacre des Algériens qui manifestent sans armes ?

— Ce n'est pas mon gouvernement. Calme-toi et raconte-moi.

Tandis que son père allume une cigarette, François lui relate les événements de la soirée. L'homme jeté à la Seine, les morts par dizaines.

— J'ai du mal à y croire. Mais si c'est vrai, c'est horrible. Il est tard, j'appellerai demain à la première heure.

— Julien est là ? demande François en se levant.

— Non, il a découché. Tu es tout pâle, mon François, qu'est-ce qui se passe !

— Le père de Leila a été abattu. Par balles.

— Quoi ?

— C'est ce qu'a dit son frère. Ils m'ont foutu dehors, je pense qu'elle n'a plus envie de me voir.

Pierre pose sa cigarette dans le cendrier, fixe longuement le visage défait de son fils.

— Pourquoi ne voudrait-elle plus te voir ?

— Je ne sais pas. À cause de toi, à cause de Julien, à cause de moi et de cette sale guerre.

— Mais elle est finie ! Les accords de paix, c'est une affaire de quelques mois, tout au plus ! Et tu n'y es pour rien.

— C'est ce que je lui ai dit.

— Ça va s'arranger, fils. Tu la reverras, vous êtes

faits l'un pour l'autre. De mon côté, je vais voir ce que je peux faire pour éclaircir les circonstances de la mort de son père, solliciter une enquête… Pour l'heure, repose-toi. Va te coucher et on verra tout cela demain, d'accord ?

— D'accord. Je vais dormir dans la chambre de Julien.

— Je t'aime, mon François.

— Moi aussi je t'aime, papa. À demain.

*

(Mardi 7 novembre 1961)

En croisant une Marie-Louise Ritz gantée et chapeautée, Marie se raidit. Sa femme de chambre se serait jetée il y a un an du cinquième étage de l'immeuble Cambon, ne supportant plus d'être houspillée jour et nuit. En réponse au léger signe de tête, Marie crache par terre après son passage. Ce palace n'est plus ce qu'il était, elle se demande si elle ne va pas changer de crémerie.

— Hello ! Maman !

Ariane pique un fard assorti à sa robe. Le hall entier a les yeux braqués sur elle.

Marie s'approche, la prend dans ses bras, la couvre de baisers.

— C'est ma mère, lance-t-elle au chef de réception, regardez comme elle est belle !

— Oui, Mademoiselle.

— Je t'en prie, murmure Ariane, allons quelque part.

Marie l'entraîne au bar, à la même table que celle

qu'elles occupaient il y a cinq ans lorsque Pierre était au Nigeria. Tandis que sa fille sollicite le chef barman d'un petit geste de la main, Ariane l'examine avec fierté : flamboyante, malgré l'absence de maquillage et les cheveux en bataille.

Marie commande d'office deux Cosmopolitan, des œufs de caille et du concombre coupé en dés. Ariane soupire de bonheur. La perspective de réunir bientôt ses quatre enfants autour de la table familiale la comble de joie.

— Comme je suis heureuse que tu sois là, ma chérie.

— Moi aussi, maman.

— Tu as une mine splendide.

— Ne te fiche pas de moi. J'ai une tête de déterrée. Comment va papa ? Il viendra me voir à Gaveau ? Je sais qu'il a horreur de la sonate de Poulenc.

— Il a promis.

Marie contemple sa mère avec amusement. Comment peut-elle être la fille d'une pareille incarnation de la sagesse et des bonnes manières ? Le bébé dans sa caisse en bois trouvée sur le trottoir, songe-t-elle, ce devrait être moi. J'ai vingt-six ans, mais j'ai l'impression d'en avoir cent. Ma mère en a cinquante, mais elle a conservé les naïvetés de ses vingt ans.

Ariane saisit le verre que le barman vient de déposer devant elle. Le jaune du citron et le rouge de la canneberge contrastent hardiment. Elle avale une gorgée prudente en clignant des yeux. C'est délicieux.

— Ai-je bien compris dans ta lettre que tu vivais avec un cinéaste ? C'est… sérieux ?

— Maman ! Quel langage ! Comme si les histoires

entre les hommes et les femmes pouvaient être « sérieuses » ! On est en 1961 !

— Quand même, l'amour…

— Il est marrant. Il veut m'épouser. Là-bas, ça se fait beaucoup, ce serait son troisième mariage.

— Et alors ?

— Pas question. On couche ensemble mais ça ne va pas plus loin. Quand je l'ai rencontré, il cherchait à adapter un roman de papa, *L'Arme noire*. Je lui ai dit d'aller se faire cuire un œuf.

— Tu aurais pu poser la question à ton père !

Marie sort son paquet de Davidoff. Bertin, le barman, se précipite pour lui donner du feu et retourne à son comptoir sans remarquer la Gauloise qu'Ariane tient entre ses doigts.

— Ici, il vaut mieux être un petit peu milliardaire, remarque-t-elle d'un ton pincé en cherchant son briquet.

— Comment va le vieux ?

— Ton père ? Pas si vieux, s'insurge Ariane. Cinquante et un ans, ce n'est rien !

— C'est beaucoup pour moi, je mourrai à cinquante ans, je le sais depuis longtemps !

— Marie, ne dis pas des horreurs pareilles !

— Bon, comment va-t-il ?

— Il pense à démissionner. Ce qui s'est passé il y a trois semaines l'a écœuré. Officiellement, il n'y a eu que trois morts. Mais, officieusement, c'est plus de deux cents, sans compter les centaines de disparus.

— Là-bas, on ne comprend rien à votre grand de Gaulle et à votre petite guerre, sauf que vous l'avez perdue. C'est bientôt fini, l'Algérie ?

— Oui, heureusement.

Ariane se penche vers sa fille, lui murmure à l'oreille :

— Qui est cet olibrius, là-bas, qui n'arrête pas de nous regarder ?

— C'est mon garde du corps.

Ariane s'affole.

— Tu es en danger ?

— Mais non, c'est pour les assurances.

— Ah bon ! dit Ariane sans bien comprendre. Et monsieur Georges ? On le voit dans tous les magazines mais moi, je n'ai jamais été présentée.

— Il est mort d'indigestion.

Ariane prend une mine de circonstance.

— Tu viens dîner à la maison jeudi ?

— *Of course*, j'avais promis. Delphine sera là ? J'ai un cadeau pour elle.

Ariane frémit en se souvenant des dernières largesses de sa fille : une voiture, alors que Delphine n'avait que quinze ans. C'est quoi, cette fois-ci ? Un yacht ? Un avion ?

Marie semble deviner les pensées de sa mère :

— Mais non, maman, je suis devenue raisonnable. Je lui ai acheté une Vespa, ça la changera de son vieux Solex.

— Je suis sûre qu'elle sera folle de joie !

— Tu parles ! Je la connais. Elle est capable de me jeter les clés à la figure ou d'offrir le scooter au premier venu. J'ai une idée. Si papa démissionne de son job, je vous invite tous à Los Angeles pour les grandes vacances. Richard a une grande baraque à Beverly Hills, il y a toute la place qu'il faut.

— Tout le monde ? Avec les jumeaux ?

— Évidemment. Qu'est-ce qu'ils deviennent, les deux drôles ?

— Julien est revenu d'Algérie en août, il va travailler dans un journal ; ça s'appellera *Minute*. François est entré chez Havas, une grosse agence de publicité. Il sort d'une sévère dépression, sa fiancée l'a abandonné du jour au lendemain, elle a disparu sans laisser de traces.

— Pauvre chéri ! Il en trouvera une autre ! Et toi, ma petite maman ?

Ariane encaisse. Ma petite maman.

— J'ai abandonné ma maison de couture. Je dirige désormais une association du quartier qui aide les jeunes filles en difficulté. Et je m'occupe du Reculet. Nous avons transformé la grande pièce, aménagé le grenier, tu ne reconnaîtrais rien.

— Évidemment ! Je n'y ai jamais mis les pieds ! Vous l'avez acheté pendant ma première tournée au Japon avec Barbizon.

À peine Ariane a-t-elle terminé son verre qu'il est aussitôt remplacé par un Bertin désormais aux petits soins. Marie a raison. C'était en quelle année ? Juillet 1953. Elle avait dix-huit ans.

— Je vais être pompette, comme la dernière fois. Tu joues toujours avec lui ?

— Non, c'est terminé, il ne veut plus voyager. Il est question qu'il prenne la direction du conservatoire de Marseille.

Ariane consulte sa montre, sursaute.

— Il faut que je te laisse, ma chérie, j'ai un rendez-vous. À jeudi, à Vaugirard ? Sept heures et demie ?

— *Yes, dear*. Allez, file !

Marie, attendrie, suit sa mère des yeux. Cette femme a plusieurs cœurs. Et au moins dix mains.

*

(Mardi 28 novembre 1961)

Pierre observe Jeanne Moreau riant aux éclats, serrée de près par Raoul Coutard. Sur le tournage de *Jules et Jim*, paraît-il, ils étaient tous amoureux d'elle. Ordinairement, Pierre n'accepte pas les invitations aux projections privées. Y incarner le ministère est un calvaire, il a le sentiment d'être le pion inutile, déambulant, solitaire, parmi des élèves jouant gaiement dans la cour de récréation. Mais Olivier a insisté. Il doit lui parler. Et Truffaut a besoin d'aide.

— Bonjour, monsieur Ormen.

— Cher ami ! Comment allez-vous ?

Sa première rencontre avec François Truffaut date d'il y a dix-huit mois, à l'occasion des discussions sur l'avance sur recettes. Le jeune homme est toujours aussi vif mais semble épuisé.

— Alors, qu'avez-vous pensé du film ? demande-t-il avec une certaine anxiété.

— Remarquable, répond Pierre. J'avais beaucoup aimé le roman. Mais vous y ajoutez quelque chose, vous en faites un mélo scabreux et paradoxalement moral, touché par la grâce de votre Catherine/Jeanne. C'est comme la pluie qui brûle et le feu qui mouille. Quant à votre structure narrative, c'est vraiment bien vu. Quel est l'accueil ?

— Pas très bon. Les femmes adorent, les hommes

sont moins convaincus… Mais tous vos copains sont enthousiastes.

Mes copains, songe Pierre, ce doit être Queneau, Audiberti, Julius…

— C'est un grand film, dit-il. Je suis sincère. Quand sort-il ?

— Le 24 janvier. Je voulais vous remercier. Pour la commission.

Pierre s'est battu, en vain, pour que la commission de contrôle ne censure pas le film. Mais Ségogne a eu le dernier mot, ridicule : interdit aux moins de dix-huit ans.

— J'ai fait ce que j'ai pu.

— Je sais.

Une main se pose sur son épaule.

— Salut, Pierre !

Il se retourne. Olivier lui sourit.

— Vous vous connaissez ? s'étonne Truffaut en sortant son paquet de cigarettes.

— Et pour cause ! C'est presque mon petit frère, nous avons été élevés sous le même toit.

— Comme c'est curieux, la vie, poursuit Truffaut en allumant une Gitane. Savez-vous que je pensais confier le rôle de Jim à Olivier ? Il s'est dégonflé et m'a présenté Henri Serre. Ce dont je le remercie.

— Petit monde pour grands hommes, murmure Pierre.

Olivier se met à chantonner :

— « *Çui qui chante à tout propos / Çui qui dit l'amitié c'est beau / Çui qui plaît sans plaisanter / C'est moi, c'est Lolo…* »

— J'aime bien Demy mais je vous laisse, s'excuse

Truffaut. À tout à l'heure, peut-être. Merci d'être passé, monsieur Ormen.

Olivier prend Pierre par le bras et se dirige vers le buffet.

— Tu te demandes peut-être ce que je fais là, dit-il. François est un grand habitué de L'Heure Bleue et Henri Serre vient y chanter de temps en temps.

— Et tu connais Moreau.

— Un peu.

— Dans ta bouche, on sait ce que ça veut dire ! Comment va le cabaret ?

— Plutôt bien, après des années difficiles. J'ai vendu quinze pour cent des parts à Gisèle, ma barmaid, pour me dégager quelques soirées. Il faudrait que vous veniez un de ces soirs, il y a un type qui s'appelle Bouteille, il est vraiment génial. Et toi, quelles nouvelles ?

Pierre saisit un verre de vin et une rondelle de saucisson. Est-ce qu'Olivier attend des nouvelles du père ou plutôt de la fille ?

— J'ai décidé de quitter l'administration. Je vais retourner à la Cour des comptes et passer mon CAP de menuisier, comme mon grand-père et comme mon père à ses débuts.

— Et comment va Delphine ? hasarde Olivier de son air le plus détaché.

Pierre réprime un sourire. Nous y voilà. Mais il n'arrive toujours pas à croire qu'Olivier ait réclamé avec une telle insistance sa présence uniquement pour prendre des nouvelles de sa fille.

— Bien. Chez Tallon, ça va mieux, elle a terminé son stage de porteuse de cafés. Elle prépare une exposition au musée des Arts décoratifs et travaille avec deux vedettes, Yves Klein, le type dont on dit qu'il a réinventé le bleu et César, un sculpteur qui songe à compresser des voitures.

— Elle est avec quelqu'un ?

— Plus ou moins. Plutôt moins, d'après ce que je sais.

— Et les jumeaux ?

Pierre boit une gorgée de vin rouge, fait la grimace, repose le verre sur le buffet.

— Dis donc, Olivier, il y a aussi Ariane, Marie, Mme Farge, je peux également te donner des nouvelles d'Odile ; tu voulais me voir, de quoi s'agit-il exactement ?

Olivier l'entraîne dans un petit salon adjacent, l'invite à s'asseoir.

— Tu risques d'être un peu surpris.

— Dis toujours.

— Dans la famille Ormen/Russier, je te propose Odette.

Pierre hausse un sourcil.

— Je t'écoute.

— Voilà. Elle a réfléchi.

— Bien. C'est important, de réfléchir.

— C'est à propos de l'héritage.

— Vraiment ?

Olivier se fâche gentiment.

— Écoute, Pierre, cesse de me mettre en boîte. Je ne suis qu'un messager. Et je me contrefiche de vos problèmes. Je peux continuer ?

— Oui, excuse-moi.

— Bien. Je schématise, pour faire court. Elle a réfléchi, elle a vu son avocat, elle n'est pas sûre de gagner, elle s'ennuie à Fontenay, elle n'a pas assez d'argent pour acheter quelque chose, donc, elle propose de négocier. Quant à moi, je te répète que je n'ai pas d'intérêts dans l'histoire, je souhaite ne jamais hériter un centime de la famille Ormen. Tu as compris ? Je suis un simple messager. Mes-sa-ger !

Pierre lève la main.

— Il n'y a rien à négocier. Elle a fait un faux, elle doit en assumer les conséquences.

— Oui, bien sûr, c'est un point de vue. Mais ne veux-tu pas en parler avec Ariane, avec tes enfants ? Prendre le temps de réfléchir. C'est important, de réfléchir…

Pierre sourit.

— Si tu veux. Ça se passerait comment ?

— Tranquillement. D'avocat à avocat.

Pierre hoche la tête. Odette proposant de négocier : jamais il n'aurait pu imaginer une chose pareille. Il examine l'hypothèse avec prudence. C'est vrai, le procès peut durer des années. Et lui non plus n'est pas sûr de gagner. Par ailleurs, l'idée qu'Odette puisse disposer de Fontenay jusqu'à la fin de ses jours le fait frémir. Il y a une dizaine de jours, en feuilletant *Cœur à prendre* chez le dentiste, il a reconnu le bureau de son père et la villa Godin dans une histoire d'amour à pleurer de ridicule entre un avocat et une petite dactylo. Il a aussitôt appelé Odette pour lui interdire d'utiliser Fontenay pour ses photos, elle lui a raccroché au nez, en lui signifiant sèchement qu'elle était chez elle.

— Je ne sais pas, dit Pierre en se levant, je te promets d'y penser. Et on en reparle. On rejoint le cinématographe ? J'aimerais beaucoup que tu me présentes Jeanne Moreau.

— Certainement. Mais en contrepartie, j'aimerais

que tu me procures des places pour le concert de Marie à Gaveau.

— Tu ne vas pas t'attaquer à mon autre fille !

— Mais non, rassure-toi. C'est pour Fauré. Et pour Debussy.

— De toute façon, tu n'aurais aucune chance. Elle te déchirerait en deux temps trois mouvements. Elle te transformerait en caniche d'un coup d'archet magique. Ce n'est pas une violoniste, c'est une sorcière.

— Et c'est toi qui as fait don au monde de cette créature…

— Eh oui, mon ami. J'ai fait ça. Et si elle me semble parfois surgir d'un autre monde, tu ne peux pas savoir à quel point j'en suis fier…

*

(Mardi 27 mars 1962)

Plutôt qu'un appartement, c'est un chalet en bois accolé à un hôtel particulier de la rue Garnier et doté d'un petit jardin. On y accède par un long corridor de verdure, deux sapins flanquent la porte d'entrée, accentuant l'impression de dépaysement alpestre. L'employé de l'agence Immo Roule est un jeune homme bien mis d'une vingtaine d'années, parfaitement assorti au quartier. Julien serre la main tendue, la conserve dans la sienne un peu plus longtemps que nécessaire.

— Suivez-moi, invite le jeune homme en sortant un trousseau de clés.

Où tu veux, quand tu veux, songe Julien. Il y a une heure, il a quitté la rue du Croissant plutôt rassuré. Sa chronique « Les bons lieux » plaît beaucoup à

Jean-François Devay et le premier numéro de *Minute* va sortir dans quinze jours. Ce sera, comme prévu, un journal jeune, insolent, provocateur, parfaitement informé, surprenant, inventif, animé d'un antigaullisme raisonné. Julien se demande si cela va durer. Drôle de type, ce Devay. Ancien résistant, médaillé militaire, ex-journaliste à *Combat*, il semble avoir viré à droite et, sans l'afficher ouvertement, soutenir une OAS qui met le feu à Alger en assassinant des soldats du contingent. Julien évite soigneusement de parler politique avec lui. Dès leur premier entretien, il a exprimé sa position : il s'est battu pour une Algérie française mais c'est terminé. Julien soupçonne son patron de cacher son jeu. L'attentat de l'OAS contre Malraux, qui a coûté la vue à une petite fille de quatre ans, ne l'a pas fait bondir outre mesure. Pas plus que le massacre du métro Charonne, le lendemain, lors d'une manifestation de gauche dénonçant cette même OAS. D'après Pierre, une brigade spéciale s'est acharnée sur les manifestants réfugiés dans l'escalier et des crânes ont été fracassés par les « bidules » des policiers. Huit morts, plus de deux cents blessés. Un massacre signé Papon, une nouvelle fois.

— Vous vous intéressez à la politique ? demande-t-il au jeune homme.

— Pas vraiment, je n'ai pas le temps.

— Et vous auriez le temps de prendre un café avec moi tout à l'heure ?

— Non, désolé, j'ai d'autres rendez-vous.

Julien soupire. Dommage. L'intérieur du chalet est cossu, parfaitement aménagé. Une petite chambre, une jolie salle de bains, une pièce à vivre de bonne dimension aux boiseries de chêne clair. Les deux fenêtres ouvrent sur la verdure, Julien ne serait pas surpris de voir surgir un Autrichien en culotte de peau et une vache traverser le jardin.

— Je le prends, dit-il.

— Très bien. Nous allons passer à l'agence, c'est à deux pas, rue du Château.

Après avoir signé un bail précaire de vingt-trois mois, réglé le mois d'avance, la caution et les honoraires, Julien quitte l'agence à regret et va acheter *Paris-Presse* au kiosque. Encore cinquante morts à Alger, rue d'Isly. Cette fois-ci, c'est l'armée qui a tiré. Les tueries entre Français n'en finissent pas.

En traversant l'avenue de Neuilly, il contemple sur sa droite les travaux du métro express qui traversera la Seine et le chantier d'un gratte-ciel de l'autre côté du pont. Ici poussera, paraît-il, un petit New York. Devant Le Village, où ils ont rendez-vous, dans la contre-allée, François gare sa Simca 1000.

— Salut toi !

— Salut !

— On prend un caf ' ?

— Natur' !

— Tu as signé ?

— L'appartement, oui. L'agent immobilier, non.

— Fais gaffe. Je ne sais pas si l'information est parvenue jusqu'à toi mais l'homosexualité est un délit.

— Ouais. Mais il était mignon. C'est là, ton agence ?

François acquiesce. Il a rendez-vous avec le président de Publi-Service, une filiale d'Havas et de Publicis dont il pourrait diriger un département. Accessoirement, le changement d'agence lui permettrait d'augmenter considérablement son salaire.

— Tout à côté. Le président s'appelle Georges Petit,

il paraît qu'il se prend un peu pour Louis XIV, mais c'est une bonne agence. Et toi, content ?

— Je ne sais pas encore. Je m'occupe des échos, des potins parisiens du monde du spectacle et de l'édition, je suis tous les soirs à courir les bistrots et les restos à la mode, les cabarets, les music-halls, c'est crevant. Devay est un monstre infatigable, il faut que je voie tout, que je lise tout, que je sache tout. Entre le paternel à la culture et Marie la diva qui enflamme Pleyel, il est persuadé que je suis le roi du carnet mondain.

Les deux frères s'installent en terrasse, commandent deux cafés et des croissants.

— Et… côté amours ? risque François.

— Sexe, tu veux dire !

— Oui, si tu veux.

Décidément, songe François, je ne fais pas partie du club. Comment peut-on baiser sans amour ?

— Tu me juges, c'est cela ?

— Mais non, Julien, je n'ai rien contre les homos. Et puis, tu n'es pas comme eux, tu ne cherches pas à ressembler à une fille, ça ne se voit pas, je t'assure.

François se mord les lèvres. « Tu n'es pas comme eux. » C'est sorti spontanément. Il regarde son frère avec tendresse tandis que le garçon dépose les cafés sur le guéridon. Pour l'heure, l'homme de la rue et le législateur sont bien d'accord pour voir dans l'homosexuel un détraqué, quand ce n'est pas un criminel. Mais ça finira bien par bouger. Cocteau et Jean Marais s'affichent publiquement à Saint-Germain-des-Prés, on croise des homosexuels à la Reine Blanche, au Flore ou à la Pergola, ce n'est qu'une question de temps.

— Qu'est-ce qu'il y a, Julien ?

— Tu ne peux pas savoir ce que c'est. Susciter le

mépris ou même la répugnance chez ses amis, dans sa famille, c'est épouvantable. L'obligation de se taire, de dissimuler, de mentir pour préserver une respectabilité. Avouer, c'est tomber dans l'abjection, c'est passer pour un pervers, pour un habitué des pissotières.

— Tu exagères.

— Non. J'ai bien réfléchi, il n'y a qu'une solution.

— Laquelle ? interroge François en fronçant les sourcils.

— Il faut que je me marie. C'est la seule solution pour vivre tranquille.

François éclate de rire.

— Tu peux ! Mais c'est un paravent qui ne sert à rien. Non, il faut que tu acceptes d'être ce que tu es, même si c'est difficile. Le dire aux parents, si c'est à ça que tu penses, c'est indispensable. De quoi as-tu peur ? De les décevoir ? D'être le mauvais fils ? Crois-moi, ils sont plus intelligents que ça.

Julien reste pensif. Parler aux parents. Quelle épreuve ! Pourquoi est-il né ainsi ? Ou pourquoi est-il devenu ce qu'il est ?

François le regarde, hésite.

— Dis-moi… je voulais te demander… enfin… non, rien…

Julien sourit, narquois.

— Tu vois, même toi, tu n'oses pas m'en parler ! Tu veux savoir si je fais le bouc ou la chèvre, c'est bien ça ?

François en rougit de honte. Demander cela à son frère ! Il s'efforce de chasser cette pensée, mais elle s'accroche à lui comme une coque à un rocher. Pour être honnête, imaginer Julien en partenaire passif le dérange profondément.

— Et tu préférerais que je sois actif, bien sûr. Un homme, quoi ! Eh bien, pour moi, la question ne se pose pas en ces termes. Il n'y a pas un homme-homme avec un homme-femme, mais deux hommes. Tu comprends ?

— Pas trop. Mais ce n'est pas grave, je t'aime comme tu es. Je t'aiderai pour les parents.

— Merci, François.

— De rien, ducon...

*

(Mercredi 3 octobre 1962)

En à peine plus d'une semaine, il s'est fait trois copains. Bertrand, Renaud et Jean-Loup. Malgré la différence d'âge avec ses camarades – il a fêté ses dix ans en août –, Serge se défend fort bien en classe. Il se débrouille au foot – dans la cour de Montaigne ou au Luco –, subjugue tous les sixièmes par ses apparitions dans *Cœur à prendre,* le journal de sa mère. D'ailleurs, c'est normal, parce que son père est aussi acteur, il a joué avant la guerre dans des films de Prévert et tient un cabaret où l'on peut rencontrer les grandes vedettes. Pas Johnny ou Richard Anthony, le twist et tout ça, non, ce n'est pas le genre de la maison, plutôt des vedettes comme Léo Ferré qui chantent de vraies chansons avec de vrais textes.

Cartable sur le dos, Serge traverse la rue Auguste-Comte et pénètre dans le jardin. Près du muret qui soutient les grilles, un élève de cinquième vend des billes à la douzaine. Quatre heures et demie. Dadou est en retard, comme d'habitude. Dommage, les copains ne verront pas la belle Chambord ni le coup de la casquette qu'Edmond soulève en s'inclinant et en ouvrant la porte arrière.

— Russier ! Tu viens faire un foot ? On n'a personne dans les buts.

— Non, j'attends ma grand-mère.

— Bon, tant pis. À vendredi.

— C'est ça, salut !

Cinq minutes plus tard, la Simca s'arrête devant les grilles. Serge se précipite, tend son cartable à Edmond, monte à l'arrière.

— Bonjour, Dadou ! Bonjour, m'sieur Edmond !

La tenue d'Odette est un festival : du rose, du jaune, du violet, du vert pomme. Son chapeau est plus fleuri que le parc de Bagatelle.

— Bonjour, mon ange. Comment ça s'est passé ? Ça doit te faire tout drôle d'être rentré au lycée et d'avoir plein de professeurs. Ça te change de ta maîtresse.

— Fastoche !

— Tu veux ton goûter ?

Tandis qu'Edmond embraye délicatement, Odette sort un Lacta Poulain d'une glacière, le chocolat au lait qu'il préfère parce qu'il contient un chèque Tintin et un bon image. Un paquet de Petit-Exquis de l'Alsacienne suit.

— Et mon Coca-Cola ?

— Ne compte pas sur moi pour t'empoisonner avec des produits chimiques, mon chéri.

Odette désapprouve fortement toutes les saloperies que les Américains ont pu laisser en partant.

— Tu ne veux pas plutôt un Pschitt ? s'enquiert-elle. Il y a les deux.

— Pschitt orange pour les p'tits anges, Pschitt citron pour les vieux cons…

— Serge !!!

— C'est pas moi, Dadou, c'est les grands.

— Ce n'est pas une raison.

— Bon, et mon Coca ?

La Chambord quitte la rue d'Assas, traverse le carrefour de Port-Royal et s'engage dans l'avenue Denfert-Rochereau.

— Où on va ? demande Serge.

— À Fontenay.

— Mais t'avais dit au jardin d'Acclimatation !

— Demain, chéri, on ira demain. Ce soir, j'ai un rendez-vous, un rendez-vous d'affaires. Tu pourras regarder la TV, et Rosalie t'a préparé un poulet et des pommes-frites. Vous mettez la radio, Edmond ?

— Tout de suite, Madame.

En ce début de soirée, la circulation est fluide. La Chambord passe la porte d'Orléans sans encombre et s'enfonce dans Montrouge avec Dario Moreno.

« *Brigitte Bardot, Bardot / Brigitte Bardot, bravo !* »

— Ah non, proteste Odette, changez, Edmond…

« *Tous les garçons et les filles de mon âge…* »

— Voilà, c'est bien. Alors, mon ange, raconte-moi un peu, quelles sont tes matières préférées ?

— Le latin. Et puis l'anglais, c'est rigolo. Mais ce que j'aime vraiment, c'est le français. La grammaire. Les compléments d'objet direct, tout ça. Et la rédaction.

— C'est bien, continue. Moi, j'aurais bien aimé faire des études, mais il a fallu que je travaille très tôt pour aider mes parents. C'était comme ça, avant.

— Oui, mais t'as été actrice. T'as réussi…

Tu parles, songe Odette. Bien sûr que j'ai réussi. En m'enfuyant de ma famille à toutes jambes. Pas question de finir comme ma mère à rêver chaque samedi sur les romans-photos pour mieux s'user la santé le reste de la semaine.

— Tout à l'heure, tu pourras jouer au train électrique. Edmond t'aidera à le monter.

— Oh, merci Dadou !

Odette reprend le cours de ses pensées.

Dans l'après-midi, elle est passée voir Me Feigel rue de Rivoli. David n'était pas là… ou n'a pas souhaité venir la saluer. Odette a informé le notaire des pourparlers en cours : après de longues discussions entre les avocats, elle doit rencontrer Pierre Ormen dans la soirée pour finaliser un accord. Il faudra ensuite mettre en route la succession définitive, sur de nouvelles bases.

— Tu rêves, Dadou ?

Odette ronronne de plaisir. Dadou ! Isaac dès le début m'a appelée ainsi. David a pris le relais. Et maintenant c'est lui, mon petit chéri avec sa bouille d'ange. Dadou, c'est doux dans la bouche d'un enfant.

*

Malraux l'a mal pris. On ne le quitte pas comme ça. Dans le train qui l'emmène à Fontenay-aux-Roses, Pierre se félicite pourtant de sa décision, même si l'entretien avec le ministre n'a pas été des plus agréables. Pour sa part, le président de la Cour des comptes n'a pas masqué sa satisfaction de voir l'enfant prodigue revenir au bercail et Queneau s'est montré enthousiaste à la lecture des premières pages d'un

Jour en mai. Quant à Ariane, elle irradie d'un bonheur retrouvé. En août, ils ont pris de longues vacances, Irlande et Écosse, laissant le Reculet à Delphine et Angelo, son petit ami italien. Le temps lent a repris son cours, Pierre se sent soulagé, presque léger. Julien parti à Neuilly, Ariane a entrepris des travaux à Vaugirard : la petite salle d'eau réservée aux enfants a été transformée en buanderie, avec une véritable machine à laver, des placards ont été posés dans la cuisine, la salle de bains a été entièrement refaite, de la moquette a été posée dans toutes les chambres. Celle qu'occupait François a été transformée en bureau, dont Pierre a monté les rayonnages aussi adroitement mais avec plus de fierté – qu'un professionnel.

Il ouvre *Le Monde*. La controverse ne faiblit pas après l'intervention du Général à la télévision pour vendre son référendum aux Français... Évidemment, de l'UNR aux communistes, toute la classe politique est contre. Comme si le suffrage universel allait rogner leurs prérogatives !

En remontant la rue des Roses, Pierre jette un coup d'œil sur sa droite, là où se trouvait le château des Boucicaut, démoli il y a une dizaine d'années. Lorsqu'il était enfant, sa mère lui avait fait croire que le château était hanté, afin de le dissuader de traverser la haie pour explorer cette *terra incognita*. Aujourd'hui, rien ne témoigne de la splendeur passée des lieux. Plusieurs immeubles remplacent la bâtisse. Le Fontenay d'avant-guerre disparaît peu à peu, c'est triste mais inéluctable.

Pierre sort sa clé, ouvre la petite porte à droite du garage, se laisse envahir par les odeurs du passé. Il n'a pas mis les pieds ici depuis près d'un an. Le jardin est somptueux, les allées de gravier parfaitement ratissées, le mari de Rosalie passe une peau de chamois sur une grosse Simca noire qui stationne devant le perron.

— Bonjour, Edmond, Mme Ormen est-elle là ?

— Bonjour, monsieur Ormen, je vais la prévenir.

Pierre gravit les marches, pénètre dans le hall. Le petit jet d'eau du patio mauresque est toujours aussi ridicule mais les carreaux cassés ont été remplacés et les lames des koummiyas marocains étincellent de propreté. Si Odette s'ennuie ici, comme le suggère Olivier, elle prend en tout cas le plus grand soin de la maison.

— Bonjour, Pierre, merci d'être venu jusqu'ici.

— De rien.

Quatre ans déjà, à quelques mois près, qu'ils ne se sont pas vus. Elle a vieilli, son visage s'est creusé, la peau disparaît sous une épaisse couche de fond de teint, le bleu des paupières fait disparaître son regard. Et ce rouge sur la bouche, comme un coup de poignard.

— Allons dans le petit salon, minaude-t-elle. Whisky pour toi, Dubonnet quinquina pour moi…

Manifestement, l'artiste est déjà en piste pour son grand numéro. Pierre s'assied, attend la suite. Odette sort son paquet de cigarettes égyptiennes à bouts dorés et en choisit une rose, assortie à sa robe.

— Nous y voilà, dit-elle. Nous arrivons à la fin de l'histoire. Quel âge avais-tu lorsque je suis arrivée ?

— Quatorze ans.

— Quatorze ans, c'est bien ça. Jean-Noël en avait neuf, Amédée six. La petite, n'en parlons pas, c'était encore un bébé. Je comprends. Je n'étais pas spécialement la bienvenue, avec ma valise en carton et mon mioche sous le bras. Je te sers ?

— Volontiers.

— Tu as dû me détester dès le premier regard…

— Odette, s'il te plaît. Nous ne sommes pas là pour évoquer nos souvenirs.

— Non, bien sûr. Mais ça fait drôle, quand même. Toutes ces années…

— Qu'est-ce que tu veux, Odette ?

— Ce que tu penses, je le sais. Que j'étais une poule, que j'ai roulé ton père dans la farine du plaisir, que je l'ai épousé pour son argent.

Pierre hausse un sourcil.

— Ce n'était pas le cas ?

— Pas uniquement. On était bien ensemble.

Pierre saisit son verre, boit une gorgée, le repose un peu trop sèchement.

— Je te pose une nouvelle fois la question : qu'est-ce que tu veux, Odette ?

— Je veux que tu me juges comme je le mérite. Avec les moins si tu veux mais aussi avec les plus.

— Aujourd'hui, quelle importance ?

— C'est important pour moi. J'aimerais que tu acceptes le fait que j'ai accompli mon devoir, je vous ai élevés tous les quatre. Pour vous, j'ai sacrifié ma carrière.

Pierre ne peut s'empêcher de sourire.

Odette insiste :

— Oui, je vous ai tout donné, tout ! Aujourd'hui, il me semble légitime de recevoir ma part.

— Ta part, pourquoi pas. Mais toute la fortune de mon père, ça ne correspond pas à l'idée que je me fais de l'équité.

Odette se lève, fait quelques pas. Au théâtre, songe Pierre, elle est au théâtre.

— Eh bien, soit ! J'ai réfléchi et me suis dit que

Valentin n'avait sans doute plus toute sa tête lorsqu'il a fait son testament.

— À mon avis, à ce moment-là, il n'avait pas de tête du tout.

— Ah ! Tu es d'accord avec moi ! Alors, je crois que l'important, pour toi, c'est la maison. Cette maison, c'est ta vie, c'est ton enfance, peut-être même aurais-tu envie de t'y installer un jour ?

Pierre, à son tour, allume une cigarette. Cette femme l'étonnera toujours.

— Tu sais que j'ai démissionné ? Je ne suis plus au ministère.

— Je sais. Par Olivier. C'est ennuyeux ?

— Très ennuyeux. À la Cour des comptes, nous sommes très mal payés.

Odette l'observe attentivement. Avec Pierre, c'est toujours compliqué, on ne sait jamais s'il se fiche de vous.

— C'est sûr, l'argent, c'est important. La proposition de Me Ménard ne te convient plus ?

— Pas tout à fait. Voici la mienne, définitive. Je garde Fontenay sans usufruit. Tu déménageras dès que possible, dans trois mois au plus tard. Tu gardes les terrains de La Croix-Valmer mais, en échange, tu abandonnes le portefeuille d'actions. Quant au compte courant, nous partageons cinquante-cinquante. C'est à prendre où à laisser.

— Si je laisse ?

— Procès en cours, jusqu'au bout. Plainte au pénal pour faux en écriture. Tu peux gagner… Mais tu peux également tout perdre.

Odette se ressert un Dubonnet, se met à rire.

— Tu crois toujours que j'ai fait un faux, évidemment.

— Dis-moi le contraire.

— Je te le dis ! C'est Valentin qui l'a rédigé.

Pierre admire. Elle nage dans le mensonge avec un naturel désarmant, peut-être arrive-t-elle à se convaincre elle-même de son bon droit.

— Mais oui, mon cher Pierre, il m'a tout donné parce que moi, aussi, je lui ai tout donné. Tu peux comprendre ça ? Bien sûr que non, il faut ne pas être né avec une cuillère en argent dans la bouche pour accepter cette vérité toute simple. Mais bon, passons. J'accepte ta proposition, pour tirer un trait. Si Valentin nous regarde, je voudrais qu'il puisse être fier de moi. Dans trois mois au plus tard je serai partie d'ici. Tu es satisfait ?

— Oui, ça me va.

— Bien. Je te raccompagne.

Et elle me vire ! constate Pierre en se levant. Mais comment papa a-t-il pu la supporter ? Cette union est vraiment une énigme.

— Une dernière chose, mon cher Pierre : ne t'avise pas de me mettre dans un de tes bouquins, je pourrais devenir très méchante.

— D'accord, chère Odette. Mais c'est dommage : tu es vraiment un personnage de roman.

— Alors ça, c'est gentil. On ne me l'avait jamais dit.

*

(Mardi 9 octobre 1962)

Delphine, amusée, écoute Tallon faire l'éloge de la ligne courbe. Il y a de l'aigle dans le personnage, dans sa stature et dans l'intensité de son regard. Il déborde d'une énergie qui irradie, sa gaieté volubile est un torrent dévastateur. Bavard compulsif, il peut parler des heures avec une force de conviction étonnante. Il lui arrive également de s'arrêter au milieu d'une phrase et de planter son auditoire pour se consacrer à une idée soudaine. Doté d'un savoir universel, particulièrement dans les domaines scientifique et artistique, il ricoche d'un univers à un autre, rebondit, trouve avec bonheur ce qu'il ne cherchait pas.

Après des mois de stage d'observation, Roger Tallon a demandé à Delphine de devenir son assistante personnelle. Elle est désormais sa mascotte, sa boîte à idées tordues, l'une des rares personnes capables de suivre le rythme de sa pensée, d'identifier ses allusions, de décoder ses ellipses et de trier le bon grain au sein des paradoxes.

— Delphine, ça ne va pas du tout ! Il faut revoir la courbure !

Depuis mai, le bureau d'études travaille sur le projet Portavia P111, une télévision portable. Tallon a eu une idée de génie : fabriquer une coque aux angles adoucis qui épouse la forme du tube cathodique, bannissant toute aspérité. La surface de l'écran est parfaitement lisse, sombre et brillante, conférant à l'objet un aspect extraterrestre. L'apport de Delphine : la poignée et l'antenne sont escamotables. Car la beauté, soutient-elle, ce n'est pas quand il n'y a plus rien à ajouter, plutôt quand il n'y a plus rien à retrancher.

La voix de Tallon transperce à nouveau la cloison.

— Delphine !!! Qu'est-ce que je vais dire à la radio ? Tu as travaillé ? La définition de notre design ?

— « Ni crasse, ni masse, ni bruit, voici l'ère du silence, du net et du léger. »

— Pas mal… Mais c'est trop long !

— Achetez-vous des ciseaux !

Delphine secoue la tête. C'est chaque jour la même chose. Qu'il se débrouille. Elle doit préparer son passage dans l'émission d'André Parinaud sur Radio Luxembourg, *Deux heures d'avance*. En même temps, il lui faut donner un semblant de cohérence à des notes éparses pour constituer son prochain cours, rue d'Ulm. En septembre, Tallon y a inauguré officiellement le département « design » des Arts déco où Delphine entame sa troisième année. Un cours éblouissant, d'après les premiers échos, s'il ne souffrait d'un seul léger défaut : les élèves n'y comprennent strictement rien.

— Delphine !!! Où ai-je mis le dossier Thomson ?

Il faudra qu'elle lui en parle, en lui proposant peut-être d'assurer une traduction simultanée. Sept heures dix. Elle est en retard. C'est quand même curieux, cette impression d'être à la fois du côté des élèves et de celui des profs. Delphine se lève, range son bureau, attrape le blouson d'aviateur qu'elle s'est payé avec son premier salaire.

— Je pars, Roger, à demain !

— Non, reste avec moi !

— Désolée, il faut que j'y aille.

La Vespa est garée à l'angle de la rue de Babylone. Delphine attache son fichu, démarre sans problème, effectue un demi-tour insolent sur le boulevard Raspail afin de prendre la rue de Sèvres. Comment remercier Marie ? Elle adore cet engin de toutes les libertés. Par les quais rive droite, elle rejoint la gare de Lyon, se dirige vers la Nation puis vers la porte de Montreuil. Angelo habite rue Schubert, près du square du Quercy, dans une ancienne usine occupée par des étudiants en sociologie. Elle a cru comprendre qu'il ne payait pas de loyer. D'ailleurs, dans cette usine, personne ne paie quoi que ce soit.

— Angelo, tu es là ?

L'étage est silencieux. Elle se baisse, soulève le paillasson, saisit la clé. Il pourrait tout aussi bien laisser ouvert, il n'y aurait pas grande différence. L'unique pièce, immense, est située sous les combles ; on y gèle l'hiver et on y cuit l'été. Entre les poutres, Angelo a aménagé de nombreuses niches qui servent de bibliothèques pour ses bouquins aussi nombreux qu'hermétiques. Marx, Spinoza, Althusser, Deleuze, Guattari…

Pas de lit, mais un immense hamac double installé au milieu de la pièce. Dans les premiers temps, ils s'y balançaient à toute heure et Delphine avait peur d'en dégringoler au beau milieu d'une étreinte. Le hamac ne tangue plus guère. À qui la faute ? Elle ne sait pas. Elle aimait tant son corps contre le sien, la douceur de sa bouche, le crissement de sa barbe naissante. Elle ferme les yeux, imagine son odeur, entend son éclat de rire, oui, elle l'aimait tant… Elle se laisse tomber dans un des deux fauteuils crapaud d'un jaune criard, bâille sans retenue. Ils devaient se retrouver à 7 h 30. Où est-il encore passé ? Inutile de le lui demander, il ne répondra pas, ne s'excusera pas. Au début de leur liaison, elle s'était moquée de son syndrome de l'escargot, de cette façon qu'il avait de rentrer dans sa coquille dès qu'on lui posait une question personnelle. Aujourd'hui, son côté mystérieux, son incapacité à partager commencent à la lasser : ses silences, ses voyages incessants en Italie, ses réunions secrètes, cet argent dont il dispose en permanence sans jamais travailler. Qui est Angelo ? Un doux rêveur ? Un intellectuel maudit ? Un dangereux anarchiste ? Et s'il n'existait dans sa vie que pour lui faire oublier l'existence d'Olivier, comme Christiane ne se prive pas de le lui dire ?

Delphine se lève, va se servir un verre d'eau dans le coin cuisine. Angelo. Olivier. Difficile d'imaginer deux êtres plus dissemblables. Le lourd et le léger. L'ombre et la lumière. Elle saisit un crayon dans un bocal, arrache une feuille de cahier, griffonne rapidement. « Tu es pénible, Angelo. On avait rendez-vous. T'embrasse quand même. Je passerai au Tréboul vers 9 heures. D. »

En dévalant les marches de l'escalier trois par trois, Delphine peste contre les hommes. Ariane a raison : marre et archi marre de leur emprise. Dans quelques mois, elle sera majeure, elle va pouvoir prendre son destin en main. Elle va déménager, quitter sa chambre de bonne, s'installer dans un appartement. Elle travaillera son personnage d'Apolline, tentera de trouver un journal qui accepte de la publier. Quant à Angelo, il a intérêt à changer de registre s'il veut que l'histoire continue.

3

(Lundi 8 juillet 1963)

— Jacques ?

C'est bien lui qui presse le pas devant le théâtre de l'Odéon. Jacques Lancelot. Ariane ne l'a jamais revu depuis leur brève aventure durant l'automne 1956, alors que Pierre effectuait sa descente du Niger. Apparemment, il n'a pas quitté le quartier et doit toujours habiter rue de Médicis.

— Bonjour, Ariane…

Cheveux coupés court, teint hâlé, sourire juvénile, il resplendit.

— Quelle jolie surprise. Tu n'es pas en vacances ? demande-t-il.

— Oui et non. Je pars ce soir à Rochefort-en-Yvelines, tout près de Paris. Et toi ?

— Je voyage beaucoup. Je suis désormais commissaire de bord à la Compagnie des messageries maritimes, je repars demain soir pour Buenos Aires. Je t'offre un café ?

— Volontiers. Allons au tabac de la rue Monsieur-le-Prince, je n'ai plus de cigarettes.

Jacques lui prend le bras au moment de traverser.

Dans la pénombre fraîche de la salle du fond, Alain Barrière s'agite sur le Scopitone. Ariane détaille le visage de son ancien amant. Toujours aussi beau.

— J'ai souvent pensé à toi, dit-il en lui prenant la main…

Elle lui sourit.

— Je voulais t'appeler, poursuit-il. Et puis…

— C'est la vie, Jacques, répond-elle en retirant sa main. Et de l'histoire ancienne. Jolie, mais ancienne.

Les yeux de Jacques, bleu mers du Sud, ne quittent pas ceux d'Ariane.

— C'était si bien, pourtant…

— N'en parlons plus. Tu es souvent par monts et par vaux, je suppose.

Il se cale sur la banquette de moleskine.

— Oui. Les trois quarts du temps, sinon plus. Beaucoup de séjours dans les pays arabes, c'est assez amusant, j'effectue parallèlement quelques missions pour le gouvernement, des broutilles…

Ariane l'imagine parfaitement en Lawrence d'Arabie, traversant les déserts, tiré à quatre épingles sur le dos d'un chameau. Il n'a pas changé ; flotte toujours autour de lui ce parfum d'aventure, de mystère et de rendez-vous clandestins. Les yeux bleus la dévorent littéralement. Leur petite amourette aurait-elle compté plus qu'elle ne le pense pour ce séducteur impénitent ? Manifestement, il reprendrait volontiers les choses là où elles en étaient restées. C'était un amant très attentionné, se souvient-elle. Et moi ? En aurais-je envie ? En allumant sa Gauloise, elle décide que non. Elle a passé l'âge de ce genre de plaisanterie et, surtout, n'éprouve pas le moindre sentiment amoureux. Quoi qu'en dise Françoise dans son *Madame Express*, les femmes ne sont pas faites pour le sexe sans amour. Mais peut-être les temps changent-ils ? Il faudrait poser la question à Marie. Ou à Delphine.

— Comment va Pierre ? relance Jacques.

— Bien, merci.

— C'était un sacré type. Dans la Résistance, j'étais son supérieur ; il était nettement plus âgé que moi, plus cultivé également, mais n'en a jamais profité pour contester mon autorité. Il était courageux, parfois inconscient. Cela m'impressionnait beaucoup, car il avait femme et enfants. J'ai cru comprendre qu'il travaille désormais avec Malraux, aux Affaires culturelles ?

— Non, c'est terminé. Il est à nouveau à la Cour des comptes, il prend des cours de menuiserie et il écrit plus sereinement, sans cette quête effrénée de prix littéraire qui le rendait très malheureux. Il va bien.

— Tu le salueras pour moi.

— Je n'y manquerai pas, assure Ariane en se levant. Merci pour le café.

— Ariane… Tu ne souhaites vraiment pas que l'on se revoie ?

— Pas au sens où tu l'entends. Mais j'aurai toujours plaisir à bavarder avec toi. Au revoir, Jacques…

Ariane le quitte sur un geste de la main et se rend à l'agence de voyages du carrefour de l'Odéon afin de retenir les billets pour la Grèce : une semaine en amoureux, en août, si tout va bien. Elle se sent d'humeur enjouée. Pauvre Jacques, il s'attendait sans doute à un peu plus de répondant de sa part. Elle sourit. Quoi de plus pataud qu'un homme faisant la roue dans le vide ? Il lui semble que les manœuvres séductrices des femmes sont généralement plus légères et restent charmantes, quoi qu'il advienne. Comme si la grâce était inégalement partagée entre les sexes. Il y a une vraie injustice en ce domaine, songe-t-elle. En attendant, c'est aux femmes de faire les courses. Après l'agence, elle passera rue de Buci chercher la paella et le gâteau qu'elle a commandés. Ce soir, on fête les vingt et un ans de Delphine.

*

L'appartement de la rue Guisarde est vraiment petit mais elle s'y sent bien. Vingt-deux mètres carrés au deuxième étage, avec toilettes à la turque à mi-palier. Delphine enfile son jean « déjà porté » – comble du chic – qu'elle a acheté chez Hélène Leiba au marché Malik de Clignancourt. Elle boucle son ceinturon US, chausse ses sandales, s'asperge de Vetiver pour homme, cadeau ironique de Roger Tallon. Elle descend, claque la porte étroite de l'immeuble, jette un coup d'œil à la vitrine familière de la boutique voisine dans laquelle des poupées entourées de dentelles reposent sagement dans de petits lits en fer. Rien n'a changé depuis ses dix ans, quand elle faisait le détour en revenant du cours Désir pour contempler les petites filles modèles. À vrai dire, c'est toute la rue Guisarde qui n'a guère bougé depuis son enfance.

Et la rue Garancière n'est pas devenue plus gaie. À l'angle de la rue de Vaugirard, Delphine s'arrête un moment. C'est là, d'après Pierre et Ariane, qu'elle aurait été « trouvée » un soir de juillet 1942, dans une petite caisse en bois, enveloppée dans des chiffons. Elle scrute le trottoir comme si elle s'attendait à y trouver une trace, une empreinte, imagine la scène, les parents jouant les saint Vincent de Paul sur fond de patrouilles allemandes. Ce théâtre d'ombres ne lui paraît pas très convaincant. Elle soupire, tente de penser à autre chose. L'incertitude de ses origines est une blessure qui ne cicatrise pas mais avec laquelle elle a appris à vivre. Elle vient de passer deux semaines au Reculet, un endroit qu'elle détestait enfant et qu'elle aime désormais pour son pouvoir revivifiant. Seule. Angelo est parti à Rome, pour y faire Dieu sait quoi. Elle a pris l'habitude de ses absences, toujours entourées de grands mystères. Elle a cru un temps à l'existence d'une maîtresse et en a souffert, mais elle est pratiquement sûre aujourd'hui que sa seule rivale est la passion politique d'Angelo. Bien plus dangereuse et contre laquelle aucune femme ne peut lutter. Il l'aime, c'est certain, et le lui montre par sa force et sa douceur quand il la prend dans ses bras. Mais il ne lui fait pas confiance. Pense-t-il qu'elle est trop jeune ou trop inculte pour comprendre son combat ? Que son milieu bourgeois la disqualifie ? À moins, on ne peut pas l'exclure, que ses activités soient trop illégales pour qu'il en fasse état.

Du Luxembourg retentissent des coups de sifflet stridents. Le jardin est en train de fermer. Delphine se dirige vers l'immeuble du 38. Mais pour qui la prend-il ? Lorsqu'il s'absente trop longtemps, elle en vient à oublier le charme de sa présence et sent monter en elle une sorte de rage froide. Parfois, même, elle doute de son amour. Elle déteste cette vie de courant d'air et préfère se réfugier à la campagne plutôt que d'attendre sa venue dans un appartement vide. En octobre dernier, elle a passé son permis de conduire et vient souvent se reposer le week-end au Reculet, en empruntant la Fiat de sa mère. Elle préférerait la Chenard et Walcker mais Pierre s'y oppose : ce ne serait pas, paraît-il, une voiture de jeune fille. C'est en tout cas une voiture de jeune homme : Julien, lui, l'emprunte autant qu'il le souhaite.

Parvenue au 38, elle pousse la lourde porte, jette un coup d'œil vers la loge de Mme Crié d'où s'échappe le *Ya Ya Twist* de Petula Clark à la radio. Delphine monte les marches deux par deux, s'arrête au cinquième, hésite, monte au sixième. Son ancienne chambre de bonne et la chambre voisine ont été réunies, une partie du couloir a même été annexée, Odile n'en finit pas de remercier Ariane.

Delphine redescend au cinquième, appuie sur la sonnette. Les jumeaux ouvrent, hilares.

— Mais quelle horreur ! Qu'est-ce que vous avez fait ?!!

Avec un bel ensemble, les deux frères se sont rasé le crâne pour accentuer leur ressemblance, deux crânes tout blancs qui jurent avec leurs joues bronzées. Pierre a ouvert une bouteille de champagne, il s'approche de sa fille.

— Bon anniversaire, ma chérie.

— Merci, papa. Tu as laissé faire ces deux abrutis ? On dirait deux paras sortis d'un film de Laurel et Hardy.

— Ils ne m'ont pas demandé mon avis.

— Alors, Bécassine, lance Julien, paraît que t'es majeure ?

— Elle peut voter maintenant, renchérit François. Pauvre France…

Delphine les toise.

— Comment ça va, les clowns ?

— Cela suffit, tranche Ariane. Allez, venez, on trinque. Aux vingt et un ans de Delphine et à nous tous.

Bon anniversaire, ma chérie ! Odile, venez boire avec nous !

François se penche, saisit un paquet derrière le canapé.

— Tiens, fillette ! C'est pour toi. De la part des jumeaux.

Delphine ouvre son cadeau. Un coffret de dix couleurs « encres de Chine », assorties de pinceaux de calligraphie.

— Et ça, c'est de la part de tes parents !

Ariane lui tend une enveloppe. Entre deux morceaux de papier de soie violet, un petit mot rédigé à la main : « Bon pour un réfrigérateur, un ventilateur et trois pots de peinture pour tout repeindre, je viendrai t'aider. »

Delphine, radieuse, les embrasse tous à tour de rôle.

— Je t'ai vu l'autre jour, dit-elle à son père. Vendredi soir, rue des Canettes, tu sortais d'un café, je t'ai fait signe mais tu ne m'as même pas reconnue !

— Je ne sais vraiment pas ce que tu trouves à ce bistrot, s'étonne Ariane. C'est bondé, ça déborde sur le trottoir, ça hurle…

— J'en tire mes humanités, répond Pierre, il me suffit de rester une demi-heure au comptoir et j'ai de quoi écrire dix romans. Il faudra, poursuit-il pour Delphine, que je passe rue Guisarde voir comment tu es installée, d'après ta mère, c'est charmant.

— À table, invite Ariane. Ce soir, dîner espagnol !

Tous les cinq s'installent, la meilleure place, face au Luxembourg, revenant naturellement à l'héroïne du jour.

— Des nouvelles de Marie ? demande-t-elle à sa mère en dépliant sa serviette, alors qu'Odile apporte le gaspacho.

Le rituel est immuable lors de chaque repas familial : on s'assied et on prend des nouvelles de Marie.

— Pas vraiment, répond Ariane. Une courte lettre et une coupure de presse en anglais dans laquelle le journaliste évoque sa prestation presque « jazzy » dans le concerto de Samuel Barber au Carnegie Hall. Les New-Yorkais, écrit-elle, étaient « sur le cul ». L'expression est d'elle, pas de moi.

— Et son chéri de la côte Ouest ? interroge François. Son Richard je ne sais quoi ?

— Non, elle n'en dit pas un mot. Quand partez-vous, les garçons ?

— Après-demain, répond Julien. Papa, c'est toujours d'accord pour la voiture ?

— Mais oui, répond Pierre. Prenez-la, l'air marin lui fera du bien. À Saint-Malo, c'est cela ?

— On a loué le premier étage d'une villa sur la digue.

— Et toi, ma Delphine ?

— Roger m'a invitée dans sa villa d'Antibes pour une dizaine de jours. Je descendrai en train. Ensuite, Reculet et travaux rue Guisarde. De toute façon, j'adore Paris au mois d'août.

Pierre sert le vin. Cheval Blanc 1952, une merveille.

— Il en reste ? s'inquiète François.

— Quoi donc ?

— Des Cheval Blanc, à Fontenay.

— Terminé, soupire Pierre. Nous buvons l'avant-dernière.

— Et avec Odette, c'est également terminé ?

— Oui. Tout sera débloqué en octobre. Il était temps ; un peu plus et nous nous retrouvions à la soupe populaire !

— Tu te souviens de ta promesse pour Fontenay, dit Ariane. Mon centre de Planning familial ?

— On verra, on verra… Odette vient à peine de quitter les lieux.

— Elle s'installe où ? demande Delphine.

— Dans les quartiers chic. Enfin, chic pour elle. Je crois qu'elle a acheté un appartement près de la maison de l'ORTF.

— Bien joué, la petite mère, murmure François. Et merci Valentin !

— Bien joué, La Croix-Valmer, ajoute Julien, et merci grand-père !

— Ça suffit les garçons, ça ne vous regarde pas.

— Oui mère, excusez-nous mère…

Ariane sourit. La perspective de récupérer Fontenay la ravit. L'orangerie pourrait servir de centre d'accueil. Et on pourrait opérer dans la villa, discrètement. Françoise Giroud, consultée, l'a assurée de son soutien total en cas de pépin. Et Gisèle Halimi est prête à la défendre, gratuitement.

Le tintement d'un couteau sur un verre tire Pierre de la semi-rêverie dans laquelle il s'était discrètement réfugié. Julien s'est levé, il réclame le silence. L'air solennel.

— Encore une pitrerie ! murmure Delphine à sa mère.

François a imité son frère, debout lui aussi, ils se font face de chaque côté de la table. Ariane connaît ses deux fils. Elle sent que quelque chose d'important se prépare.

— L'un a fait l'armée, dit Julien.

— L'autre pas, répond François.

— L'un est de droite, dit Julien.

— L'autre est de gauche, répond François.
— L'un aime les femmes, dit Julien.
— L'autre... aime les hommes, répond François.
— Et l'autre... c'est moi, murmure Julien. Il fallait que je vous le dise. Je préfère les garçons. Je suis homosexuel.

Pierre, sidéré, immobilise la cuillère qu'il portait à sa bouche. Le ciel semble lui être tombé sur la tête. Delphine sourit : pas de doute, ce sont des clowns, mais des clowns de talent. Leur jolie saynète semblait improvisée, fluide. L'homosexualité de son frère ne l'étonne qu'à moitié : elle avait senti quelques curieuses vibrations avant qu'il ne parte pour l'armée. Mais peu lui importe, chacun fait ce qu'il veut de son corps et de sa vie. Elle se tourne vers ses parents : comment réagit une mère à ce genre d'annonce ? Et un père ?

Ariane s'est redressée sur sa chaise, elle ajuste sa chevelure, cherche le regard de Pierre. Une avalanche d'émotions hétéroclites la submerge : le courage de Julien, l'osmose entre les deux frères, la tristesse de savoir que son fils n'aura sans doute jamais d'enfants, qu'il devra affronter l'hostilité générale, qu'il devra être plus fort pour être heureux. Elle aimerait bien se lever pour aller l'embrasser, n'ose pas.

Pierre a enfin posé sa cuillère. Il regarde son fils. C'était donc cela, l'Algérie ? Et lui qui n'avait rien vu, rien compris, Julien a dû se sentir tellement seul ! Comment peut-on passer ainsi à côté de son propre fils ?

François se tourne vers lui.
— Ça va, papa ? Tu as besoin d'un cognac ?
Julien lui sert un verre de vin.
— S'il te plaît, papa, ne culpabilise pas. Ne te demande pas ce que tu as fait ou pas fait pour que

ton fils devienne homo, ce n'est pas ta faute, je suis né comme ça.

— Ça ira, fils. Il faut que je m'habitue… C'est un peu… inattendu !

— Je comprends, mais pense à tous ces grands écrivains, pense à Gide, à Cocteau, à Montherlant !

— Ah ! Non ! Pas Montherlant !

— Jean Genet ?

Pierre contemple le crâne rasé de son fils. Un vrai bagnard. Il saisit la bouteille, fait le service délicatement. Odile a passé la tête.

— Je peux, Madame ? J'apporte la paella ?

— Vous pouvez, répond Pierre en levant son verre en direction de Julien. Tout ce que je vous demande, c'est d'être heureuse. Nous sommes d'accord, Odile ?

La vieille servante opine, épouvantée.

— Oui, Monsieur, à votre service, Monsieur.

*

(Samedi 16 novembre 1963)

La conversation a roulé sur les derniers soldats de l'OAS et un des convives n'a pas manqué de questionner Ghislaine sur le sort de son grand-oncle par alliance en exil, Jacques Soustelle. Les pensées d'Amédée vagabondent. Soustelle ! Celui-là même qui était il y a quatre ans ministre des Affaires atomiques aux côtés de Malraux. Malraux pour lequel travaillait Pierre. Quelle ironie ! Le monde est petit et parfois indéchiffrable. Qui est de droite, qui est de gauche ?

Ce soir, indéniablement, la soirée est de droite. Dans son appartement de l'avenue Victor-Hugo, Amédée a réuni une cinquantaine de personnes parmi lesquelles Tixier-Vignancour, l'avocat qui a sauvé la tête du général Salan, Michel Poniatowski, le directeur des Assurances au ministère des Finances, et Achille Peretti, le grand patron de Neuilly-sur-Seine. Du beau monde, au sein duquel Ghislaine tisse patiemment son réseau.

Fagotée dans une robe rouge vif, l'associée d'Amédée joue les maîtresses de maison. Pour beaucoup, c'est d'ailleurs la maîtresse tout court. Amédée laisse dire. En ce moment, tous deux partagent une jeune fille – Sonia – recrutée pour garder la galerie trois matinées par semaine. Pas en même temps, évidemment ; Amédée ne pourrait supporter d'effleurer un centimètre carré de peau de Ghislaine, cette monstruosité callipyge à l'âme de serpent. Et Sonia, la sublime Sonia, comment fait-elle ? Il se demande si, à son corps défendant, il ne serait pas en train de s'attacher. Contrariant.

Allant et venant d'une pièce à l'autre, il distribue ses sourires, chaleureux et disert, soignant son image d'amateur d'art éclairé, son meilleur passeport pour la carrière politique qu'il envisage très sérieusement. Conseiller général pour commencer, puis député, pourquoi pas ? En incarnant la République, il ferait un pied de nez à l'histoire et laverait l'infamie de sa condamnation absurde et aveugle. La brève excursion de son frère aux Affaires culturelles est vraiment pitoyable. Pauvre Pierre, victime de ses états d'âme ! L'âme, dans ce métier, mieux vaut l'avoir blindée. Et on verra bien qui a le mieux réussi, songe-t-il, quand on fera les comptes, plus tard.

Ghislaine a glissé une Gitane dans son fume-cigarette, une petite merveille en écaille ornée de son monogramme. Elle l'allume, ferme dans un claquement sec son Dunhill plaqué or. Dans l'embrasure d'une fenêtre, Amédée s'entretient avec Paul Desforet, le directeur de la Société Parisienne de Banque.

— Charles, mon cher, vos petites sauteries sont toujours aussi raffinées.

Paul Desforet le prend par le bras et l'entraîne vers le buffet. Amédée n'a jamais très bien su la nature précise de ses activités. D'après Ghislaine, il s'agit avant tout d'un intermédiaire de haut vol capable de réunir acheteur et vendeur sur n'importe quel sujet.

— Chenavard, questionne Desforet en saisissant le verre que lui tend un maître d'hôtel, vous connaissez ?

Amédée cherche Sonia des yeux. Où est-elle, la petite ? Encore collée à Ghislaine ?

— Bien sûr, répond-il. Le peintre philosophe, un Lyonnais… pressenti pour décorer les murs du Panthéon, les murs intérieurs, évidemment. Si je me souviens bien, il fut également la tête de Turc de Baudelaire qui compara son cerveau à la ville de Lyon. Je cite, de mémoire : « brumeux, fuligineux, hérissé de pointes ». Pourquoi ? Vous cherchez un Chenavard ?

— Non, c'est plutôt le contraire. Un de mes amis a hérité d'un de ses tableaux : *Ignace d'Antioche dans l'arène*. 1842, concomitant avec *Le Martyre de saint Polycarpe*. Je pense que la chose a une certaine valeur. Pourriez-vous me le faire expertiser chez Charpentier ou ailleurs ?

— Certainement.

— Parfait, cher ami. Et comment vont les affaires ?

— Plutôt bien, je vous remercie.

— Pardonnez ma curiosité, mais on m'a dit que Beaurepaire était votre nom professionnel et que vous seriez né Ormen. Êtes-vous parent avec Julien Ormen ?

Amédée fronce les sourcils. Comment Desforet

connaît-il sa véritable identité ? Ghislaine ? Il lui faudra faire son enquête.

— Julien ? répète-t-il. Oui. C'est mon neveu. Le fils de mon frère. Journaliste à *Minute*, je crois.

— Il vient de démissionner, je suis un ami de Jean-François Devay, c'est tout chaud, c'est d'hier.

— Vous savez, je n'ai que très peu de rapports avec ma famille.

— C'est ce qu'on m'a rapporté. J'ai également entendu dire aussi que vous étiez un spécialiste de Picasso.

Le visage d'Amédée tressaille imperceptiblement.

— Picasso ? Pas vraiment. Je connais, je me tiens au courant, mais ce n'est pas tout à fait dans mes cordes.

— J'ai, poursuit Desforet, un vieil ami collectionneur amoureux fou de la période bleue. Richissime à ne pas pouvoir imaginer. Il m'a certifié que certaines toiles de cette époque circulaient encore sous le manteau, il est très intéressé, je voulais vous en parler, à tout hasard.

Amédée observe son interlocuteur avec attention. Que veut-il ? Que sait-il ?

— Pour tout ce qui concerne Picasso, il n'y a qu'une adresse à Paris : Kahnweiler, à la galerie Leiris.

— Je sais. Mais je pensais à des œuvres qui auraient pu être… mises de côté durant la guerre. Si vous entendez parler de quelque chose, n'hésitez pas. Mon ami est aussi riche que discret.

— Je n'y manquerai pas, répond Amédée. Si l'occasion se présente. Ce qui m'étonnerait beaucoup. Les tableaux qui ont pris la direction de l'Allemagne, de la Tchécoslovaquie ou de Moscou pendant la guerre remontent rarement à la surface. Pour le Chenavard, je suis à votre disposition. Appelez-moi à la galerie quand vous voulez.

— Merci.

— Vous m'excuserez, je crois que Ghislaine m'appelle.

En se dirigeant vers le premier salon, verre à la main, Amédée prend sur lui-même pour maîtriser son trouble. Depuis la mort du petit Marcel – que le diable soit avec lui –, à part Ghislaine, personne n'a jamais évoqué de près ou de loin l'éventualité qu'il puisse être en possession de *L'Heure bleue*. Et voilà que Desforet agite un hameçon long comme le bras ! Lors de l'examen du Chenavard, il tâchera d'en savoir davantage.

*

(Lundi 11 mai 1964)

Chère Mère, cher Père, chers machins, chère machine,

Le temps passe à une vitesse sidérale et sidérante. Près de trois ans depuis ma dernière visite à Paris, Julien venait juste de rentrer de votre petite guéguerre. (La nôtre au Viêtnam s'annonce maoussissime si on ne trouve pas de solution à l'ONU. « Ah, Barbara, quelle connerie la guerre », comme disait Prévert.)

Merci pour la lettre et toutes les bonnes nouvelles qu'il y a dedans. Conseiller maître dans sa Cour des comptes ! Mazette ! Je ne sais pas ce que c'est mais félicitations, monsieur Ormen. Bravo également pour le testament, vous voilà presque riches, ça doit faire tout drôle ! Moi, j'ai l'habitude, vous verrez, ce n'est pas spécialement rigolo. À propos de drôle, ma voyante m'a affirmé que j'habiterai bientôt « sur l'eau » et que je serai forcée de me couper les cheveux. Elle m'inquiète, je crois que je vais en changer, elle a doublé ses tarifs et elle devient complètement folle. Je bosse beaucoup, totalement immergée dans les années 1930, je crois que c'est mon époque, Prokofiev, Walton, Barber et surtout Berg. (Et paf dans le nez, je leur ai montré que dodécaphonique et sentiments ne sont pas antinomiques ! D'autant que la Stradivarius Society of Chicago m'a prêté le stradivarius « Comtesse de Polignac » de 1699, ce n'est plus du violon, c'est au-delà...)

Oncevoikan ? comme dirait Delphine. Je suis clouée au Carnegie Hall pour un moment et j'ai annulé ma tournée en Europe de l'an prochain. Je vous fais signe dès que je sais.

Love and love, Mary.

P-S : Ah oui, j'oubliais ! Je suis enceinte de deux mois.

Pierre replie la lettre, la glisse dans sa poche. À force de la lire et de la relire, il la connaît par cœur. D'où vient cette étrange sensation que Marie n'est pas tout à fait sa fille ? Lorsqu'il songe à elle, il voit une femme… qui pourrait être la sœur d'Ariane. À six ans déjà, elle l'intimidait ! A-t-elle jamais prononcé le mot « papa » ?

Ainsi, Marie est enceinte. De son réalisateur, probablement, ce Richard quelque chose. Pauvre chérubin : son existence risque de ne pas être de tout repos. Et – Ariane l'a parié, c'est du Marie tout craché – le divin enfant a été programmé pour le 25 décembre.

Évidemment, comme d'habitude, Marie n'a pas jugé utile de s'enquérir de son livre. Personne, à part elle, n'a le droit d'exercer une activité créative. Tout va bien, Marie, je te remercie, *Un jour en mai* va paraître chez Gallimard en septembre ou au printemps de l'année prochaine ; c'est un des plus aboutis, probablement le premier dont je sois vraiment fier.

Pierre consulte sa montre. Parfait. Il quitte son bureau, fait signe à son chauffeur qu'il n'a pas besoin de lui. Concorde-Bastille, en métro c'est direct, il sera chez Bofinger à une heure, comme convenu. Que lui veulent les jumeaux ? Cette invitation à déjeuner est une grande première… qui ne présage rien de bon. Après les amours kabyles en pleine guerre d'Algérie et l'annonce d'une homosexualité qui promet bien des réjouissances, que vont-ils encore trouver pour se compliquer la vie ?

*

En contemplant François qui détaille la carte avec tout le sérieux qui le caractérise, Pierre réalise que son fils ne lui a pas présenté de petite amie depuis sa rupture avec Leila. Du jour au lendemain, la jeune femme a disparu, volatilisée. Ni chez elle, ni à son bureau. François l'a attendue pendant des semaines, en vain. Pierre – sans l'en informer – a discrètement investigué auprès du ministère de l'Intérieur. Sans résultat. Peut-être est-elle rentrée en Algérie…

Le serveur s'est approché.

— Et toi, Julien ? interroge François.

— Une sole, c'est très bien.

— Bien. Trois soles et un chablis.

Très à l'aise, constate Pierre. Sans doute l'habitude des repas d'affaires avec ses clients chez Havas. Calme et autorité.

— Alors, Julien ? Comment s'est passé ton entretien avec Giroud ?

Par l'entremise d'Ariane, Julien a rencontré la directrice de *L'Express* pour tenir la « chronique artistique et mondaine ».

— Pas mal. Mais je n'aime pas du tout son JJSS. Et elle, elle n'a pas vraiment apprécié mon passage à *Minute*. De toute façon, ce n'est pas important ; avec François, nous avons un projet dont nous voulons te parler.

Nous y voilà, se dit Pierre. Qu'ont-ils en tête ?

— Nous allons, poursuit François, monter une agence de publicité. La nôtre. C'est lumineux de simplicité. Je prendrai en charge toute la partie commerciale, Julien sera responsable de la création. Il a une bonne plume, il a des idées, cela devrait fonctionner. Chez Havas, j'ai eu la chance de faire rentrer un client qui serait d'accord pour nous suivre. Ce serait notre premier budget. J'ai également en vue un gros programme immobilier dans l'Ouest parisien, je suis assez optimiste.

Pourquoi pas ? songe Pierre. La publicité est en pleine mutation, c'est un métier d'avenir. Et François lui semble avoir la tête bien vissée sur les épaules.

— Comment s'appellerait votre agence ?

— Justement. Nous voulions te voir en partie pour cela. Nous pourrions l'appeler Publitruc ou Publimachin, mais nous aimerions la personnaliser comme le font les Américains. L'agence s'appellerait Ormen et Ormen. Avec l'esperluette à la place du « et ». O & O.

Pierre sursaute. Son nom. Sur une entreprise commerciale ! L'idée ne l'emballe pas vraiment.

— Vous êtes sûrs que c'est une bonne idée ? N'est-ce pas un peu… narcissique ?

— Mais non, papa, intervient Julien. C'est plutôt une preuve de sérieux et de responsabilité. Engager son nom, cela pèse. Par ailleurs, pour se faire connaître, il n'y a pas mieux. Ormen & Ormen, une agence dirigée par deux jumeaux, cela cogne fort.

Le serveur dépose le vin et une carafe d'eau sur la table. Pierre sort son paquet de Balto, allume une cigarette. Ormen & Ormen… Ce n'est pas mal du tout, les petits ont raison. Adjugé.

— D'accord, les garçons. C'est votre nom autant que le mien. Faites comme vous le souhaitez. Je n'ai qu'une recommandation à formuler, mais elle est capitale : ne salissez jamais ce nom par des campagnes laides, vulgaires ou mensongères.

François hoche la tête.

— Compte sur nous, papa.

— À propos de compter sur, je suppose que vous avez autre chose à me demander…

Julien sourit. En pleine forme, le vieux !

— Oui, bien sûr, répond François, visiblement soulagé que son père prenne l'initiative. Il y a, tu t'en doutes, le problème de l'investissement. Quatre salaires de départ pendant six mois, les locaux, les frais de fonctionnement, cela représente environ soixante mille francs. Nous en avons quinze mille. Pourrais-tu nous avancer le complément ? Nous te rembourserions avec intérêts, en t'apportant des garanties, le nantissement des parts sociales, par exemple.

Pierre balaie nantissement et intérêts d'un geste de la main.

— Les locaux ?

— Julien a trouvé quelque chose d'intéressant, pas cher du tout, rue Michel-le-Comte. Le coin est un peu misérable mais nous disposerions d'environ cent cinquante mètres carrés, quatre mètres sous plafond, c'est idéal pour commencer.

Pierre regarde le serveur apporter les soles. Trois assiettes dans une main et deux corbeilles de pain dans l'autre. Chapeau, l'artiste.

— Les statuts sont déposés ? s'enquiert-il. Vous avez ouvert un compte bancaire ?

— Pas encore, nous attendions ta réponse.

— Passez demain à la maison, en début de soirée. Je vous établirai un chèque. Votre mère est au courant ?

— Non.

— Très bien, nous fêterons cela demain au champagne avec elle. Delphine ?

— On lui en a parlé, en lui demandant le secret. Julien lui a demandé d'étudier un graphisme et un logotype pour le papier à lettres de l'agence. Ce qu'elle a proposé est très élégant, tu verras.

— Je n'en doute pas. Affaire conclue. J'ai une nouvelle à vous apprendre. Elle concerne la famille. La proche famille.

— Delphine ?

— Non.

— Tante Amélie ?

— Non.

— Amédée ?

— Julien, s'il te plaît !!!

— Marie, alors ?

— Gagné. Cela concerne Marie.

— Je sais, sourit Julien. Elle délaisse le violon pour jouer de l'accordéon.

— Plus étonnant que ça.

— Elle entre dans les ordres…

— Non. Ne cherchez pas : elle attend un enfant. Et le premier mot qu'il prononcera sera sans doute « room-service ».

*

(Jeudi 3 juin 1965)

Abruti de fatigue, Olivier a voulu éviter un cycliste. Coup de frein. Telle une toupie, la petite voiture s'est mise à tournoyer sur la place Denfert-Rochereau. Heurtant un trottoir, elle a entamé une valse lente vers le Lion de Belfort, puis, percutant les chaînes entourant le monument, elle est repartie comme une savonnette vers l'entrée des catacombes, pour aller s'écraser contre un camion de déménagement.

Dans le petit matin, la place est déserte. Olivier tente de tourner la tête, en vain. Il voudrait palper chaque partie de son corps pour vérifier s'il est encore entier mais ne parvient pas à bouger ne serait-ce que le petit doigt. Il baigne dans une apesanteur cotonneuse ; un liquide poisseux coule dans sa gorge et lui retourne l'estomac.

« *Vous les copains, je ne vous oublierai jamais…* »

La radio s'est mise en marche toute seule, à plein volume. C'est curieux, se dit-il, je n'ai pas mal. Mais je suis très fatigué, j'aimerais dormir, j'aimerais vraiment dormir… Ses yeux se ferment.

Dix minutes plus tard, le son d'une sirène monte du côté de l'Observatoire. L'ambulance s'arrête près de la 4 CV, la porte arrière s'ouvre, deux hommes sautent à terre, se penchent.

— Putain, dit l'un, arrête cette radio ! Et coupe le contact. Monsieur, Monsieur… !

— C'est grave, dit l'autre, on va avoir du mal.

— La fille respire, faut la sortir de là…

Les deux infirmiers vont chercher un brancard,

ouvrent la porte de la Renault sans trop de difficultés, demandent à la passagère si elle a mal, si elle peut bouger. Avec beaucoup de précautions et l'aide du chauffeur, ils parviennent à l'extraire de la carcasse. Une voiture de police vient se ranger derrière l'ambulance.

— Des morts ? interroge un policier.

— Je ne sais pas. Le type a l'air très mal en point. On le sort et on l'emmène aux urgences de l'Hôtel-Dieu, vous nous ouvrez la route ?

— Affirmatif. Vous avez besoin d'aide pour le tirer de là ?

— Non, ça va aller.

Olivier ouvre les yeux. A-t-il dormi ? Quelqu'un a dit que ça allait. Mais où ? Si je dois mourir, pense-t-il, j'aimerais mieux que ce soit dans un lit. Il paraît qu'on revoit toute sa vie en une fraction de seconde. Ensuite, il y a ce tunnel bleu qui mène à la lumière. Là-haut, je rencontrerai peut-être mon père. Truffaut et Delphine, ils ne sont pas morts, eux, il va falloir que j'attende un peu. C'est quand même étrange, tous ces pères qui disparaissent avant qu'on puisse les connaître. Finalement, c'est pas si terrible, la mort. Comme dit l'autre, les morts sont des vivants qui jouent à être morts. Allez, roule, carrosse du temps, roule…

*

(Samedi 5 juin 1965)

Dans le couloir de l'Hôtel-Dieu, elle presse le pas vers la sortie. Ces odeurs d'éther et de désinfectant, ce sang, ces cris… Décidément, elle a horreur des hôpitaux. Olivier dormait, telle une momie, le corps entouré de bandelettes. Il devrait s'en sortir, estiment les médecins. Cela ne l'étonne pas : son fils s'en sort toujours, c'est même un de ses traits de caractère ! Mais ils ont également évoqué l'hypothèse d'une paralysie. Olivier en fauteuil roulant ? Elle chasse cette pensée, se rassure, les médecins sont prudents, c'est tout. Et pourtant, si c'était le cas…

Une femme marche à sa rencontre, la dévisage discrètement, hésite, poursuit sa route. Odette se retourne. Delphine ? Mais oui, c'est bien elle. Cela fait plus de six ans qu'elle ne l'a pas vue. Mon Dieu, comme elle a changé !

— Delphine, c'est toi ?

La jeune femme s'arrête, se retourne à son tour.

— Odette… Bonjour. Comment va-t-il ?

Les deux femmes s'embrassent du bout des lèvres.

— Il est dans le coma.

— Il va s'en sortir ?

Odette ne répond pas. Finir ses jours en fauteuil roulant, est-ce « s'en sortir » ? Cette petite a de l'allure. Exactement le genre de femme qu'il lui faudrait pour ses romans-photos. Elle sourit intérieurement à cette idée : Delphine dans *Cœur à prendre* ! Mais que fait-elle ici ? Serait-elle toujours agrippée aux basques de son fils ? Elle croyait cette amourette d'enfance terminée depuis belle lurette ; il y a un moment où il faut cesser de jouer à Roméo et Juliette, sinon ça tourne à la mauvaise farce. Pierre n'a jamais voulu qu'on mélange les torchons et les serviettes, les Russier et les Ormen. Eh bien, il faut s'y tenir. Chacun chez soi.

— Je peux faire quelque chose ? s'inquiète Delphine.

Odette la toise. Au fond, elle s'en fiche. Qu'ils fassent

ce qu'ils veulent tous les deux, qu'ils fricotent, qu'ils tricotent, qu'ils s'entortillent, elle a d'autres chats à fouetter.

— Je m'occupe de son fils Serge, répond-elle sèchement, pour le reste, les Ormen, mêlez-vous de vos affaires !

D'une inclinaison de tête, elle salue Delphine, tourne les talons et se dirige vers l'ascenseur.

Delphine n'en revient pas. Quelle vipère ! Elle presse le pas en serrant les poings si fort que ses ongles lui entament les paumes. Mon Dieu, faites qu'il vive, même en chaise roulante, je m'en fiche, je le soignerai, je m'occuperai de lui, mais faites qu'il vive !

En entrant dans la chambre, elle contemple la momie dont sortent deux tuyaux, du nez et de la bouche. Près du lit, une grosse machine souffle et chuinte à chaque respiration. Les yeux de Delphine s'embuent. Elle se penche, murmure :

— Olivier, c'est moi, Delphine…

*

Odette, furieuse, s'installe à l'arrière de sa voiture. Non, mais pour qui se prend-elle, cette fille !?

— À la maison, Edmond !

— Très bien, Madame.

Odette feuillette nerveusement son *Elle*, ricane sur le concours de l'homme idéal parrainé par Olivetti, parcourt rapidement les dernières aventures de Tintin sur son île mystérieuse et jette le journal sur la banquette. C'est vrai, pour qui se prend-elle, cette mijaurée !?

Edmond s'est engagé dans la rue de Rivoli, il traverse la place de la Concorde et se dirige vers l'Alma. Après le partage « à l'amiable » de l'héritage, Odette a quitté

Fontenay et s'est offert un bel appartement avenue du Président-Kennedy, l'ancien quai de Passy : quatre-vingt-quinze mètres carrés, dernier étage, une petite terrasse et un garage en sous-sol auquel on accède directement par l'ascenseur. Rosalie s'occupe du ménage, des courses et de la cuisine et Edmond, outre ses fonctions de chauffeur, a troqué son râteau de jardinier contre une blouse d'homme à tout faire chez *Cœur à prendre*.

— Edmond, nous allons faire quelques courses avant de rentrer.

— Bien, Madame.

Odette adore Inno Passy. Tout y est si joliment présenté, avec tant de goût ; rien à voir avec l'Uniprix quasi soviétique de Fontenay-aux-Roses. Pour recevoir Colette, elle y achètera des œufs de saumon, quelques blinis et des fruits exotiques. Le grand chic. Tandis que la voiture descend au parking, l'image d'Olivier sur son lit d'hôpital vient troubler ses pensées. Quel gâchis ! Dès le départ, dès l'enfance, tout s'est mal enclenché. Elle se souvient du bambin joufflu toujours à pleurnicher lorsqu'elle le confiait à une voisine. Puis de ses silences, de son indifférence. À Fontenay, il n'avait rien fait pour se faire aimer de sa nouvelle famille. La seule avec laquelle il semblait heureux, c'était Mme Farge. Une domestique ! Il l'appelait « mame » ; pourquoi pas maman tant qu'il y était ! Pas étonnant que Pierre ait refusé l'adoption. Enfin, on ne va pas refaire l'histoire. C'est ainsi, c'est la vie. Et ce n'est pas à soixante-cinq ans que les choses vont changer.

*

Cette Colette est toujours aussi rayonnante, un petit bijou, songe Odette, quel âge peut-elle avoir ? Trente-cinq ans ? Les deux femmes se sont installées sur la terrasse, dans de larges fauteuils en osier peints en rose. Vue imprenable sur la Seine et la tour Eiffel.

— Quelles nouvelles ? demande Colette. Vous l'avez vu, il peut parler ?

— Il est dans le coma. Les médecins sont réservés.

— Je passerai le voir.

— Bonne idée. Ne m'en veuillez pas, ma petite Colette, mais je suis superstitieuse, cela m'ennuie de parler de ça. Quoi de neuf au Point-du-Jour ?

Colette ferme les yeux, contrôle sa respiration. Par moments, elle pourrait la gifler. Comment une mère peut-elle être aussi froide ? Son fils se débat entre la vie et la mort et elle ne se préoccupe que de la santé de son journal.

— Tout va bien, répond-elle en se forçant à sourire, pas de soucis particuliers. Vous aviez raison pour le héros médecin. Ça marche beaucoup mieux que l'avocat. Et l'avocat fait mieux que l'architecte. Nous avons fait cent vingt-cinq mille la semaine dernière, un beau succès. J'ai repris en main le courrier des lectrices, je crois que nous sommes sur la bonne voie. Grâce à vous.

Odette sert deux verres de vin blanc.

— Grâce à vous également. Continuez, Colette, vous vous débrouillez très bien. Je suggère simplement un peu plus d'émotion charnelle, une épaule nue, un genou, des petits riens… mais qui font tout. Les temps changent, il faut s'adapter. Je passerai demain voir la nouvelle maquette. Parlez-moi de Serge. Comment se passe cette fin d'année ?

Colette soupire.

— Il est doué, mais il ne travaille pas. Il va redoubler sa troisième à Montaigne.

— Pas grave. Il avait un an d'avance.

— Oui, bien sûr, mais quand même. Il ne parle que de musique, si on peut appeler cela de la musique, il traîne au Golf Drouot, c'est un club de rock, ou dans un autre endroit qui s'appelle La Locomotive, il parle de monter un groupe. À son âge ! Roger refuse de s'en mêler, je ne sais plus trop quoi faire.

— Je vais voir, je lui parlerai. Avec Roger, tout se passe bien ?

Colette sourit, se penche vers Odette, lui murmure à l'oreille :

— Il voudrait un enfant.

Odette sursaute. Offusquée.

— Quoi ? Mais sans vous offenser, Colette, vous n'êtes plus toute jeune ! Il a déjà une fille de son premier mariage. Et le journal, vous y avez pensé ?

— Ça ne m'empêcherait pas de travailler.

— Bien sûr, bien sûr…

Odette, agacée, vide son verre d'un trait. Cette passion de se reproduire, comme s'il n'y avait rien de plus intéressant ni de plus urgent, quelle idée !

— Quel est le tournage de la semaine prochaine ?

Dès sa prise de contrôle, Odette a demandé que l'on adopte le langage du cinéma. Cela nous oblige, affirme-t-elle, à plus de rigueur. Colette ne voit pas exactement en quoi mais elle obéit prudemment : Odette peut piquer d'épouvantables colères, surtout ne pas contrarier cette lubie.

— *L'Amour aux deux visages*.

— Bon titre. Le jeune Marcoux y joue ?

— Oui, il fait le jeune homme qui plonge dans la Seine pour sauver Isabelle.

— Bien. Prévenez-moi du lieu et de l'heure de la prise. La scène m'intéresse.

Colette se force à rester impassible. Plus que la scène, c'est le jeune homme qui intéresse Odette. On se demande parfois si elle n'a pas racheté le journal pour disposer d'un vivier de petits poissons bien frétillants.

*

(Samedi 10 juillet 1965)

Des cheveux blonds frôlent son visage. D'un geste gracieux, une main les rejette en arrière, une bouche rouge sourit. Olivier cligne des yeux : c'est trop beau.

— Bonjour, Olivier…

Il tente de se redresser, renonce.

— Delphine, c'est toi… ?

— Mais oui, c'est moi. Je te regardais dormir, tu semblais apaisé. À quoi rêvais-tu ?

Olivier déplie les doigts de sa main gauche l'un après l'autre, tend ses jambes. Depuis trois jours, il vérifie à son réveil que son corps répond, il s'en émerveille encore, ça marche, cela fait un peu mal, mais ça marche. Il détaille Delphine avec étonnement. Où est passée la jeune fille qui venait rue Descartes lui remettre des petits mots d'amour ? Six ans ! Il ne l'a pas revue depuis le printemps 1959 !

— Comment te sens-tu ? demande-t-elle.

— Bien. Comment as-tu su que j'étais là ?

— Par mon frère Julien. C'était dans les journaux. Je suis passée te voir à l'Hôtel-Dieu juste après ton accident, il y a un mois, tu étais dans le coma, on était tous catastrophés.

— Je ne me souviens de rien. Mais ça va très bien. Un peu de rééducation et je trotterai comme à Vincennes.

— Qui s'occupe de toi ? Odette ?

— Non, pas vraiment. Colette, un peu. Mais surtout Gisèle, heureusement qu'elle est là, elle tient la boutique rue Descartes, se charge de mon courrier, de l'appartement, de mon linge, une vraie petite maman.

Delphine va chercher la chaise, s'assied près de lui, lui prend la main, l'examine.

— Pas une égratignure, pas un doigt de cassé. Tu as eu de la chance, pour le piano.

— J'ai eu de la chance tout court. Il faut dire que ce n'était pas vraiment raisonnable, neuf cents kilomètres d'une traite, de nuit, sous la pluie.

— Qu'est-ce que tu faisais sur la Côte d'Azur ?

— Un tournage, le dernier Godard. J'avais un tout petit rôle qui, paraît-il, va être supprimé au montage. C'était bien la peine… J'étais au piano sur un ponton, je jouais, Devos devenait fou en entendant la musique, il regardait partout mais j'étais invisible. Drôle de scène. Il caressait une main imaginaire, par-dessus, par-dessous, et il disait en chantonnant à moitié : « Est-ce que vous m'aimez ? »

Delphine plonge ses yeux dans les siens. Et elle, l'aime-t-elle toujours ?

— Parle-moi de ta vie, poursuit Olivier, de la famille, j'ai dû louper quelques épisodes depuis tout ce temps.

Delphine lâche sa main. « Depuis tout ce temps » ! Juste après l'accident, quand on a cru qu'Olivier allait mourir, une immense vague d'amour l'a submergée, à la noyer. La pensée de sa mort l'a habitée jour et nuit pendant une longue semaine. Elle a pris un congé pour être près de lui, l'encourager, lui parler, le forcer à se battre. Et il s'en est sorti. Angelo est rentré d'Italie mais elle ne l'a pas vu. Plus tard, plus tard… Olivier vivrait, c'était la seule chose importante. D'ailleurs, à peine rentré, Angelo était à nouveau reparti Dieu sait où ; ça ne lui avait fait ni chaud ni froid, comme si ses sentiments pour lui se résumaient désormais à une indifférence bienveillante.

— Oh, rien de vraiment important, c'étaient les vacances. Papa est parti en Amérique du Sud pendant trois semaines, il était invité pour son dernier bouquin par le lycée français de Buenos Aires. Son livre marche très bien ; du coup, il se prend à rêver d'Académie. Maman est toujours très investie dans son projet de Planning familial à Fontenay. Il va falloir s'occuper de la villa et du parc, effectuer quelques travaux. Les jumeaux vont ouvrir leur agence de publicité, je crois qu'ils ont tapé papa assez sévèrement, ils sont plus excités que jamais. Et puis il y a Marie : toujours aussi folle, elle attend un enfant… programmé pour le 25 décembre.

— Mais toi ? Tu habites toujours rue Guisarde ?

— Depuis deux ans. Mais comment le sais-tu ?

— Mon petit doigt. Et le boulot, toujours le design ?

— Mon téléviseur, enfin, celui sur lequel j'ai travaillé, va être commercialisé. Tu verras, il s'appelle Téléavia et il est vraiment très beau. En ce moment, je prépare une exposition à la galerie Claude Bernard. Tallon, mon patron, a conçu un poing géant en mousse noire d'un mètre cinquante de hauteur servant d'écran à un programme de projections lumineuses. Et il y a César, un sculpteur, qui présente un énorme pouce.

— Et les amours ?

Delphine le regarde avec attention. Quelle réponse

attend-il ? La semaine de vacances avec Angelo n'a pas été une réussite. Les seules ruines qu'elle a visitées sont celles du Parti socialiste italien qu'Angelo semble vouer aux gémonies.

— J'ai un petit ami. Un peu toi mais à l'envers : grave, engagé politiquement, prenant le monde au sérieux… sauf ses amours. En vérité, je ne sais pas si je compte pour lui… Ni s'il compte vraiment pour moi.

— Si je suis comme tu le dis, pourquoi es-tu là ?

Grand sourire. Delphine fredonne :

— « *Chacun pour soi était r'parti / Dans l'tourbillon de la vie / Je l'ai r'vue un jour près d'mon lit / Qu'est-ce qu'elle fait là je me suis dit !* »

— Très amusant ! Et tu ne veux pas savoir où j'en suis de mon côté ?

Delphine secoue la tête, se penche vers lui, se remet à fredonner sans le quitter des yeux :

— « *Quand on s'est connus / Quand on s'est reconnus / Pourquoi s'perdre de vue / Se reperdre de vue ? Quand on s'est retrouvés / Quand on s'est réchauffés / Pourquoi se séparer ?* »

— Je t'engage, déclare-t-il. Vingt francs par soir.

— C'était qui, à côté de toi, à l'Hôtel-Dieu ?

— Qui quoi ?

— La fille qui se trouvait avec toi dans la voiture… C'était ta petite amie ?

— C'est Madeleine, la maquilleuse du film ! Ne me dis pas que tu es jalouse !

Delphine hausse les épaules, dépose un baiser rapide sur la main d'Olivier.

— Il faut que je file, j'ai du travail. Je peux revenir après-demain ?

— Je vois mal quelle autorité supérieure pourrait t'en empêcher !

Olivier la suit des yeux sans bouger la tête. Répond à son sourire lorsqu'elle referme la porte. Perplexe. Le monde aurait-il changé durant son sommeil ? On s'absente à peine quelques jours, et hop ! on ne retrouve plus rien ! C'est curieux, songe-t-il, je flotte comme si j'étais extérieur à moi-même, désincarné, vide de tout désir.

L'infirmière entre dans la chambre, un plateau à la main.

— Comment va-t-il, le Petit Prince ?

— Je déprime. Qu'est-ce que je vais bien pouvoir faire de ma vie ? Je n'ai envie de rien.

— Ne vous inquiétez pas, ça va revenir. Il ne faut pas essayer de passer en force. Quel âge avez-vous ?

— Quarante et un.

— On vous en donnerait trente ! De quoi vous plaignez-vous ?

— Je n'ai pas connu mon père, je ne connais que trop ma mère, je ne me reconnais pas dans mon fils, j'ai l'impression de passer doucement à côté de ma vie.

— Tout va s'arranger, puisque vous vous en rendez compte. Posez-vous seulement une question.

— Laquelle ?

— Imaginez-vous sur le point de mourir dans votre voiture. Quel serait votre plus grand regret, ce que vous auriez voulu connaître et dont le sort vous aurait privé ?

Perplexe, Olivier se voit sur la chaussée, il sent la fraîcheur du pavé, le sang coule, sa vie défile en quelques secondes. Et dans ce tourbillon d'images, un ange blond aux yeux bleus lui sourit doucement.

4

(Samedi 23 avril 1966)

Devant l'entrée de la rue des Roses, l'ID 19 s'affaisse sur son arrière-train tel un gros chat repu chuintant de plaisir. Pierre jette un coup d'œil à sa montre. Onze heures trente.

— Tu ne rentres pas la voiture ? demande Ariane.

— Non, c'est inutile.

La petite porte près du garage s'ouvre en grinçant, Pierre relève le courrier débordant de la boîte aux lettres. Les volets de la villa sont fermés, il fait gris. Par-dessus la cime des arbres, la flèche d'une grue plane comme un oiseau de proie au-dessus de l'ancienne propriété des Boucicaut. Pierre contemple avec tristesse le terrain de jeux de son enfance. En trois ans, le parc s'est ensauvagé. Depuis le départ d'Odette, le jardinier ne passe plus que très épisodiquement. Ariane lui prend la main, l'entraîne vers l'orangerie.

— Viens, je te montre.

Odile et Ariane ont bien travaillé. C'est beau et c'est propre. Pierre, le cœur oppressé, déambule dans l'ancien atelier de peinture de son père. Son cœur se serre : c'est probablement dans cette pièce qu'à l'automne 1941, Amédée a violé sa sœur Amélie.

— Magnifique, ma chérie.

Pierre observe Ariane qui prend des mesures.

— C'est vrai ? sourit-elle. Ça te plaît ? Ici, ce sera la salle d'accueil…

Il acquiesce en silence. Qu'elle ne sache jamais.

— Et pour Amélie, tu as des nouvelles ?

Pierre sursaute. Par quelle curieuse transmission de pensée évoque-t-elle soudain sa sœur ?

— Quoi, Amélie ?

— La clinique ! Tu connais la date de son transfert ?

— Je le saurai après-demain. Mais il y a un contretemps. Très fâcheux. La place qui devait se libérer à Duroc est toujours occupée. Au moins pour une semaine.

Ariane fronce les sourcils. Amélie est la dernière patiente, les pelleteuses doivent piaffer d'impatience devant la clinique de la rue Villaret-de-Joyeuse.

— Comment s'appelle le successeur de Bompart ?

— Briand.

— Il ne peut rien faire ?

— Il me dit qu'il a fait le maximum. Que j'aurais dû m'occuper du problème beaucoup plus tôt. Je suis désolé, je me suis laissé déborder. Je crois qu'il va falloir que nous prenions ma sœur à Vaugirard en attendant. Si ça se confirme, j'irai la chercher mardi ou mercredi. Ça ne me réjouit vraiment pas, je t'assure. Il faudra la surveiller comme le lait sur le feu.

— Ne t'inquiète pas, dit Ariane, une semaine, nous devrions nous en sortir. Viens, allons voir la villa.

— Je fais le tour du parc et je te rejoins.

Pierre ouvre la porte, s'efface pour laisser passer sa femme. Contrairement à elle, ce petit séjour d'Amélie dans l'appartement l'inquiète énormément. Que se passerait-il si sa sœur rencontrait Delphine ? Il n'ose y penser. Cela fait vingt-quatre ans qu'Amélie réside dans sa clinique, à cultiver ses fleurs sans jamais en sortir. Comment va-t-elle réagir à l'extérieur ?

En traversant le jardin, Pierre songe à Jean-Noël. Lui non plus n'a pas de demeure, à part ce cercueil miniature que Valentin a fabriqué et enterré au pied du cèdre. Le sentiment d'oppression qui l'a assailli dans l'orangerie ressurgit violemment. Pourquoi la fratrie a-t-elle été déchiquetée à ce point ? Des souvenirs remontent en chapelets, éclatent comme des bulles à la surface d'un étang : la « Grosse Bertha », cette ogresse d'acier déversant ses obus sur Paris, qui lui avait fait si peur quand il était petit, le sourire de sa mère, le rire de son père…

— Pierre ?

— Oui ?

— Tu viens ?

Ariane l'attend sur le perron.

— Comment vas-tu t'organiser ? demande-t-il.

— Je ne sais pas encore. Je voudrais tirer parti de la double adresse, rue des Roses et rue Antoine-Petit. Je pense mettre la salle d'opération au premier étage, dans les anciens appartements d'Odette.

— Pour le ménage, il te faudra vraiment quelqu'un de sûr, observe Pierre. Tu penses qu'Odile pourrait venir ?

— Je lui en parlerai. Mais elle vieillit. Elle m'a confié qu'elle aimerait bien rejoindre sa sœur au village.

— Remarque, je ne l'imagine pas vraiment travaillant dans un centre d'accueil clandestin, répond Pierre. Tu permets ? Je voudrais passer rapidement au sous-sol.

La porte de la villa Godin est entrouverte. Le litcage a été changé de place, l'établi a disparu, le buffet Henri II est noyé sous les toiles d'araignées. Pierre serre les dents. Odette ! Quel besoin avait-elle de violer ce sanctuaire ? Par le fenestron, il contemple le cèdre dont les branches se balancent au gré du vent. Valentin serait heureux de le voir si vigoureux.

— Ça va, papa ? murmure-t-il en regardant le ciel.

— Très bien, fiston. Ne fais pas attention. Elle a mis un peu de désordre mais ce n'est pas grave. Tu vas reprendre tout cela en main. Es-tu heureux ?

— Pas vraiment.

— Il faudrait que tu apprennes…

— Je sais.

— Imagine-toi que je te connais comme si je t'avais fait ! Le problème, c'est que tu te dis que le malheur est nécessaire pour écrire. Il faudrait choisir. On ne peut pas gagner sur tous les tableaux !

— Tu es bien perspicace, pour un pauvre menuisier !

— Oui. Et ce CAP, ça vient ?

— J'ai peur que ce ne soit encore remis. Malraux aimerait que je revienne.

— Et tu vas y aller, évidemment.

— Oui.

— Eh bien, vas-y. Il a bien de la chance, ce Malraux. Moi aussi, j'aimerais que tu reviennes plus souvent.

— C'est promis. Au revoir, papa.

— Salut, fiston. Embrasse tout le monde.

Pierre quitte la pièce en refermant la porte un peu plus sèchement qu'il n'est nécessaire. Il lui semble avoir perçu une sorte de désapprobation concernant Malraux. Sacré Valentin, toujours les bonnes questions. A-t-il raison de retourner rue de Valois ?

*

(Samedi 23 avril 1966)

— Mais non, Dadou, je rentrerai avant minuit !

Son regard de menteur éhonté est limpide comme l'eau innocente. Elle en sourit.

— Tu as de l'argent ?

Serge sort son billet de cinquante francs, le fait claquer entre les doigts. Largement de quoi passer la soirée.

Un week-end par mois, Odette accueille son petit-fils avenue du Président-Kennedy tandis que Roger entraîne Colette en Ariège dans une grotte aménagée en « labo ouvert » : son gentil dragon Proterius s'y épanouit dans l'obscurité. Chez Odette, Serge dispose d'une chambre donnant sur la terrasse et d'une salle d'eau personnelle. Elle lui a confié une clé dont il use volontiers pour inviter quelques copains lorsqu'elle n'est pas là, au grand dam des voisins qui n'apprécient guère le rock, fût-il aussi « harmonique » que celui des Beach Boys. Grâce à ses apparitions dans les feuilletons-photos de *Cœur à prendre*, le jeune homme dispose d'un budget mensuel assez conséquent pour s'approvisionner en vêtements, friandises et 45 tours. Odette lui a par ailleurs offert une guitare électrique qu'il a étrennée quinze jours auparavant avec quelques copains. Il s'est proclamé leader du groupe qu'il a baptisé Maldoror. Il compte mettre en musique et chanter des collages de Lautréamont : « *Voici la folle qui passe en dansant / tandis qu'elle se rappelle vaguement quelque chose / comme la rencontre fortuite sur une table de dissection / d'une machine à coudre et d'un parapluie...* »

Les copains apprécient, du bout des lèvres.

En sortant de la station Richelieu-Drouot, Serge remonte le col de son blouson de cuir et peste contre la pluie qui va abîmer ses bottes Acme achetées à prix d'or à Clignancourt. De l'autre côté du carrefour, au-dessus de l'enseigne lumineuse du café d'Angleterre, celle du Golf Drouot, rouge vif, ensanglante le boulevard des Italiens.

— Tu vas voir, prévient-il, c'est marrant... Même si ce n'est plus la grande époque des débuts d'Eddy et des Chaussettes Noires.

Christine accueille avec un intérêt admiratif ce jugement éclairé, sans réaliser un instant que son auteur n'avait alors que dix ans et qu'il jouait probablement encore aux billes. Son aisance, son bagout, son insolence, son argent : il l'impressionne. Peut-être plus qu'il ne lui plaît ; en comparaison, elle se sent idiote, pauvre petite apprentie dactylo ne présentant d'autre intérêt que de se laisser copieusement peloter durant toute une séance de cinéma. Mais il semble avoir ses entrées partout et c'est elle qui l'a supplié de l'emmener au paradis du rock.

En la précédant dans l'interminable escalier dont le mur de droite est recouvert de miroirs, Serge réfléchit au meilleur mode opératoire. Cette petite oie se laisse tripoter les seins sans faire trop d'histoires mais pour aventurer une main sous sa jupe, c'est une autre chanson. Ça ne va pas être du tout cuit ; pourtant, dans sa classe, trois garçons ont déjà couché. Les veinards ! La meilleure tactique serait peut-être de l'emmener dîner au Quartier latin puis de l'inviter à prendre un verre rue Gay-Lussac, ça la rassurerait sûrement d'être traitée avec autant d'égards. Mais si la concierge les voit, scandale assuré auprès du beau-père. Non. Le mieux serait d'attendre que Dadou s'absente quelques jours.

Sur le palier du premier étage, le panneau indique le nom des groupes français qui participeront au concours de vendredi : Rocking Beats, Pionniers, Zodiaques, Fire Stones, Rockers. Serge affiche une moue des plus expressives. C'est bien simple, à côté des Animals, des Birds ou des Rolling Stones, le rock français n'existe pas. Il entraîne Christine vers la gauche, longe le bar, entre dans la grande salle avec le juke-box. Larsen, le DJ, n'est pas encore arrivé.

— Je t'offre un Coca ? demande Serge.

— Oui, merci.

— Ils ne servent pas d'alcool, c'est dommage.

— Je ne bois jamais d'alcool, de toute façon. Et je ne fume pas.

— Ah, bon ! Tu n'as aucun vice, alors ? lance Serge.

— Pas celui auquel tu penses, en tout cas !

Quelle conne, celle-là, songe-t-il en s'approchant du bar. Je perds mon temps avec cette cruche. Mais il faut reconnaître qu'elle est drôlement bien roulée.

Il se retourne, le regard traversé par un éclair cruel.

— Qu'est-ce que tu penses de Godard ?

— Je ne sais pas. C'est un cycliste, non ?

Le visage du jeune homme s'illumine d'un sourire carnassier.

— Mais oui, bien sûr, et un bon encore ! Ah, ça ! Faut le voir dans l'ascension du Tourmalet, la manière qu'il a de laisser les autres sur place. Ce ne sont que des figurants à côté de lui. Mais Godard, il trace sa route sans attendre personne, Godard, il ne fait pas de cinéma !

Christine lève des yeux interrogatifs : il se fiche d'elle ou quoi ? Mieux vaut changer de sujet ; le sport, elle n'y connaît vraiment rien.

— Tu as aimé le film ? demande-t-elle pour faire diversion. Moi, j'ai trouvé très émouvante cette rencontre. Et puis, quand ils marchent main dans la main sur la plage…

— Tu parles ! C'est de la guimauve… du roman-photo en couleurs, comment peut-on aimer un truc pareil !

— Tu y joues bien, toi, dans les romans-photos !

— Oui, mais seulement pour me faire du fric !

— Alors c'est quoi, le bon cinéma ?

— La Nouvelle Vague. Et les films noirs américains.

— Ah oui ! Les films de gangsters ! C'est bien aussi.

Qu'est-ce que je fous là ? se répète Serge. Elle va bientôt me parler d'*Intervilles* ou de *La Caméra invisible*… Il pose quelques pièces sur le bar, adresse son plus beau sourire à la fille.

— Tu m'excuses, je reviens tout de suite.

Deux minutes plus tard, il s'engouffre dans la bouche de métro et consulte le plan pour rejoindre le Quartier latin. Olivier n'aime pas le voir à L'Heure Bleue, mais c'est un cas de force majeure.

*

(Mardi 26 avril 1966)

Le bureau qu'occupait le docteur Bompart à la clinique Villaret de Joyeuse n'a pas changé. Des rideaux verts et rouges à galons dorés, lourds et poussiéreux. Des dossiers bleus empilés jusqu'au plafond. Un bureau Directoire et une lampe Empire, à moins que ce ne soit l'inverse. Par la porte-fenêtre ouverte, Pierre aperçoit sa sœur qui traverse le jardin, un arrosoir à la main.

— Ne vous inquiétez pas, déclare le docteur Briand. Amélie peut parfaitement vivre chez vous une semaine. D'ailleurs, si je peux me permettre, je ne suis pas sûr qu'elle ait encore besoin de soins.

— Vous croyez qu'elle pourrait sortir définitivement ?

— Je n'ai pas dit cela. Bompart ne le pensait pas.

— Vous m'avez assuré que Duroc était bien…

— C'est parfait pour elle. Il y a un jardin, plus grand que celui-ci, elle pourra continuer à s'occuper des plantes. Et venir vous voir quand elle le souhaite.

Pierre signe les papiers de décharge, Briand lui tend un dossier bleu.

— Le dossier médical de votre sœur. Vous le remettrez au docteur Vergniaud, à Duroc.

— Vous l'avez lu ? demande Pierre.

— Bien sûr.

— Dans les moindres détails ?

— Oui.

— Avez-vous des recommandations ?

— Non. Juste une question : est-ce que… sa fille vit encore avec vous ?

— Delphine est notre fille, docteur, la fille d'Ariane et de Pierre Ormen. Mais pour vous répondre, non, elle n'est plus chez nous. Et, rassurez-vous, je n'ai aucune envie qu'elle croise Amélie. Une éventuelle rencontre ne serait-elle pas à très hauts risques ?

— Je ne le pense pas. D'après son dossier, votre sœur a totalement occulté le… ce qui s'est passé avant la naissance. Delphine Ormen n'est que sa nièce. Pauvre enfant. Est-elle au courant de quelque chose ?

Pierre suit des yeux la silhouette d'Amélie qui s'agenouille devant un rosier.

— De rien, docteur. Elle n'est au courant de rien. Et j'espère que ça va continuer.

— Je vais demander qu'on fasse rentrer votre sœur dans sa chambre, dit Briand. Vous êtes en voiture ? J'ai trois grosses valises à vous remettre…

*

Le soleil fait luire les pavés de la place de l'Étoile et nimbe la chaussée de l'avenue d'une brume légère. Au loin, l'obélisque de la Concorde semble émerger d'une mer de nuages.

— Et les chevaux, ils sont où ? s'étonne Amélie.

Pierre s'arrête au feu rouge de Franklin-Roosevelt, se retourne, lui sourit.

— Il n'y a plus de chevaux, Amélie. Il n'y a plus que des autos à Paris.

Durant tout le trajet, sa sœur regarde les rues défiler avec effarement. Ariane, assise à côté d'elle, lui tient la main. Mal à l'aise : une petite fille de quarante-trois ans, c'est très déstabilisant. La grâce de l'enfance est toujours là, le visage ne présente pas la moindre ride, mais quelques cheveux blancs attestent du temps qui passe.

La circulation est fluide ce matin. La Citroën s'engage sur le boulevard Saint-Germain sans rencontrer le moindre feu rouge puis tourne à droite dans la rue de Seine avant de déboucher rue de Vaugirard.

— On y est, annonce Pierre. On arrive au Luxembourg. Tu te souviens du Luxembourg ?

Amélie ouvre de grands yeux. Non.

— Montez toutes les deux, dit-il en s'arrêtant devant le 38, je vais me garer. Je m'occuperai des valises plus tard.

Ariane et Amélie descendent de voiture. La grande porte de l'immeuble est ouverte, elles passent devant la loge de la concierge dont le visage apparaît puis disparaît aussitôt derrière le rideau.

— C'est Mme Crié, tu te souviens de Mme Crié ?

Durant l'ascension des cinq étages, Amélie n'a pas levé la tête, le regard fixé sur le tapis rouge et les barres de cuivre. Ariane sort sa clé, ouvre la porte de l'appartement.

— Et voilà, annonce-t-elle d'une voix un peu trop enjouée, nous sommes chez nous !

Amélie s'avance dans l'entrée, pousse timidement la porte qui mène au salon, inspecte les deux divans, la bibliothèque, la table de monastère, examine soigneusement chaque objet, chaque bibelot, chaque tableau. À la vue du balcon, elle se précipite vers les plantes qu'elle contemple avec ravissement. Ariane entrouvre la porte-fenêtre.

— Elles manquent un peu d'eau, remarque Amélie. Je vais m'en occuper.

— Oui. Mais d'abord, je te montre ta chambre.

Amélie quitte le balcon à regret. Odile a préparé la chambre bleue, près du bureau de Pierre.

— Voilà, tu vas dormir là. Elle te plaît ?

— Je voudrais rentrer.

— Rentrer ? Mais où veux-tu aller, ma jolie ?

— Chez moi, dans ma chambre…

— Tu vas avoir une nouvelle chambre, avec un très grand jardin. Mais il faut attendre quelques jours. Tu veux bien ?

— Oui, je veux bien. S'il y a un grand jardin.

— Qu'est-ce qui te ferait plaisir ? Un jus de fruit ? Un biscuit ?

Amélie ne répond pas.

— Et pourquoi Amédée ne vient-il jamais me voir ? demande-t-elle brusquement sans se retourner.

Ariane s'approche d'elle, lui pose une main sur l'épaule. Dans la cour, des voisins entreposent les vieilleries qu'ils ont sorties de leur cave.

— Tu l'aimes bien, Amédée…

— Ben oui, c'est mon grand frère.

— Vous jouiez beaucoup ensemble…

— Ben oui…

Ariane entend s'ouvrir la porte d'entrée.

— Tiens, c'est Pierre, dit-elle en prenant Amélie par la main. Viens, on va l'aider.

— Mais où est Amédée ? insiste Amélie sans bouger d'un pouce. Il va passer me voir ?

— Bien sûr. Mais il travaille beaucoup, il est rarement à Paris, il a ouvert une galerie de peinture à Genève. Tu le verras plus tard.

Pierre traîne une lourde valise qu'il pose devant la chambre bleue.

— Tout va bien, chérie ? J'en ai monté une ! Et toi, Amélie ? Comment te sens-tu ?

Amélie s'est allongée sur le lit, elle examine ses mains avec attention.

— Elle est un peu perdue, chuchote Ariane. Elle a réclamé Amédée. Je lui ai dit qu'il était à l'étranger, en Suisse.

Pierre se fige.

— Elle n'a rien dit d'autre ?

— Rien.

— Bon. Tu as prévenu Odile ? Elle a compris ?

— Oui, je lui ai encore parlé ce matin. Quand nous ne serons pas là, elle ne la quittera pas des yeux, pas une seconde.

Pierre contemple sa sœur qui a fermé les yeux, les bras plaqués le long du corps. Une gisante.

— C'est fou ce qu'elles se ressemblent, murmure-t-il. Viens, ne restons pas là.

Ariane referme soigneusement la porte.

— Je croyais voir Delphine sur le lit, reprend Pierre. C'est vraiment hallucinant. Il faut à tout prix éviter qu'elle mette les pieds ici avant qu'Amélie ne soit admise à Duroc.

— Je serai vigilante, promet Ariane. Mais je me demande parfois pourquoi nous ne lui avons pas avoué la vérité. Si nous avons eu raison d'inventer cette histoire de bébé dans la rue.

Pierre allume deux cigarettes et lui en tend une.

— Nous avons très bien fait, affirme-t-il. Ma sœur a fait un déni de grossesse. Et à la suite d'un viol, elle est devenue folle. Comme contexte familial, pour un enfant, il y a mieux !

— Tu as raison, dit Ariane sans conviction. On a bien fait.

Pierre se laisse tomber dans le divan, attrape la main de sa femme pour qu'elle vienne près de lui. Oh, oui ! songe-t-il, on a très bien fait. Certaines vérités doivent être dites et d'autres tues. Comme disait Hugo, la vérité est comme le soleil : elle permet de tout voir mais pas qu'on la regarde en face.

*

(Mardi 3 mai 1966)

Dix heures moins dix ; rien ne presse. Avant de monter à l'appartement, Delphine s'accorde un petit tour au jardin pour le simple plaisir de tirer la langue à Verlaine et saluer la belle Valentine de Milan.

Sur le court numéro un du Luxembourg, l'un des tennismen ressemble vaguement à Olivier. Pensive, Delphine s'assied sur un banc. Quand Olivier est sorti de sa rééducation, en novembre dernier, elle a vainement attendu qu'il se manifeste d'une manière ou d'une autre. N'avait-elle pas fait les premiers pas ? Ne lui avait-elle pas déclaré son amour une nouvelle fois ? Que lui faut-il de plus ! Hier, en compagnie de Louis, elle est allée voir *Pierrot le fou* au Bonaparte. La scène du piano avec Olivier a effectivement été coupée. Mais quand Devos s'est mis à psalmodier « Est-ce que vous m'aimez ? », elle a failli fondre en larmes.

L'Olivier en short blanc un peu trop court rate un coup droit facile et frappe rageusement la terre battue avec sa raquette. *Comediante !* Delphine sourit, abandonne le spectacle et rejoint le 38.

— Bonjour, madame Crié !

— Oh ! Delphine. Ça fait longtemps !

La concierge est sortie de sa loge. Elle marche difficilement, tête penchée, Delphine se demande comment elle peut encore sortir les poubelles. Que va-t-elle devenir ? A-t-elle de la famille qui pourrait l'accueillir ?

— Et vos tourterelles, où sont-elles ?

— Elles sont mortes, ma pauvre chérie, toutes d'un seul coup, ça a été affreux. Tu te souviens comme tu aimais les regarder quand tu étais petite ? Je te vois encore dans les bras de ta maman ; impossible de passer devant la loge sans aller les voir… « oiseau, oiseau » ; ça a dû être ton premier mot !

Delphine sursaute. Elle ne lui a jamais demandé.

— Vous vous souvenez de ma naissance ?

La concierge hésite.

— Oh, c'est loin ! Je ne sais pas si c'est très bien de parler de ça.

— Mais vous savez qui est ma mère ?

— Qui pourrait le savoir, petite ? Mme Ormen n'était pas enceinte, ça, j'en suis sûre. Et le bébé de Mme Bronstein, Dieu ait son âme, a été emmené avec les autres dans l'autobus.

Delphine soupire. Ce n'est pas aujourd'hui qu'elle connaîtra la vérité. Et il y a peu de chances que ce soit demain ou après-demain.

Mme Crié fronce les sourcils, semble se plonger dans une intense réflexion.

— J'avais du courrier pour toi, petite. C'est curieux, mais je ne sais plus si je l'ai donné à ta maman ou si je l'ai mis quelque part, ça me reviendra, repasse me voir tout à l'heure.

— Du courrier ?

— Je suis presque sûre que c'était pour toi. Mais je n'ai plus toute ma tête, je ne devrais pas te dire ça, mais c'est vrai, je suis trop vieille pour tout ça. Tu ne m'en veux pas ?

— Mais non, madame Crié. Ne vous inquiétez pas, vous êtes parfaite.

Delphine salue la vieille femme d'un petit geste de

la main et grimpe au cinquième en songeant à ces lettres. Qui peut bien lui écrire à cette adresse ?

Devant la porte de ses parents, elle respire profondément, tire sur sa robe pour effacer les plis. Pourquoi ne l'invitent-ils plus ? Hier, comme la semaine précédente, ils ont encore décommandé le dîner du samedi. Les jumeaux sont soumis au même régime ; depuis que tante Amélie est là, le reste de la famille est prié d'aller voir ailleurs.

— Bonjour, maman…

— Bonjour, ma chérie… Je ne t'attendais pas…

— Papa est là ?

— Non, il est sorti. Tu as besoin de quelque chose ?

— Pas vraiment. Je passais. Tante Amélie habite toujours chez vous ?

— Oui. Je crois qu'elle dort. Demain, nous l'emmenons à la clinique Duroc, ce sera parfait pour elle. Ça a pris du retard. Mais il est temps que ça se fasse, il faut vraiment la surveiller en permanence.

— Comment est-elle ? Cela me fait tout drôle de savoir qu'elle est là, tout près : je vais pouvoir enfin la rencontrer !

— Tu sais, elle a vraiment peur de tout, elle prend des anxiolytiques et…

— Je peux la voir, je ne dérangerai pas ?

Avant qu'Ariane n'ait formulé la moindre réponse, Delphine ouvre doucement la porte de la chambre bleue, passe la tête. Personne. Le lit est vide.

— Elle n'est pas là.

Ariane fronce les sourcils.

— À la cuisine, peut-être ?

Toutes deux font le tour de l'appartement. Amélie est introuvable.

— Il lui arrive de sortir seule ? demande Delphine.

— Non. Parfois, je l'accompagne au Luxembourg, mais c'est tout.

— Elle pourrait quitter l'appartement sans que tu le voies ?

Ariane pâlit. Elle se rend sur le balcon, se penche, observe la rue de Vaugirard.

Sur la droite, au coin de la rue Guynemer, les passants s'attroupent autour d'une voiture arrêtée au milieu du carrefour. Alors que l'on entend au loin une sirène de police, un épouvantable pressentiment l'envahit.

*

Ariane passe un bras autour des épaules de sa fille assise à côté d'elle. Elle ne peut effacer l'image d'Amélie gisant sur la chaussée, la tête ensanglantée. Et cette femme hagarde qui répétait sans cesse aux agents de police : « Elle s'est jetée sous mes roues, elle s'est jetée sous mes roues ! » Elle lutte pour retenir ses larmes. Comment a-t-elle pu laisser Amélie s'échapper ?

— Vous êtes de la famille ?

— C'est ma belle-sœur, répond Ariane en se levant.

Le médecin semble soucieux.

— C'est grave, madame. Elle a perdu beaucoup de sang, il lui faut une transfusion d'urgence.

Ariane soupire de soulagement : Amélie n'est pas morte.

— Pas de problème, répond-elle, je suppose que vous avez des stocks. Sinon, je suis donneur universel.

— Ce n'est pas aussi simple, malheureusement. Son groupe sanguin est très rare, extrêmement rare. C'est un Oh, qu'on appelle également Bombay. Et les Oh ne sont pas compatibles avec les groupes A, B ou même O ; ils ne peuvent recevoir qu'un sang portant le même phénotype de Bombay. C'est rarissime, encore une fois, une chance sur quelques millions. Le seul espoir est qu'un membre de la famille soit du même groupe. Cela arrive. Mais la transfusion doit être faite immédiatement.

Ariane blêmit. Elle et Pierre sont O+, elle le sait. Ça ne colle pas. Elle tente de rassembler ses idées : la seule personne susceptible d'être Oh est Amédée. Est-il seulement possible de le joindre ?

— Il y a son frère, dit-elle au médecin. Mais je ne sais pas s'il est à Paris.

Le visage du médecin s'assombrit.

— J'ai peur que votre belle-sœur ne soit condamnée, madame.

Ariane, désemparée, se tourne vers Delphine. Que faire ? Soudain, l'évidence s'impose, brutale. Sans quitter Delphine des yeux, elle s'entend dire d'une voix blanche :

— Il y a peut-être une solution, docteur. Analysez le groupe sanguin de ma fille… Il y a une petite chance.

Les yeux de Delphine s'écarquillent.

— Mais, maman ?

— Ne discute pas, chérie. Je t'expliquerai plus tard. Si tu es du même groupe sanguin qu'Amélie, tu veux bien donner ton sang ?

— Évidemment ! Mais…

— Dépêche-toi, suis le docteur, on parlera plus tard.

*

Lorsque Delphine pousse la porte de la salle d'attente, elle aperçoit son père et sa mère assis côte à côte, silencieux. Deux spectres. La tête lui tourne légèrement, ses jambes flageolent. Quelle quantité de sang lui ont-ils prélevée ?

Pierre se lève précipitamment.

— La concierge m'a prévenu, j'arrive à l'instant. Pauvre Amélie, le destin s'acharne. Comment ça s'est passé, chérie ?

— C'est fait, dit Delphine. Je suis vidée, ils m'ont tout pris.

— Assieds-toi !

Le père, la mère et la fille s'observent en silence. Aucun d'entre eux n'ose prendre la parole. Delphine s'assied sur le banc, prend son visage dans ses mains, tente d'organiser ses pensées sans céder à la panique. Elle est de la famille, le médecin le lui a certifié : une Ormen. Mais comment, par qui ? Durant la transfusion, toutes les hypothèses ont tournoyé dans sa tête, toutes plus impensables les unes que les autres. Elles ne sont pas si nombreuses : elle ne peut être la fille que d'un des enfants de Valentin. C'est-à-dire quatre personnes : Pierre, son père, Amélie, sa tante, Amédée et Jean-Noël, ses oncles. À moins que Valentin n'ait eu d'autres enfants, on ne sait jamais.

La fille de Pierre ? C'est grotesque, pourquoi m'aurait-il caché mon origine, même si Ariane n'est pas ma mère biologique ? Cela n'a pas de sens. La fille d'Amédée que Pierre et Ariane auraient accepté d'élever avec son accord ou sur sa prière ? Mais pourquoi ? Pour protéger l'enfant du passé de collabo de son père biologique ? Ridicule. La fille d'Amélie, pour me cacher que je suis la fille d'une folle ? Pourquoi ne pas me l'avoir dit à ma majorité ? J'aurais compris et ils le savent. La fille de Jean-Noël, alors ? Possible également. Mais, une nouvelle fois, pourquoi ne me l'auraient-ils pas dit ?

Une pensée épouvantable s'impose. Si on lui cache la vérité, c'est que cette vérité est insupportable. Indicible. Elle pourrait être la fille que Valentin aurait eue d'une maîtresse, l'enfant tardif du péché, elle serait alors la sœur de son père ! Quel âge avait grand-père en 1942 ? Cinquante-neuf ans... C'est tout à fait envisageable. Mon Dieu, quelle horreur !

Delphine lève les yeux vers Pierre, cherche une réponse. Qui ne vient pas. Il marche de long en large, les mains croisées derrière le dos, tête baissée. Delphine va vers lui, questionne d'une petite voix :

— De qui suis-je la fille, papa ? De Valentin, c'est cela ?

Pierre se fige, estomaqué. Mais elle est folle !

Delphine consulte sa mère du regard. Qui ne quitte pas Pierre des yeux.

— Merde, ça suffit !!! Vous allez me répondre, à la fin ?

Ariane se lève, s'approche de sa fille, détache une mèche de cheveux collée au front par la transpiration.

— Oui, nous allons te répondre.

Ariane cherche ses mots, bafouille, se lance :

— D'Amélie, ma chérie. Nous voulions te le dire depuis un moment, c'est aujourd'hui nécessaire : Amélie est ta mère, ta mère biologique.

Delphine encaisse, assommée. La folle. Elle est la fille de la folle ! Elle scrute le visage de son père.

— Mais pourquoi me l'avoir caché ?

Pierre soutient son regard.

— Je vais te dire ce que nous savons. En juillet 1942, Amélie a accouché d'une petite fille. Toi. Personne n'avait vu que ma sœur était enceinte, pas même elle. Cela s'appelle un déni de grossesse, le corps ne change presque pas. Après son accouchement, elle a occulté ta naissance. Dans sa tête, elle n'avait jamais été enceinte, elle n'avait jamais eu d'enfant. Elle était très perturbée, je l'ai emmenée dans une clinique, chez Bompart, un ami de mon père, pour la faire soigner. C'est pour cette raison que nous t'avons caché que tu es la fille d'Amélie. Pour te protéger. Et aussi parce que tu es notre fille, ma chérie. À Ariane et à moi.

Delphine ne parvient pas à chasser l'image d'Amélie gisant sur la chaussée, sa mère, qu'elle voyait pratiquement pour la première et peut-être pour la dernière fois. Elle considère froidement son père. Il ne va pas s'en tirer aussi facilement, elle veut toute la vérité.

— Et mon vrai père, qui est-ce ?

Pierre la regarde au fond des yeux. Jamais. Pour Amélie, ils n'ont pas eu le choix. Mais avouer qu'elle est le fruit d'un inceste, c'est impossible. Ni elle ni Ariane ne doivent savoir. Il respire profondément.

— À la clinique, quelques jours après l'hospitalisation d'Amélie, le docteur qui s'occupait d'elle m'a dit qu'elle refusait tout dialogue, qu'elle niait ta naissance. Malgré tous nos efforts, elle n'a jamais parlé.

Delphine encaisse, tremblante. Elle s'entend conclure d'une voix étonnamment calme, presque étrangère à elle-même :

— Pour résumer, on ne saura jamais qui est mon père biologique et ma mère est devenue folle à ma naissance, c'est ça ?

Pierre secoue la tête.

— Non, Delphine, pas à ta naissance. Amélie a

toujours été fragile psychologiquement, car elle se sentait responsable de la mort en couches de sa propre mère, Marie-Thérèse. Ta naissance a été le déclencheur d'une psychose qui était latente.

Des larmes salées ruissellent sur les joues de Delphine, tout se mêle et s'emmêle, l'origine de sa naissance, les mensonges de ses parents, sa mère biologique à peine retrouvée qui hésite entre la vie et la mort. Elle retourne s'asseoir sur le banc, refuse le mouchoir que lui tend son père. Il s'assied près d'elle, tente de passer son bras autour de ses épaules, elle se dégage brutalement.

— C'est dégueulasse.

— Qu'est-ce qui est dégueulasse, ma chérie ?

— C'est dégueulasse, c'est tout.

Pierre ne répond pas. Oui, c'est dégueulasse. Delphine est née sans être désirée, pire, sans même exister aux yeux de sa mère. Comment vivre avec un tel déni ? Lui et Ariane l'ont aimée immédiatement, tellement aimée… Mais cela remplace-t-il le désir d'une mère ? Il se sent démuni, terriblement coupable, le chagrin de sa fille lui vrille le cœur.

La double porte des urgences s'ouvre sur le médecin, il s'avance vers eux, les traits tirés.

— Madame Ormen ?

— Oui, docteur. Voici mon mari, le frère d'Amélie. Comment va-t-elle ?

Le médecin pose doucement sa main sur le bras de Pierre.

— Je suis désolé. Nous n'avons pas pu la sauver.

*

— Tu fumes, maintenant ?

Delphine fouille dans la boîte à gants, saisit une boîte d'allumettes, allume rageusement une Gauloise du paquet d'Ariane. La fumée est âcre, elle tousse, c'est immonde. Et Amélie, ce n'est pas immonde ? Au moment où elle apprend qu'elle est sa mère, elle lui échappe pour toujours. À côté du chagrin, elle sent la colère monter en elle. Pierre et Ariane n'ont jamais cessé de lui mentir. Par omission dans un premier temps, délibérément dans un second. Être une enfant trouvée, c'est vraiment dur à vivre, et ils s'en sont fichus complètement. Pierre devrait comprendre, pourtant. Savoir d'où l'on vient, il ne cesse de s'en gargariser dans ses foutus bouquins. C'est ignoble, lâche, égoïste, comment a-t-il pu entraîner Ariane dans ce naufrage ? Elle se sent vidée, le cœur en morceaux, elle ne veut plus les voir.

— Arrête-moi là !

Ariane ralentit, se range le long du trottoir à la hauteur du métro Duroc.

— Delphine, ma chérie…

Delphine descend de la voiture, jette sa cigarette dans le caniveau, claque la portière.

Ariane a baissé sa vitre :

— Delphine, s'il te plaît…

Sa fille se penche, la regarde dans les yeux.

— Je ne veux plus vous voir ! Tu entends ? Je ne veux plus vous voir !

Ariane, livide, la regarde dévaler les marches de la bouche de métro sans se retourner.

*

La porte de L'Heure Bleue est entrouverte. Delphine déchiffre la petite ardoise : Jean Obé, Romain Bouteille, Les Enfants terribles, François Lalande, Pia Colombo. Elle écarte le rideau de velours, cligne des yeux pour s'habituer à la pénombre. Olivier est au piano, accompagnant une femme brune dont on ne distingue que le visage, un visage lunaire qui ruisselle d'émotion sous le pinceau du projecteur.

— « *Et je me souviens, la petite Juive / Elle me disait viens / Elle était jolie / On faisait des bêtises / Ou on ne faisait rien / Elle s'appelait Lise / Et je m'en souviens…* »

Delphine écoute, subjuguée. *La petite Juive*. Elle se rappelle le jour où sa sœur Marie lui avait révélé qu'elle n'était pas la fille de Pierre et d'Ariane. Qu'elle était une petite juive, le bébé Bronstein sauvé de la rafle. C'était il y a dix ans, pratiquement jour pour jour, un dimanche, comme aujourd'hui. Déjà, ce jour-là, elle était venue se réfugier ici. Pourquoi a-t-elle ce besoin d'Olivier dans les moments de détresse ? Est-ce cela, l'amour ? Elle s'approche silencieusement du piano, entoure le cou d'Olivier de ses bras, le serre contre elle.

— Delphine ! s'écrie-t-il en tournant la tête. Comment ça va, belle princesse ?

Delphine retient ses larmes. Lui seul peut l'aider.

— Coulée, dit-elle. J'ai besoin d'un alcool fort. Je dérange ?

— Mais non, on avait presque terminé. Ça va, Pia ? Tu m'acceptes comme accompagnateur ?

— C'est parfait, je vous laisse. Je serai là vers 11 h 30.

Olivier entraîne Delphine vers le bar, lui sert un whisky.

— Que se passe-t-il ?

Delphine respire profondément. Elle hésite puis lâche d'une petite voix :

— Ma mère est morte !

Olivier écarquille les yeux.

— Ariane ?

— Mais non, Amélie. Amélie, c'était ma mère.

Olivier la regarde, interloqué. Choqué. Amélie, la belle Amélie avec laquelle il jouait à cache-cache à Fontenay ! Amélie, qu'il s'était toujours promis d'aller voir à la clinique, ce qu'il n'a jamais trouvé l'occasion de faire en vingt-quatre ans. Quant à cette filiation, il est surpris mais, curieusement, pas vraiment étonné. On ne peut pas faire plus Ormen que Delphine.

— Qu'est-il arrivé ?

Delphine boit une gorgée, fait la grimace. C'est fort.

— Elle était sortie de sa clinique, temporairement. Elle a été renversée par une voiture, pratiquement devant l'appartement des parents.

Olivier l'attire contre lui, lui caresse les cheveux.

— Je suis vraiment désolé, dit-il. Et tellement triste. Amélie, c'était un peu ma sœur. La pauvre, elle aura eu une drôle de vie… Si on peut appeler ça une vie, enfermée chez les fous !

— Elle n'était pas totalement folle, rétorque Delphine.

— Elle a toujours été fragile, poursuit Olivier. Très sensible. Je me souviens, dès que l'un de nous faisait une bêtise, elle pleurait et voulait être punie aussi ! Nous, pourtant, on s'en fichait de la punition, ça glissait sur nous comme l'eau sur les plumes d'un canard ! Amélie… Elle avait mon âge !

— Elle est morte, Olivier. Je ne sais plus qui je suis, je ne sais plus ce qui me fait de la peine…

— Comment as-tu su qu'elle était ta mère ?

Delphine explique. Le médecin. Le groupe sanguin.

— Et ton père, ton père biologique, qui est-ce ?

— On ne sait pas. Un ami de la famille, un soldat allemand, un résistant, quelqu'un du château des Boucicaut, que sais-je. Maintenant qu'elle est morte, je ne le saurai jamais. Qu'est-ce que je vais devenir, Olivier ?

— Ce que tu étais et que tu seras toujours : la fille de Pierre et d'Ariane. Il faut que tu considères Amélie comme ta tante. C'est ta mère, si on veut, mais tu n'existais pas pour elle, elle n'existait pas pour toi, il n'y a jamais eu d'amour entre vous. Ta vraie mère, c'est Ariane !

Delphine hoche la tête, reprend son verre, le vide d'un trait. Une horrible chaleur l'envahit.

— C'est surtout le mensonge que je n'arrive pas à encaisser. Pourquoi m'ont-ils menti ?

Olivier hausse les épaules.

— Tu le sais bien. Pour te protéger !

— Mon cul, comme dirait Zazie ! Je ne veux plus les voir, je ne remettrai plus les pieds chez eux. Ressers-moi !

— Ce n'est pas raisonnable. Pour tes parents comme pour l'alcool. Tu vas être malade.

— M'en fous. Ressers-moi.

Olivier saisit la bouteille de Vat 69, remplit le verre. À moitié.

— T'es un beau salaud, dit Delphine.

Olivier la regarde, saisi :

— Moi ?

— Tu m'as laissée tomber, après ta rééducation !

— Mais pas du tout ! C'est toi qui m'as laissé tomber ! Je t'ai écrit deux fois, à Vaugirard !

— Mais pourquoi pas rue Guisarde ?

— Je ne savais pas si je pouvais… Il y avait l'autre… Il n'y a plus ?

Delphine le regarde, touchée :

— Tu m'as écrit ?

— Deux messages que j'ai laissés à la concierge, je n'ai jamais eu de nouvelles.

Delphine vide à nouveau son verre, le repose sur le bar en chancelant.

— Ah ! Mme Crié… Depuis qu'elle n'a plus ses tourterelles, elle est gâteuse, elle avait oublié de me les donner !

Delphine se lève, s'affale après quelques pas, fait tomber un tabouret qui en entraîne un autre dans sa chute. Olivier se précipite, la soutient d'un bras autour de sa taille.

— Viens, dit-il, je t'emmène en vitesse rue du Pot-de-Fer, tu pourras t'allonger et te reposer.

— Dans ton lit ?

— Oui, dans mon lit.

— Et tu restes avec moi ?

— Je vais m'arranger. Je t'accompagne à la maison, je reviens, et dès que Gisèle arrive, je te rejoins.

— J'ai trop bu, Olivier. Trop et trop vite.

— Je sais.

— J'ai trop bu parce que j'ai trop de peine.

— Je sais.

— Si tu sais tout, tu sais que je t'aime ?

Olivier la serre contre lui, l'embrasse sur la tempe.

— Moi aussi, répond-il en lui caressant les cheveux, moi aussi je t'aime. Allez, viens…

*

Sur la place de la Contrescarpe, quelques naufragés de la vie veillent autour d'un litron et d'un réverbère. Olivier s'engage dans la rue Mouffetard en méditant sur les caprices du destin : la concierge du 38 et ses tourterelles ont bien failli les séparer pour longtemps. Il change de trottoir pour éviter deux militaires qui tanguent dangereusement, dépasse Les Cinq Billards qui va bientôt fermer. Gisèle n'a fait aucune difficulté pour assurer la soirée. D'autant que le dimanche, la salle reste désormais aux trois quarts vide. C'est la même chose partout, à L'Échelle de Jacob, à L'Écluse, à la Galerie 55 : maisons de campagne et télévision sonnent la fin des cabarets, sans compter les taxes qui augmentent sans cesse et les artistes qui veulent être déclarés. Et Gainsbourg qui crache dans la soupe chez Denise Glaser : « La chanson rive gauche ? Ça n'existe plus, alors, autant s'amuser, autant faire du rock, ça c'est marrant ! »

La fin des cabarets ressemble à celle d'Amélie. Certains êtres ou certaines choses n'ont peut-être plus leur place dans la société qui s'annonce. Trop fragiles, trop délicats. Plutôt que retourner leur veste, ils repartent d'où ils viennent, discrètement, sans déranger personne.

Pauvre Amélie, morte sans avoir connu sa fille.

Avant de repartir pour la rue du Pot-de-Fer, Olivier s'est décidé à appeler Vaugirard malgré l'heure tardive. Pierre, très inquiet, revenait de la rue Guisarde. Olivier l'a rassuré en lui disant que Delphine était avec lui, qu'il s'occupait d'elle, qu'il avait bon espoir qu'elle appelle ou qu'elle passe à Vaugirard dans la journée de lundi. Pierre l'a remercié, un peu sèchement lui a-t-il semblé, avant de lui passer Ariane, qui s'est montrée nettement plus chaleureuse.

Les grosses poubelles en fer de l'immeuble sentent toujours aussi mauvais ; avec l'été caniculaire qui se profile, cela va devenir épouvantable. Olivier gravit les deux étages, ouvre la porte, se dirige vers le lit.

— Tu dors ?

Delphine s'est enveloppée dans les draps, une jambe hâlée pend à l'extérieur. Abandonnée, le visage perdu dans ses cheveux, elle dégage une mèche d'un geste lent et soupire :

— Oui, dit-elle en se redressant, sans se préoccuper de cacher sa poitrine. J'ai mal au crâne. Quelle heure est-il ?

— L'heure de prendre un café bien fort, je vais préparer ça. À moins que tu ne veuilles encore dormir ?

Complètement réveillée, Delphine sourit :

— Le café peut attendre. Il y a plus urgent…

— Quoi ?

Elle l'attire sur le lit, le force à s'allonger près d'elle.

— Delphine, s'il te plaît, j'en ai vraiment très envie mais je t'assure, ce n'est pas le moment.

Elle déboutonne sa chemise, embrasse un torse aussi glabre que celui d'un adolescent.

— Au contraire. C'est enfin le moment… Embrasse-moi.

Les yeux cernés par le chagrin lui donnent une allure de beauté tragique, à peine démentie par le rose du désir sur ses joues. Olivier pose ses lèvres sur les siennes. C'est doux et sucré. Elle murmure :

— Est-ce que je t'ai dit que je t'aimais ?

— Oui, tu me l'as déjà dit.

— Est-ce que je t'ai dit que je t'aime depuis l'âge de quinze ans et que je t'aimerai toujours ?

— Non, tu ne me l'as pas encore dit.

Il avance une main, caresse un sein, baiser tendre, peau douce, amour offert. Leurs jambes s'emmêlent. Delphine soupire de bonheur. A-t-on le droit de faire l'amour quelques heures après la mort de sa mère ? Tout ce qu'elle sait, c'est qu'elle attend ce moment depuis huit ans.

*

(Mercredi 4 mai 1966)

— Bien dormi ? Il est 7 heures, jeune fille ; je suppose que tu travailles ?

Olivier la contemple avec ravissement. Les seins ronds, les épaules carrées, les fines attaches. Malgré l'alcool et la nuit agitée, elle resplendit. C'est au réveil, pense-t-il, que l'on sait vraiment si on aime ou non.

— Il faut que j'aille au Luco, dit-elle, ma Vespa est en panne.

— Je t'emmène, je jetterai un coup d'œil.

Le cœur de Delphine se dilate de bonheur, qu'il est doux de savoir que quelqu'un va s'occuper d'elle, qu'elle ne sera plus jamais seule. Elle s'étire longuement, contemple Olivier amoureusement. Olivier, merveilleux, attentif et doux. Elle aime sa voix, elle aime ses cheveux, elle aime son corps, elle aime sa peau, elle aime ses innombrables cicatrices qu'elle a longuement caressées du doigt. Sur le plateau, deux croissants et un jus d'orange accompagnent le pot de café.

— Comment s'appelait la fille que tu accompagnais au piano, hier ?

— Pia Colombo.

— Tu es content ? Ça marche bien ?

— Tu parles ! Le cabaret se casse la gueule, j'arrive à peine à couvrir les frais. Et toi, dans ton agence ?

— Ça va. Il est question que je passe chef de projet. Mais je ne sais pas si je suis vraiment faite pour ça… Je travaille mon personnage d'Apolline, j'aimerais bien un jour pouvoir publier quelques dessins. Mais j'adore Roger, j'aurais beaucoup de mal à le quitter.

Olivier se verse une tasse de café, prend une moitié de croissant.

— Et Angelo, ton amoureux, tu en es où ?

— Tu le connais ?

— Je ne le connais pas. Tu m'en as parlé à l'hôpital !

— C'est terminé depuis huit mois. Au début il m'a fait beaucoup de bien, il m'a permis de t'oublier. Et puis tu as eu ton accident, j'ai eu peur de te perdre, je me suis rendu compte que c'était fini. On n'y arrivait plus de toute façon, il ne connaissait que deux mots : baiser et révolution. De drôles de types défilaient chez lui, ça venait, ça repartait, j'avais l'impression de vivre dans une gare routière.

Olivier sourit.

— Tu vas voir ta… Ariane tout à l'heure ?

Le visage de Delphine se ferme. Amélie. La transfusion.

— J'ai honte, dit-elle, je n'y pensais plus. Oui, je vais y aller. Voir si je peux faire quelque chose. L'enterrement, tout ça… Aider papa.

— C'est bien, chérie. Embrasse-les pour moi. Tu passes ce soir rue Descartes ?

— Je ne sais pas. Ça dépendra. Quelle heure est-il ?

— Sept heures et quart.

— On a un peu de temps. Viens.

Olivier enlève le plateau, se glisse sous les draps, se serre contre le corps tout chaud. Une brioche, songe-t-il, une brioche qui sort du four. Douce et sucrée. Jamais il n'a éprouvé une telle volupté. Et jamais il n'a eu aussi peur de mal s'y prendre avec une femme.

*

Amédée remercie son frère d'avoir appelé et raccroche lentement le combiné. La mort d'Amélie le laisse désemparé. Des images de nattes blondes, de fous rires et de serments d'enfants se bousculent. C'est donc fini maintenant. Par sa faute, l'aiguille du temps est restée bloquée pendant vingt-quatre ans mais c'est terminé. La disparition d'Amélie lui semble valoir la rémission de ses péchés. L'enterrement ? Non, il n'ira pas. Pas question de croiser le regard de son frère, pas question de voir Delphine après tant d'années. Est-ce encore sa fille ? Il en doute. Lorsqu'elle avait une dizaine d'années, il traînait des heures au Luxembourg, dissimulé, afin de l'apercevoir. Puis il avait cessé ce petit jeu de cache-cache. À quoi bon ? Il y a deux ans, en passant en voiture rue de Vaugirard, il avait vu une jeune femme sortir de l'immeuble. Pendant un court instant, il avait pensé qu'il s'agissait d'Amélie. Les yeux rivés sur elle dans le rétroviseur, il avait failli renverser un cycliste. Puis il avait compris. C'était la fille, bien sûr. Sa fille. Une étrangère.

Amédée se rend au bar, se sert un whisky, s'assied sur l'accoudoir du canapé en se regardant dans la glace, grimace devant les progrès de sa calvitie. Pauvre Amédée, il vieillit, le beau jeune homme. Et pauvre Amélie. Finalement, c'est peut-être mieux ainsi. Adieu, jolie Amélie, j'espère qu'il existe un paradis des amours enfantines et que je t'y rejoindrai un jour, débarrassé des tourments de cette chienne de vie.

— C'était qui, Charles ?

— Mon frère. Rien d'important. Il m'appelle environ une fois tous les dix ans.

Sonia s'approche, ajuste son peignoir, lui prend le verre des mains.

— Merci. Il n'y a pas de glace ?

Amédée se lève, ouvre le petit réfrigérateur encastré dans la bibliothèque. Fais ceci, fais cela, elle s'imagine quoi, cette petite pute, qu'il est à ses ordres ? Tout en démoulant les glaçons, il la regarde à la dérobée : long cou de cygne, épaules menues, hanches étroites, de grands yeux verts, une bouche à rêver. La beauté l'a toujours ému, consolé de tout. Sonia est plus que belle, gracieuse. Il aime la regarder mais aussi la soumettre, la battre, la punir. Quand il pense à son petit cul rebondi strié de coups de fouet, il sent son sexe qui bande à l'idée de la posséder sur-le-champ, de lui faire mal, de l'humilier. Au terme de deux ans de bigamie, Sonia a enfin choisi son camp : le sien. Il lui a acheté un studio coquet dans le quartier de la Madeleine, offert quelques bijoux et lui assure un train de vie très honorable. En contrepartie, elle prend en charge le secrétariat de la galerie avec un certain talent, accepte sans broncher de se faire fouetter attachée par des menottes au radiateur de la chambre, parvient à le faire jouir trois fois de suite. À lui faire frôler l'accident cardiaque.

— Desforet ne devait pas rappeler ? demande-t-il.

— Si. Il a prévenu qu'il passerait demain matin à la galerie.

Desforet est devenu une relation privilégiée. Il y a deux ans et demi, Amédée lui a rendu un grand service en lui présentant un acquéreur pour son Chenavard aux origines suspectes. En guise de remerciement, Desforet a introduit Amédée dans le premier cercle des soutiens au jeune ministre des Finances.

— Vous verrez, c'est l'avenir, ne cesse-t-il de dire, il succédera à Pompidou à Matignon.

En attendant l'avenir, Amédée a bétonné le présent en devenant un membre actif des Républicains indépendants. Il a obtenu l'investiture du Parti dans la vingtième circonscription de Paris pour affronter en mars le candidat UNR, Habib-Deloncle, secrétaire d'État à l'Éducation nationale. Amédée sait pertinemment qu'il n'a aucune chance, mais ces législatives constituent un baptême du feu et une expérience utile pour les élections ultérieures.

Sonia s'approche :

— Tu ne m'avais jamais dit que tu avais un frère…

— Si peu.

— Qu'est-ce qu'il fait ?

Amédée s'en étranglerait de bonheur. Enfin quelqu'un qui ne lit pas, qui ne connaît pas le nom d'Ormen, que ce soit l'écrivain ou la violoniste ! Sonia, ma petite pute inculte, je t'adore.

— Il est comptable ! Dans une cour !

— Il n'y a pas de sot métier, jette-t-elle en dévoilant une cuisse d'un blanc laiteux. Tu m'emmènes déjeuner chez Prunier ?

Amédée acquiesce en soupirant. Homard au champagne, comme d'habitude, et trois cents francs d'addition. Cette fille va le ruiner mais, bon Dieu ! qu'elle est désirable avec ses petits seins, sa taille incroyablement flexible et ses fesses rondes comme des pommes. Le cul de Sonia, mystère des enchaînements souterrains, le ramène à Desforet. Il est curieux que le banquier ne lui ait pas reparlé de cet ami d'ami en quête d'un Picasso. Il lève les yeux vers le Steiner sous lequel est cachée *L'Heure bleue*. Beaucoup plus sûr que dans la cave. Combien vaut le tableau ? Invendable, sans doute. Mais quelle tête ne feraient pas les commissaires préparant l'expo Picasso de novembre s'ils savaient que le mythique « Bleu + 8 » – comme ils l'appellent – se trouve à quelques centaines de mètres du Grand Palais ?

— Je vais m'habiller, déclare Sonia.

Amédée acquiesce. Fais-toi belle, ma jolie, je veux que tous les hommes te désirent. Et sois tranquille, tu ne perds rien pour attendre.

Sonia observe son protecteur à travers ses longs cils, il a envie d'elle, elle le sait. Qu'ils attendent, lui et son petit cirque sadique à la gomme. Ce sera quand elle le décidera.

— Tu devrais nous mettre de la musique, dit-elle.

La musique, pour Sonia, se résume à Claude François, Françoise Hardy et Michel Polnareff. Amédée sort *A Love Supreme* de sa pochette, l'essuie soigneusement et pose délicatement le disque sur la platine. Il adore John Coltrane. Et Parker. Et Mingus.

*

(Lundi 9 mai 1966)

Au cimetière de Fontenay, la solennité du caveau – dessiné par Valentin – est adoucie par un décor luxuriant de feuillages. Au-dessus de la porte, un angelot joufflu et dénudé joue du luth. Valentin a voulu que la dernière demeure familiale soit spacieuse. Il y repose au centre, entouré désormais de Marie-Thérèse, sa première femme, et de leur fille, Amélie.

Pierre observe Delphine à la dérobée. Près d'Olivier, visage grave, sa fille semble perdue dans ses pensées. Bien que cette relation le déconcerte – sa fille avec son presque frère – il doit reconnaître qu'ils forment un beau couple : elle, légèrement appuyée sur son épaule, lui, protecteur. Pierre soupire : il n'aimait pas Angelo qui, à l'évidence, ne rendait pas Delphine heureuse, mais le cœur d'artichaut d'Olivier l'inquiète. Les séducteurs invétérés sèment le malheur.

La semaine a été glaciale : Delphine s'est montrée distante, hautaine, ne répondant à leurs questions que du bout des lèvres. Elle leur en veut. Près de la montagne de roses expédiées par Marie, Mme Farge, venue spécialement de Savoie, discute avec sa sœur Odile. Odette, malgré le petit mot que Pierre lui a fait porter, ne s'est pas dérangée. Amédée n'est pas là non plus, comme il l'avait laissé entendre au téléphone. Pierre rejoint Ariane et les jumeaux qui attendent près de la sortie.

— On y va ? lance-t-il en regardant l'heure.

Il est prévu de déjeuner à Vaugirard, rapidement, d'un repas froid. Pierre conduira ensuite Mme Farge à la gare de Lyon.

— Je prends Delphine et Olivier, dit François à son père. Tu te charges des Savoyardes ?

— Je passe devant ; tu me suis ?

Julien a sorti la Chenard et Walcker qu'il a décapotée. Pierre contemple le monstre avec tendresse : dans les années 1920, il leur arrivait de s'y entasser à sept – Valentin, Odette et les enfants – pour aller pique-niquer dans la forêt de Fontainebleau. Dix minutes plus tard, les voitures quittent le cimetière de Fontenay et rentrent vers Paris.

— Delphine, dit François en scrutant le visage de sa sœur dans le rétroviseur, tu as l'intention de faire la gueule encore combien de temps ?

— Ça dépend, répond-elle en se collant contre Olivier. Toi et Julien, vous étiez au courant, pour Amélie ? Vous saviez que c'était ma mère ? Si c'est le cas, ça va durer très longtemps.

— Arrête, s'il te plaît… Quand tu es née, c'était la guerre, nous avions cinq ans, Julien et moi. Papa a toujours dit que tu étais une enfant trouvée, qu'ils t'avaient adoptée. À cinq ans, on écoute ce que disent les parents.

— Et mon père, qui est-ce ? Tu le sais ?

— Ton père, c'est Pierre, nous, on est tes frères, et toi, tu nous emmerdes !

Olivier approuve en silence. Elle va trop loin avec ses histoires. Lui non plus n'a pas de père. Et il a décidé de ne pas en faire une maladie. Sa mère lui a pourtant laissé entendre un jour qu'il pourrait être le fils du grand Lucien Guitry, ce qui ferait de lui le frère de Sacha. La classe ! Mais il a également été le fils de Charles Boyer, de Victor Francen et de Charles Vanel.

Ce qui laisse penser qu'il est plus probablement le fils d'un régisseur de plateau.

— Tu as parlé de moi à ton boss ? interroge François pour changer de sujet.

— Oui. Il est d'accord pour te rencontrer. Uniquement pour me faire plaisir.

En quête de budgets publicitaires, François a demandé à sa sœur de le présenter à Roger Tallon, très introduit auprès d'importants groupes industriels.

— Tu as signé pour Sarlino ? questionne-t-elle.

— C'est pratiquement fait. C'est un beau budget, ils commercialisent une sorte de linoléum souple qui imite le marbre, le carrelage ou le parquet, ils envisagent une grosse campagne dans la presse et à la radio. Julien espère les convaincre de passer au cinéma, il rêve de réaliser un film.

La Simca entre dans Paris par la porte d'Orléans. L'évocation d'un film publicitaire rend François songeur. Chaque fois qu'il se rend au cinéma, le petit bonhomme de Jean Mineur avec son piolet ne le fait pas franchement sourire. Et pan ! dans le mille, en plein cœur ! Jamais il n'a eu de nouvelles de Leila. Et depuis tout ce temps, cinq ans déjà, il multiplie les rencontres sans jamais réussir à s'attacher. Si Delphine ressasse la question de sa naissance, il n'est pas mieux loti avec ses amours : impossible de faire le deuil de la belle Kabyle.

— C'était là, Olivier ?

À la vue du Lion de Belfort, Olivier frissonne. Oui, c'était ici, il pleuvait et il a failli y laisser sa peau. Tout ça pour une scène coupée au montage. C'était pourtant une belle scène, ce piano au bord de l'eau. Il saisit la main de Delphine, la caresse par-dessus, par-dessous, par-dessus, par-dessous, et chantonne en imitant Raymond Devos :

— « Est-ce que vous m'aimez ? »

*

(Vendredi 8 juillet 1966)

Le Garage est situé en sous-sol, derrière le Drugstore Saint-Germain. Delphine y attend Raoul Lévy, cinéaste et propriétaire de la boîte de nuit, afin de faire le point sur les sièges qu'il a commandés à l'agence en novembre. Les Zombies, ces chaises évoquant des fantômes, plaisent beaucoup à Lévy mais les clients n'osent pas s'y asseoir, pensant qu'il s'agit d'œuvres d'art. Devant son café et quelques gribouillis sur une nappe en papier, Delphine grommelle. Fait du boudin, comme dirait Mme Farge. Elle se sent lasse, en dépit des succès qui s'accumulent : le Téléavia devient un phénomène de société, toute la presse en parle comme d'un « nouveau langage formel », la petite Fnac du boulevard de Sébastopol l'a mis en avant, Roger est ravi. Et depuis, les sollicitations, les projets, les études se multiplient.

Après avoir présenté les nouvelles créations à son client, puis s'être laissé inviter à déjeuner Aux Charpentiers – pratiquement en bas de chez elle –, Delphine retourne vers l'église devant laquelle elle a laissé sa Vespa. Elle attache ses cheveux, noue un fichu, se promet d'acheter un casque : pénible à porter mais plus prudent. Au croisement de la rue Jacob et de la rue Bonaparte, un agent fait traverser les enfants. Delphine s'arrête à la hauteur du 39, un de ces nouveaux bus équipés d'un sas arrière des plus disgracieux. Les autobus de son enfance disparaissent les uns après les autres, encore quelques années et on ne verra plus les plateformes à l'air libre dont on pouvait descendre en marche, dos à la rue, évidemment.

Elle traverse la Seine et rejoint la rue Royale. Le magasin d'antiquités de son oncle se trouve à cinquante mètres, rue du Faubourg-Saint-Honoré. Elle a longuement hésité avant de l'appeler. D'après Mme Farge, avec laquelle elle a bavardé un moment en sortant du cimetière, il était très proche de sa sœur Amélie, on ne pouvait pas les séparer lorsqu'ils étaient enfants. A-t-il été la voir à la clinique, lui qui l'aimait tant ? Pourquoi n'est-il pas venu à l'enterrement ? Peut-être pourra-t-il répondre à la question qui la taraude ? À travers la vitrine, elle aperçoit une femme plutôt corpulente en train de poser une toile sur un chevalet. Il lui semble reconnaître *Le Bassin aux Nymphéas* de Monet. Delphine pousse la porte, cherche Amédée.

— Madame ?

— J'ai rendez-vous avec M. Ormen.

Ghislaine observe avec intérêt les cheveux blonds, le nez, les yeux bleus. Ce n'est pas une cliente. Quelqu'un de la famille, indéniablement. Peut-être la nièce d'Amédée, la fille de son frère, l'écrivain.

— Vous voulez sans doute parler de Charles de Beaurepaire ? Il ne va pas tarder. Je vous offre un café ?

Delphine pouffe intérieurement. Pourquoi pas comte, pourquoi pas duc Charles-Émile de Beaurepaire ?

— Non, je vous remercie. Le tableau en vitrine, ce n'est pas l'original ?

Ghislaine émet un petit rire de gorge.

— Non, bien sûr. C'est un faux Monet… mais un vrai Steiner. Il y a un marché pour les copies de qualité.

Delphine examine les lieux. Quelques meubles de belle facture et des tableaux à profusion, aux murs, sur chevalets. Elle retourne vers la vitrine, regarde l'animation de la rue. Un homme se faufile adroitement entre les voitures et s'approche de la galerie dont il ne tarde pas à pousser la porte : blond, yeux bleus, pommettes hautes, un Ormen, pas de doute. Il lui sourit, soulève son chapeau.

— Delphine ? C'est bien toi ? Désolé, je suis un peu en retard.

Elle examine son oncle : c'est la première fois qu'elle le voit. Bel homme, fatigué. Il ressemble étonnamment à Pierre.

— Enchantée.

Il se penche pour l'embrasser, elle lui tend la main, cérémonieusement. Les battements de cœur d'Amédée se sont accélérés. Le portrait d'Amélie !

— Je te présente Ghislaine, mon associée.

Delphine incline légèrement la tête.

— Viens, enchaîne-t-il, je t'emmène en face prendre un pot.

Ghislaine suit des yeux les jambes de Delphine. Une beauté. Très à son goût. Que vient-elle donc faire ici ? Elle pensait Amédée fâché à mort avec toute sa famille.

*

Sous l'éclairage trop cru du Royal d'Anglas, ils s'observent en silence. Delphine, mal à l'aise, pense à ce que dirait son père s'il la savait ici. Amédée, vaguement inquiet, attend de connaître la raison de ce rendez-vous. Un peu ému, également : jamais il ne l'a vue d'aussi près.

— Vous n'êtes pas trop triste de la mort de votre sœur ? demande-t-elle.

— Si. Je l'aimais beaucoup. Qu'est-ce que tu bois ?

— Un café.

Amédée lève la main pour faire signe au garçon, passe commande en ajoutant une fine à l'eau.

— Que puis-je pour toi ? s'enquiert-il en déployant son plus beau sourire Émail Diamant.

Delphine le fixe droit dans les yeux.

— Vous saviez que j'étais la fille d'Amélie ?

Amédée scrute son visage. C'était donc cela. Comment l'a-t-elle appris ? En sait-elle plus ? Non, certainement pas ; elle ne serait pas aussi calme. Et surtout, elle ne serait pas là.

— Tu en es sûre ?

— Pierre me l'a confirmé. Mais c'est par le médecin que je l'ai appris. Je suis d'un groupe sanguin très rare, Oh, et Amélie l'était aussi.

Amédée s'efforce de rester impassible. Nom de Dieu ! Pourvu qu'elle ne le questionne pas sur son groupe à lui.

— Et ton… ton père ? risque-t-il.

— Inconnu. C'est pour cela que je viens vous voir. Mme Farge m'a confié que vous étiez inséparables, Amélie et vous, alors peut-être savez-vous quelque chose…

Amédée soupire de soulagement. Le groupe sanguin s'éloigne. Et Amélie n'a pas parlé.

— Je ne sais pas, Delphine, personne ne sait. Et désormais, personne ne le saura jamais.

— Mais vous étiez très liés, elle ne vous a fait aucune confidence ?

Amédée tressaille, tente de mettre ses idées en place. Que lui a dit Pierre ?

— Non. Ni à moi, ni à Pierre. Peut-être s'en est-elle ouverte à Valentin, qui sait…

Le garçon dépose les consommations sur le guéridon.

— Voilà, monsieur Charles.

Delphine sort un paquet de Royale, allume une cigarette. Mauvaise pioche. Son oncle ne sait rien et si Pierre apprend qu'elle est venue le voir, il va être fou furieux. Amédée semble avoir deviné les pensées de Delphine.

— Tu veux peut-être savoir pourquoi nous sommes fâchés, ton père et moi ?

— Oui, j'aimerais bien.

— Ça restera entre nous ?

Delphine boit son café sans le quitter des yeux.

— Juré.

Amédée se penche vers elle :

— Ton père pense que je suis responsable de la mort de Jean-Noël.

Delphine le regarde, sidérée :

— Et vous l'êtes ?

— Pas du tout. J'ai même tenté de le sauver. En faisant appel à ce qu'on appelait « mes mauvaises fréquentations ». Mais ça n'a pas marché.

— Pourquoi ne lui avez-vous pas dit ?

— Tu le sais peut-être, j'ai été condamné à la fin de la guerre pour collaboration. J'ai tenté de lui parler, de lui expliquer, mais il n'a jamais voulu m'entendre, il ne me l'a jamais pardonné.

Delphine hésite puis se lance :

— On raconte aussi que vous avez dénoncé les Bronstein, les voisins de Vaugirard…

Amédée se trouble.

— Je ne les ai pas dénoncés, mais j'ai sans doute ma part de responsabilité dans leur arrestation. À l'époque, ils se cachaient sous le nom de Bronville. En parlant d'eux dans un dîner, j'ai prononcé Bronstein par inadvertance. Et tout s'est enchaîné.

Delphine finit son café, appelle le garçon pour en commander un autre. Son oncle est un drôle de personnage. Il faut pourtant lui reconnaître un certain courage : un salaud qui assume, ce n'est pas si fréquent !

Amédée boit sa fine à l'eau à petites gorgées.

— Voilà, tu sais tout, dit-il. Tu as d'autres questions ?

— Non, j'espérais sans trop y croire que vous pourriez m'aider. J'ai d'abord été la fille de Pierre et d'Ariane, ensuite le bébé Bronstein sauvé de la rafle du Vél' d'Hiv', puis un nouveau-né trouvé dans la rue, et, enfin, la fille d'Amélie et d'un inconnu. C'est dur à porter.

Amédée secoue doucement la tête.

— Désolé. Je ne sais rien de plus.

Il cherche au fond de son cœur quelques élans de fibre paternelle. En vain. Cette fille est belle, elle semble intelligente, mais elle reste une étrangère, irrémédiablement. À défaut de l'aimer, peut-être peut-il l'aider ?

— Parle-moi un peu de toi.

Delphine explique brièvement ce qu'elle fait chez Technès.

— Tu es bien payée ?

— Pas mal.

Amédée songe soudain qu'il pourrait rédiger un testament en faveur de sa fille biologique. S'il meurt demain, c'est Pierre qui hérite ! Et à la mort de Pierre, sa fortune serait partagée entre ses quatre enfants ! Hors de question !

Delphine attend la suite. Perplexe. Quelque chose la dérange chez cet oncle trop aimable. Un long silence s'installe, qu'Amédée rompt le premier d'un ton faussement enjoué.

— Et l'héritage de mon père ? Ça s'est réglé ?

— Négociation. Odette a gardé les terrains de La Croix-Valmer, papa le reste.

— C'est bien ! J'avais vraiment peur qu'il ne se fasse totalement tondre par la mère Odette ! Tout de même, dix-huit hectares en bord de mer près de Saint-Tropez, elle s'est bien débrouillée, la garce. Enfin, tant mieux pour ses héritiers, quel âge a-t-elle ? Soixante-cinq ? Soixante-dix ?

— Je ne sais pas. Si. Elle avait quinze ans de moins que grand-père. Les héritiers ont encore le temps.

— Tu sais que ça vaut un argent fou, ces terrains ? Quand je pense qu'ils vont sortir de la famille !

Delphine fronce les sourcils. Curieuse réflexion, pour un homme qui a refusé sa part d'héritage ! Et plutôt cocasse : si elle se marie un jour avec Olivier, les terrains de La Croix-Valmer pourraient bien revenir à leur point de départ.

Elle se lève, pose une pièce sur le marbre malgré les protestations d'Amédée.

— Il faut que je parte, conclut-elle. Cette rencontre reste entre nous, d'accord ?

— Nous sommes d'accord. Je peux t'embrasser ?

Delphine tend une joue, se laisse embrasser en frissonnant : il y a chez cet homme quelque chose de glaçant.

*

(Vendredi 22 juillet 1966)

Tout. Elle adore tout. Lui, le quartier, l'appartement. La fenêtre est ouverte. De l'autre côté de la cour, assise sur une chaise légèrement en retrait dans une pièce faiblement éclairée, une femme allaite son bébé en s'éventant. Accoudée à la rambarde, Delphine laisse dériver ses pensées dans la nuit naissante. Dans une semaine, Olivier fermera le cabaret pour les vacances d'été. Quinze jours à Paris, puis autant en Grèce. Elle se retourne, examine le petit salon. Les deux tableaux, les poutres, le petit réchaud noir, les chaises dépareillées, le buffet campagnard dont un pied, manquant, est remplacé par des livres. C'est charmant. Elle cherche à se souvenir de sa première visite. Quel âge avait-elle ? Quinze ans et demi ?

Olivier s'approche en sifflotant, l'enserre dans ses bras, l'embrasse dans le cou. Merci l'accident, songe-t-elle. Par un curieux chemin, son destin s'est scellé sous le signe du lion, place Denfert-Rochereau. Depuis leur première nuit, les jours sont une fête : il est drôle, surprenant, attentionné. Elle admire ses qualités de pianiste de bar, sa connaissance de la chanson française, son flair de dénicheur de talents, son petit grain de folie et sa modestie. Un jour, elle le sait, elle aura un enfant de lui. Un héritier de l'amour et de leurs talents réunis. Mais chaque chose en son temps. Elle profite de l'instant, elle est heureuse, tout simplement.

Évidemment, le partage entre deux adresses n'est pas très pratique. Il lui faut tout en double. Quand il sera prêt pour une vie commune, elle cherchera un appartement situé équitablement à mi-chemin entre la rue du Pot-de-Fer et la rue Guisarde. Et ils s'installeront. À vue de nez, ça devrait tomber exactement au centre de la salle de lecture de la bibliothèque Sainte-Geneviève.

— Cadeau !

Olivier lui tend un paquet, papier bleu, ruban rose. Tout de même pas une layette !?

— Bon anniversaire, mon ange. Une semaine de retard mais ce n'est pas grave. Tu peux déchirer le papier !

Delphine va s'attabler, ouvre délicatement. Dans une boîte, elle découvre le musicassette dont tout le monde parle, un appareil signé Philips permettant d'enregistrer et d'écouter. La boîte contient trois minicassettes : deux vierges et une troisième sur laquelle est inscrit « Romance du bien-aimé ».

— Je l'ai enregistrée pour toi, sourit Olivier, hier soir, au piano.

Sur ses instructions, elle appuie sur la touche « play ». La voix d'Olivier emplit la pièce. Trop émue par cette chanson créée spécialement pour elle, Delphine coupe le son et embrasse l'amour de sa vie.

— Merci, chéri, je préfère l'écouter quand je serai seule. Quand partons-nous ?

— Dans dix minutes.

Il s'assied, la prend sur ses genoux.

— Tu sais que je suis allée voir Amédée ? demande-t-elle en allumant une Royale.

— Oui, mais tu ne m'as pas raconté. Je n'ai pas voulu me montrer indiscret.

— Vous étiez amis, quand vous étiez petits ?

— Pas vraiment. Quatre ans, c'est une différence

d'âge importante. Quand j'avais dix ans, Amédée portait des pantalons longs et jouait au monsieur. Les grands – Jean-Noël et Pierre – étaient déjà des adultes. Amélie, qui était de mon âge, aurait pu jouer avec moi. Mais elle ne quittait jamais Amédée. J'étais de la famille sans en être vraiment. Sauf pour Mme Farge.

— Est-ce qu'il y a eu quelque chose, un drame, entre Pierre et Amédée, lorsqu'ils étaient jeunes ?

— Pas à ma connaissance. Ton père était un enfant triomphant, tout lui réussissait. Je crois qu'il a eu le premier prix au Concours général de français. Valentin l'adorait, c'était l'aîné. Amédée avait huit ans de moins, il ne pouvait pas lutter, huit ans, c'est impossible à rattraper. Par ailleurs, Amédée était un enfant renfermé. Enfin, d'après Mme Farge, il n'avait pas toujours été comme ça. Elle le décrivait comme un gamin joyeux, drôle, tendre. Vers sept ans, il est devenu très fragile, tout pâlot et on l'a envoyé à la montagne. Quand il en est revenu il n'était plus le même. Que s'est-il passé là-bas ? S'est-il senti abandonné ? Ou autre chose ? En tout cas, il a tout gardé pour lui. Je me souviens qu'il était difficile. Ma mère ne le supportait pas. Et je crois que ton grand-père ne l'aimait pas non plus. Pauvre Amédée, heureusement qu'il avait Amélie !

Delphine hoche la tête.

— C'est tout ?

— C'est tout ce que je sais… Pas grand-chose, car je suis parti très tôt, ça n'allait pas très bien avec ma mère.

— Raconte…

— Dès douze ans, je fuguais à Paris par le train. Un jour, par hasard, j'ai rencontré le petit Mouloudji place

Saint-Michel, on est devenus copains, il m'a fait entrer dans la bande à Prévert, comme lui deux ans plus tôt. C'était en 1936. J'ai fait l'enfant dans quelques films, *Les Disparus*, *La Guerre des gosses*. Plus tard, grâce à Ariane, j'ai suivi des cours de théâtre chez Dullin. Fin 1941, à dix-sept ans, j'ai quitté définitivement Fontenay pour sillonner la France avec La Roulotte, une troupe dans laquelle j'ai rencontré Jean Vilar. C'est ce qui m'a permis ensuite d'entrer au TNP. Tu vois, sur le plan parental, je n'ai pas eu une enfance plus heureuse que celle de ton oncle Amédée.

— Et ton fils, Serge, il est heureux, lui ?

— Je crois. Pourquoi ?

— Tu ne le vois jamais. Tu deviendras un jour grand-père sans savoir que tu as eu un fils !

— À propos de fils, reprend Olivier pour changer de conversation, c'est vrai pour Marie ?

— Il paraît. Elle vient à Paris dans deux mois avec Jules. Tu parles d'un prénom !

— Tu sais ce que j'aimerais ? Qu'elle accepte de venir jouer avec moi quelques soirs, piano et violon, comme Léo Ferré et Léo Noël, on interpréterait *La Complainte de Mackie.*

Olivier se met à chanter : « *Sur les bords de la Tamise / Le sang coule dans la nuit / On périt les poches vides / Poches pleines, quelqu'un fuit…* »

— Tu me fais peur ! murmure Delphine en se collant à lui.

— C'est pour mieux te consoler, mon enfant. Tu crois qu'elle pourrait accepter ? On ferait le plein. Le plein de sous, surtout, ça ne nous ferait pas de mal…

— Je lui demanderai. Elle est assez folle pour

accepter. J'emporte l'appareil ce soir, je vais essayer d'enregistrer. Qui assure le dernier numéro ?

— Fanon.

— Et toi, tu es au piano ?

— Non, France est là.

— Dommage. J'adore quand tu joues. Pourquoi ne chantes-tu pas tes propres chansons ? Elles sont belles. Et tu chantes bien.

— Un jour, peut-être. Mais pas chez moi. Quand j'aurai fait faillite, j'achèterai un orgue de Barbarie, je prendrai une licence de chanteur de rue à la préfecture et j'irai pousser la chansonnette dans les cours.

— Je t'accompagnerai. Je m'habillerai en gitane, je danserai et je ramasserai les pièces.

— En attendant, habille-toi en jeune fille de bonne famille. Nous avons du beau monde, ce soir.

— Qui donc ?

— Rien de moins que tes propres parents, mon trésor !

*

(Mercredi 21 septembre 1966)

Pierre contemple son immense bureau comme pour mieux l'apprivoiser. Tout a été très vite. Trop vite peut-être. Le 9 août dernier, Malraux l'a convoqué rue de Valois pour le prier de prendre en charge la réorganisation de l'action culturelle. Comme d'habitude, ce fut sans le moindre « bonjour » ou « comment allez-vous ? ». Droit au but vers les musées, vers les maisons de la culture, vers le théâtre, comme s'ils avaient interrompu leur conversation la veille au soir. Pierre a trouvé le bas du visage du ministre un peu épaissi, mais l'homme n'a pas vraiment changé : ses yeux fixent toujours l'oreille droite de leur interlocuteur. Il est toujours aussi élégant et porte imperturbablement le gilet, hiver comme été.

Pierre tente d'apprécier les conséquences de sa prise de fonction. La direction générale des Arts et Lettres est un poste hautement politique et va certainement lui créer de solides inimitiés. Sa nomination, entérinée au Conseil des ministres, a fait les titres des journaux, de la télévision, des radios.

Pierre est épouvanté par cette publicité. Le premier président de la Cour des comptes s'est montré aussi aimable que sarcastique : vous reviendrez dans quelques années, a-t-il dit, pour vous installer dans un paisible bureau de conseiller maître, vous panserez vos plaies et vous reprendrez vos écritures, ne vous en faites pas, nous vous attendons. Quant à Ariane, c'est peu dire, elle n'est guère enchantée par cette nomination. Elle a connu les premières années Malraux, entre 1959 et 1962, quand il n'était jamais à la maison. Elle va devoir reprendre le cycle des dîners et des sorties mondaines. Seule consolation : il faudra revoir à la hausse son budget garde-robe, elle va à nouveau être à la pointe de la mode.

— Votre déjeuner, monsieur Ormen. Le chauffeur vous attend.

— Merci, Suzanne, j'y vais.

Pierre parcourt les vingt mètres qui séparent son bureau du perroquet en acajou, saisit son imperméable, descend dans la cour d'honneur assez vaste pour accueillir une vingtaine de voitures. L'ancien hôtel Kinsky, avec ses deux hectares de parc boisé au cœur de Paris, affiche des privilèges plus aristocratiques que républicains. Un beau sujet de réflexion pour la Cour des comptes ? Au volant d'une 404 noire, son chauffeur replie *France-Soir* en l'apercevant et met le moteur en route.

— Chez Lipp, François… Non. Prenez d'abord la voie sur berge devant la gare d'Orsay et sortez à Concorde.

— Oui, Monsieur.

Pierre s'installe dans le coin droit, allume une cigarette. Quelques minutes plus tard, la Peugeot s'engage sur le quai.

— Roulez doucement…

Parmi la dizaine de bateaux amarrés, Pierre tente de repérer celui dont lui a parlé Delphine. Sans succès. Marie, paraît-il, a l'intention d'acheter une péniche à voile. La voiture dépasse la piscine Deligny, emprunte le petit tunnel, remonte par la rampe et reprend les quais rive droite par la Concorde. Pierre pense à Jules, son petit-fils. Quel prénom ! À quoi peut bien ressembler un enfant de cet âge ? Marche-t-il ? Dit-il « papa » et « maman » ? Il a totalement oublié ce qu'est un bébé.

Le retour de Marie Ormen dans la capitale pour une série de six concerts placés sous le signe des années 1930 enflamme le Tout-Paris. D'après ceux qui l'ont entendue à New York, elle fait surgir du sol les gratte-ciel de New York dans le dernier mouvement du concerto de Barber.

Pierre éteint sa cigarette et ouvre le dossier qui fait l'objet du déjeuner. Délicate affaire. S'il va jusqu'au bout comme le souhaite le ministre, tout le milieu du cinéma va lui tomber sur le râble. Langlois est un mythe vivant, un *harijan,* un intouchable. Les casseroles, pourtant, sont substantielles : fausses certifications de dommages de guerre, films « égarés » pour monter la cinémathèque algérienne, blockhaus de Bois-d'Arcy où pourrissent des kilomètres de films rares, alors qu'à cent mètres, l'État a fait construire un immeuble de conservation aussi fonctionnel que vide. Le dossier est épais mais la marge de manœuvre assez mince : une armée de cinéphiles veille au grain !

À 12 h 55, la Peugeot le dépose devant la brasserie. François l'attendra devant l'église, comme à l'accoutumée.

Pierre pousse la porte à tambour, traverse la salle, répond d'une inclinaison de la tête au sourire que lui adresse Sagan. Pour bien montrer son passe-droit acquis Dieu sait comment, elle a posé comme un trophée sa bouteille de Coca sur un livre, boisson strictement prohibée dans l'établissement. À la table voisine, nouveau signe amical, masculin cette fois. Qui est-ce, déjà ? Pierre s'en amuse. Depuis qu'il a été nommé rue Saint-Dominique, les sourires plus ou moins crispés fleurissent sur son passage.

— Bonjour, monsieur Ormen. Je vous accompagne.

Roger Cazes, le fils de Marcellin, le précède dans l'escalier d'acajou. Comme Mendès et autrefois Camus, Pierre n'éprouve aucune honte à monter au premier étage, en « enfer », comme on le surnomme : on y est plus tranquille. Le patron de la Cinémathèque n'est pas encore arrivé. Pierre s'installe, commande un Chivas, songe à sa conversation avec Malraux à propos du Grand Palais. Il a enfin réussi à le convaincre de ne pas y installer une grande Maison de la culture et de se rallier à l'idée d'édifier un centre polyculturel à l'emplacement du plateau Beaubourg, avec une École nationale d'architecture, un Centre national d'art contemporain, une Maison du théâtre et une Maison de la musique.

— Votre whisky, Monsieur.

Langlois apparaît en haut de l'escalier. Pierre se lève, le laisse s'approcher, tend la main.

— Ormen.

— Langlois.

Les deux hommes s'observent. Bonne bouille, pense Pierre, comme sur les photos. Mais ce n'est pas pour rien qu'on le surnomme Ivan le Terrible. Il va falloir jouer serré, en maniant habilement la carotte et le bâton.

*

(Jeudi 22 septembre 1966)

Jupe et cheveux au vent, découvrant des jambes encore bronzées par ses vacances en Grèce, Delphine s'engage sur la rampe d'accès du port de Solférino. Comment Pierre a-t-il pu la rater ? La péniche à voile est aisément reconnaissable à sa dérive latérale en bois verni et aux cascades de fleurs qui ruissellent sur le pont.

Devant le bateau, une Mercedes grise d'une longueur inhabituelle étincelle sous le soleil. Le chauffeur, curieusement habillé d'une culotte bouffante et d'une casquette d'amiral, passe négligemment une peau de chamois sur une carrosserie immaculée.

— Bonjour, dit Delphine en mettant la Vespa sur béquille, c'est la voiture de Mlle Ormen ?

L'homme acquiesce d'un signe de tête.

— Est-elle à bord ? questionne Delphine en désignant la péniche.

Nouveau signe de tête affirmatif.

Pas très loquace, le chauffeur. Elle hausse les épaules, gravit la passerelle.

— Il y a quelqu'un ?

En l'absence de réponse, elle ouvre la porte du poste de pilotage. Tout est bois et cuivre, une valse de Sibelius accompagne harmonieusement le léger roulis du bateau. Delphine descend quelques marches et débouche dans une immense pièce à peine meublée. Sur le plancher en teck, une sorte de Donald Duck au derrière rembourré tente d'échapper en courant à quatre pattes à une longue femme noire portant un tablier blanc. Delphine se penche, l'attrape au passage, le prend dans ses bras.

— Bonjour, Jules ! Hello ! Je suis ta tante Delphine ! La sœur de ta maman !

Tout en gigotant des quatre membres, Jules se met à hurler. La gouvernante récupère l'enfant en s'excusant en anglais auprès de Delphine. Marie s'approche, embrasse sa sœur et soupire en secouant la tête :

— Si au moins il hurlait juste. Quel calvaire ! Bon. Comment vas-tu ? Laisse-moi te regarder.

— Je vais bien, merci. Ton fils est superbe, mes compliments.

— Tu parles. Une vraie calamité ! Alors, dis-moi, quoi de neuf en Orménie ? Tu me le fais *quick*, je n'ai pas trop de temps.

Delphine se lance et débite à toute vitesse :

— Papa-Malraux ça roule. Son dernier livre a reçu le Prix de l'Académie française. Ormen & Ormen, l'agence des jumeaux, marche plutôt bien. Julien est pédé et fier de l'être. François cherche une nana et n'en trouve pas. Maman veut créer un Planning familial à Fontenay. Olivier aimerait que tu viennes à L'Heure Bleue chanter avec lui. Ça te va ou tu veux des détails ?

Un homme de haute stature traverse le salon, s'incline devant Delphine.

— Je te présente Christopher, dit Marie. Christopher, je vous présente Delphine, ma sœur préférée.

— Christopher Lambert. Enchanté.

— Il est dans le cinéma, précise Marie. Mais aussi dans la musique. Il prépare un opéra-rock avec un groupe anglais, les Who, tu connais ?

— Bien sûr.

— C'est le propriétaire du bateau. Il est très gourmand.

Delphine hésite sur le sens de « gourmand ».

— Tu vas vraiment l'acheter ? Tu en as marre du Ritz ?

— Ce sont eux qui en ont marre de moi. Et de monsieur Jules qui hurle toutes les nuits.

— Pas si gourmand que ça, intervient Christopher avec un fort accent anglais. C'est vraiment un ami de prix.

— Christopher, on dit un prix d'ami. Et soyez gentil, laissez-moi un moment avec ma sœur, on reparlera de ça tout à l'heure.

— *Sure*. Prenez le temps, je suis dans le bureau.

— Il y a combien de pièces ? demande Delphine en le suivant des yeux.

— Le grand salon, une salle à manger, trois chambres, un bureau, deux salles de bain, ça fait environ cent quarante mètres carrés, sans compter le salon d'été sur la terrasse.

— Tu vas l'acheter ?

— Oui. Peut-être avec le propriétaire en prime.

— Et tu restes longtemps à Paris ?

Marie sort des Player's de son sac, extrait une cigarette et tend le paquet à sa sœur.

— J'ai une série de concerts à Pleyel. Et un cancer du sein.

Delphine pâlit. Un cancer. Dont elle parle comme s'il s'agissait d'une angine.

Marie allume sa cigarette, incline la tête vers le ciel et ferme les yeux.

— Concert et cancer, plaisante-t-elle, c'est marrant, en anglais et en français, c'est presque le même mot.

— Mais c'est grave ?

— Cancer du sein. Une chance sur deux de m'en tirer.

— Et pourquoi à Paris ?

— En France, on soigne, alors qu'en Amérique, on enlève tout. Mon sein, j'y tiens !

— Tu te fais soigner où ?

— Je commence une chimiothérapie à Villejuif la semaine prochaine. Je serai suivie par le big boss, Pierre Denoix. On ne peut pas faire mieux.

— Tu en as parlé aux parents ?

— Non. Et ça reste entre nous. Je peux compter sur toi ?

Delphine la dévisage, perplexe.

— Bien sûr. Mais pourquoi moi ?

— Je ne sais pas. C'est sorti comme ça. Tu es venue sur ton cheval de feu ?

— Oui, je voulais encore te remercier.

— Il n'y a rien à remercier. L'argent, c'est fait pour être dépensé, sinon ça stagne et alors ça pue. Ne t'inquiète pas pour moi : j'ai encore une vingtaine d'années à vivre.

— Mais…

— Ça suffit pour aujourd'hui, chérie, je suis fatiguée, accompagne Dolly et Jules à la voiture, je vous rejoins dans cinq minutes. Dis au chauffeur de ranger sa peau de chamois, il va user la carrosserie.

— Il n'est pas très causant celui-là. À mon arrivée, il n'a pas prononcé un mot.

— Normal, il est muet.

— Ah…

Évidemment, songe Delphine, j'aurais dû m'en douter. Le chauffeur est muet, la gouvernante noire doit parler le russe, l'arrière de la voiture est certainement aménagé en jardin d'enfant avec bac à sable… C'est Marie dans toute sa splendeur ! Elle gravit les marches qui mènent au pont et traverse la passerelle, précédant Dolly qui tient fermement l'enfant dans ses bras. Ça tangue. Un cancer ! L'annonce de la maladie de sa sœur la bouleverse. Une chance sur deux ! Est-ce terrifiant ou réconfortant ? Heureusement, Marie va rester à Paris. On pourra tous l'aider, une famille, c'est important dans ce genre de circonstances.

— Au revoir, Jules…

La gouvernante s'approche pour qu'elle puisse embrasser l'enfant. Qui, miracle, se met à sourire.

— *Bye-bye*, Jules, au revoir Dolly !

Elle monte sur son scooter, actionne le kick. Beau bébé, comme sa mère. Et le père, qui est le père ? Elle a oublié de poser la question à sa sœur. Mais elle pense connaître la réponse que Marie lui aurait faite : un père, ça ne sert à rien.

5

(Mardi 12 mars 1968)

— « *J'ai de la vaillance plus qui n'en faut / Ici qui c'est qui fait le boulot ?* »

— C'est mouè ! crie Delphine.

Les quelques spectateurs présents tournent la tête et éclatent de rire. Debout derrière le bar, Delphine essuie le même verre depuis un quart d'heure tandis qu'Olivier, accoudé à un pilier au fond de la salle, fume tranquillement un cigarillo.

— Dis don, la patronne du châtiau, viens don chanter avec mouè ! mâchonne Ricet Barrier en posant son banjo. Et touè, l'Olivier, va don au piano, on va se faire une p'tite chanson tous les trouès…

Lorsque Delphine remplace Gisèle – généralement le mardi – le petit sketch revient immuablement en fin de soirée : Ricet adore ce duo avec Delphine. Une fois le spectacle terminé, après le départ des derniers clients, Olivier se met au piano, délaissant la chanson française pour un peu de jazz.

— Salut les amoureux, lance Ricet en se dirigeant vers la porte. À demain si vous le voulez bien !

Delphine lui sourit, agite la main et rejoint Olivier.

— Six personnes, lâche-t-elle en réprimant un bâillement.

— Dont une invitée, précise-t-il en attaquant *Nuages*.

— Qu'est-ce qu'on va faire, Olivier ? Il ne vient plus personne.

— Ce n'est pas grave, trésor. On tient jusqu'à l'été et on ferme boutique. À l'automne, je revendrai le bail, ça pourrait intéresser Romain, il envisage de monter un café-théâtre.

Delphine retourne au bar pour prendre deux verres et une bouteille de bière. Elle s'attarde un moment devant les photos punaisées à la diable sur le mur : Jacques Douai, Jacques Brel, Francis Lemarque, Georges Brassens, Raymond Devos, Jean Ferrat, Mouloudji, Barbara, Pia Colombo, Giani Esposito, il y aurait de quoi remplir dix Olympia. Elle s'étonne :

— Tu pourrais quitter L'Heure Bleue ? Depuis combien de temps es-tu là ?

— Un peu plus de douze ans. Quand j'ai visité les lieux avec Bill, de la Maison pour tous, c'était une ancienne ferronnerie. C'est vieux, tout ça. Mais il ne faut pas être nostalgique, c'est la fin d'une époque, il faut l'accepter. Et puis, tu verras, dans quinze ans, dans trente ans, les petites scènes comme L'Heure Bleue, L'Écluse ou La Colombe seront devenues des lieux mythiques.

— En attendant, dit Delphine, il faudrait peut-être rentrer se coucher. Demain, j'ai école.

Olivier emplit les verres équitablement, boit le sien d'un trait.

— Ça va, au boulot ?

— Ça roule. On travaille sur le métro de Mexico et sur un projet de train à grande vitesse pour Alsthom.

— Pas de nouvelles de *Marie-France* ?

— Non, ça fait quatre mois que je leur ai parlé de mon personnage, Apolline, mais visiblement la rédaction est partagée sur le sujet.

Olivier plaque un horrible accord et referme le piano.

— Bats-toi, c'est ton enfant !

Delphine va s'asseoir sur ses genoux, passe les bras autour de son cou et ferme les yeux. Un enfant. Olivier aura toujours le chic pour trouver le mot approprié !

*

(Vendredi 15 mars 1968)

« Ce qui caractérise actuellement notre vie publique, c'est l'ennui. Les Français s'ennuient. Ils ne participent ni de près ni de loin aux grandes convulsions qui secouent le monde. »

Ariane referme *Le Monde*, range le journal dans son sac. Le diagnostic lui semble assez juste. L'époque est engluée dans l'immobilisme, sans la moindre perspective. Les Français sont amorphes. Le règne du Général est interminable et, s'il venait à cesser, ce n'est pas Pompidou qui changerait les choses. Pourtant, les raisons de s'indigner ne manquent pas : les femmes sont prisonnières de leur mari, les enfants de leurs parents, les ouvriers de leur usine… Scléroses, tabous et refoulements.

Dans le train qui la ramène vers le Quartier latin, elle se félicite de son entêtement : à Fontenay, le centre de Planning familial est opérationnel depuis maintenant un an et demi. On y reçoit les femmes et les jeunes filles en difficulté, on y distribue pilule et diaphragme et, très discrètement, on y pratique des avortements clandestins. Les femmes peuvent rester dormir après l'intervention du samedi dans une des chambres de la villa, s'y reposer le dimanche et retourner chez elles le lundi matin. Ariane sourit : hier soir, ils ont dîné à Vaugirard avec le directeur de cabinet de Christian Fouchet, le ministre de l'Intérieur. S'il savait !

Elle allume une cigarette, s'émerveille à l'idée de revoir son petit-fils. À trois ans et trois mois, Jules est un petit bonhomme irrésistible qui dit non au monde entier dans un effroyable sabir anglo-français. Après un traitement de deux ans, des rémissions et des rechutes, Marie semble désormais hors de danger. Avoir frôlé la mort a décuplé son appétit de vivre et son extravagance. Il y a un an, invitée par Michel Polac dans *Dim Dam Dom*, elle a soudainement ôté sa perruque pour apparaître la tête complètement rasée et chanter, en s'accompagnant au violon, une *Marseillaise* jazzy tout à fait étonnante. Ariane secoue la tête : comment a-t-elle pu engendrer un tel phénomène ? Et ce n'est pas non plus le tempérament de Pierre, ni même de Valentin. Quant à Marie-Thérèse, on la lui a toujours dépeinte comme une femme plutôt effacée. Il doit y avoir en elle des gènes de l'arrière-grand-père, songe-t-elle, le père de Valentin, ce communard irréductible qui perdit sa jambe sur une barricade de la rue des Pyrénées, la ramassa et la jeta en direction des Versaillais qui lui faisaient face.

Gare du Luxembourg, tout le monde descend. Ariane fulmine. Il est question de la supprimer pour construire une nouvelle station – Quartier Latin – vers le carrefour de l'Odéon, en correspondance avec les lignes 4 et 10. Heureusement, une pétition va bientôt circuler ; ils seraient bien capables de remplacer notre bonne vieille gare par un supermarché !

*

La péniche de Marie est amarrée au plus près de la piscine Deligny. Ariane adore ce bateau hollandais : la grâce des lignes incurvées, le poste de pilotage intact, les dérives latérales en bois, le goût exquis de chaque détail. L'argent, ça aide.

Un envol de vocalises lui donne le frisson : Marie est une soprano colorature dont la tessiture couvre plus de deux octaves. Ariane descend les quelques marches, embrasse le salon du regard. Une sucette à la main, Jules traîne un camion rouge rempli de billes. Il porte une salopette rayée blanc et bleu en toile de jean que Marie appelle sa OshKosh. Ariane se penche, l'attrape par la peau des fesses et l'embrasse sur les deux joues. L'opération nécessite d'être rondement menée, l'intéressé n'appréciant pas les effusions prolongées.

— *Hello, Jules, how are you ?*

— Ze m'emmerde !

Les vocalises se terminent sur un sublime contre-ut. Mme Arbedjian, le professeur de chant, fait signe à Marie que l'heure est écoulée.

— Très bien, mademoiselle Ormen. *Good work.* Vous êtes sur la bonne voie. Je passerai demain à la même heure.

Ariane repose son petit-fils sur le sol, se redresse, sourit à sa fille. Ses cheveux commencent à repousser en un duvet parfaitement blanc. Et cela lui va bien.

Marie rabat le couvercle du piano demi-queue, raccompagne son professeur de chant jusqu'au poste de pilotage puis se dirige vers la chaîne B & O. Elle pose un disque sur la platine, jette un coup d'œil vers son fils qui tente d'assommer son poisson rouge en jetant des billes dans l'aquarium. *The Piper at the Gates of Dawn* des Pink Floyd envahit l'habitacle.

— On boit ? propose Marie.

Sans attendre la réponse de sa mère, elle ouvre le bar et confectionne deux cocktails.

— Il paraît que tu as annulé tous tes concerts de l'année prochaine ? dit Ariane. À quoi penses-tu ? Tu veux mettre fin à ta carrière ?

— Je fais un break. J'en ai besoin. Et je m'occupe de Jules.

— J'ai lu quelque part que tu t'intéresses au rock and roll…

— Tu lis trop les potins.

— Tu échanges Vivaldi contre Johnny ?

— Pas Johnny, maman. Mais Bowie, Donovan, Bob Dylan, Jimi Hendrix, les Who et j'en passe.

— Connais pas…

— Les Beatles, tu connais ?

— Oui, un peu. Mais ce n'est pas de la grande musique.

— Maman, s'il te plaît ! Ça n'a aucun sens, la « grande musique » ! Dis « le classique ».

— Quand même. Tes Beatles, dans cinq ans, personne n'en parlera plus…

— On verra cela dans cinq ans. En attendant, tu veux toujours emmener Jules au jardin du Luxembourg ?

— J'aimerais bien. Il fait beau. Au Guignol. Comme toi, lorsque tu étais petite.

— John J. va t'y conduire.

— John J. ?

— Le nouveau chauffeur.

— Et le muet, il est parti ?

— Muet, mais pas sourd. Il m'a filé sa dem', il n'aimait pas le son de ma voix.

— Et celui-ci, il aime la musique ?

— Oui. Très bon guitariste. Et déserteur de l'armée américaine. Il t'attendra avec la Mercedes devant l'entrée de la rue Guynemer et il ramènera Jules, OK ?

Ariane s'assied sur le tabouret du piano et boit lentement son cocktail. Vodka, sirop de menthe, crème de cacao blanc, c'est délicieux.

— Tu n'en as pas marre de jouer les milliardaires ? Tu penses à ton fils ?

— Quoi, mon fils ?

— Tu vas en faire un enfant impossible, il n'aura aucun sens des réalités.

Marie hausse les épaules et va s'asseoir sur le bras d'un fauteuil club. Elle ouvre une blague à tabac, détache une feuille, roule une cigarette. Ariane, attentive, la regarde faire. Elle va peut-être enfin savoir ce qu'est la marijuana, « l'herbe », comme ils disent.

— Vous, répond Marie en saisissant son briquet, vous m'avez élevée avec des principes. On voit ce que ça a donné. Pourquoi ne pas essayer le contraire ? Et puis, je suis assez grande pour savoir ce que j'ai à faire.

— Oui, ma chérie.

— Et cesse de m'appeler ma chérie, je n'ai plus douze ans.

— Oui, ma chérie…

— Comment va papa ?

Ariane fronce les sourcils. L'odeur est âcre, désagréable.

— Je ne le vois plus. Malraux l'a embringué dans une drôle d'histoire, à la Cinémathèque. Il a tout le milieu sur le dos, Truffaut en tête. Bon, j'y vais. Jules est prêt ?

Marie appelle son fils.

— *You're going with Granny, OK Jules ?*

— Ouais.

— *And be a good boy.*

— Ouais.

— Il parle bien le français, fait remarquer Ariane.

Marie se retient de répondre sèchement.

— Tu le libères avant 18 heures, d'accord ?

— D'accord, ma chérie…

— D'accord, ma chérie, répète Jules.

Marie hausse à nouveau les épaules et tire sur son joint.

— Allez, les comiques, dégagez !

Tandis que sa mère gravit avec prudence les marches menant vers le carré en tenant Jules fermement par la main, Marie se demande pourquoi sa famille l'indiffère à ce point. En fait, aussi loin qu'elle s'en souvienne, elle s'y ennuie plus qu'un poisson rouge. Sauf, peut-être, quand on agite un peu le bocal comme il y a douze ans, avec Delphine. Je suis un monstre, songe-t-elle. Mais un monstre gentil. Le premier qui touche un seul de leurs cheveux, je le tue.

*

(Vendredi 22 mars 1968)

— Vous avez lu ? grommelle Malraux.

Pierre parcourt la coupure de journal entourée d'un filet rouge.

« *Rappelons qu'Henri Langlois, le directeur de la Cinémathèque, a été démissionné par André Malraux, ministre de la Culture, le 9 février dernier, et aussitôt remplacé par Pierre Barbin, un haut fonctionnaire du ministère. Toute la profession, François Truffaut en tête, a alors demandé sa réintégration. Lors de la manifestation du 20 février, la porte de la Cinémathèque, rue de Courcelles, a été enfoncée, le bureau de Pierre Barbin a été envahi, puis dégagé par les forces de police. Le 18 mars, une nouvelle manifestation a eu lieu toujours devant le siège de l'institution, tandis que d'autres démonstrations de soutien se déroulaient dans différents quartiers de Paris, en province et à l'étranger. Hier, à Grenoble, Pierre Mendès France, député de la ville, a pris la défense de Langlois au cours d'un meeting dans un des ciné-clubs de la ville. À Paris, François Mitterrand s'en mêle. L'affaire prend indéniablement une tournure politique. Il serait question que Pierre Ormen, l'éminence grise de Malraux, remplace Barbin à la tête de la Cinémathèque. Il n'est pas certain que cette nomination contribue à calmer les esprits…* »

— Ormen, dit Malraux, vous qui êtes de gauche, vous allez me régler ça. L'affaire sent mauvais. Et à Nanterre aussi, je n'aime pas le tour que ça prend.

— Mais Monsieur le ministre…

— C'est entendu. Vous prendrez la présidence à la

place de Barbin. J'attends vos propositions d'ici trois jours.

Pierre sort du bureau en maugréant. Virer Langlois était une idée idiote. Et maintenant, évidemment, c'est à lui de recoller les morceaux. Seule solution : lui rendre sa Cinémathèque en le nommant directeur artistique, tout en lui imposant des contraintes de gestion fixées par une commission de sages, recrutés équitablement à droite et à gauche. Mais tout cela va prendre du temps et il risque de se faire déborder par les événements. D'autant qu'à Nanterre, la contestation estudiantine prend de l'ampleur. Ce Cohn-Bendit, déjà très impliqué dans les manifestations en faveur de Langlois rue de Courcelles, met de l'huile sur le feu en occupant les locaux avec une centaine d'étudiants. Si le doyen Grapin décide de faire intervenir les forces de l'ordre ou de fermer la faculté, le mouvement risque de se propager vers la Sorbonne.

Après un an passé rue Saint-Dominique à la direction des Arts et Lettres, Pierre a réintégré la rue de Valois comme conseiller spécial, faisant office de numéro deux sans tutelle hiérarchique. Disposant d'un très large pouvoir de décision, perpétuellement sollicité, il porte un regard beaucoup plus dur sur les jeux d'appareil et la politique des copains. À en croire Ariane, il serait devenu carrément cynique. Et insupportable. Incapable d'écrire la moindre ligne d'un nouveau roman, il a entrepris de rédiger un *Manuel du petit menuisier à usage des politiques*, traitant sur un ton désabusé des facilités de la langue de bois. Ses relations avec Malraux, toujours aussi courtoises et enrichissantes, se teintent néanmoins d'une certaine langueur. L'homme qu'il admirait vieillit à vue d'œil.

Pierre regagne son bureau, range machinalement une pile de dossiers. Comment mettre en place cette commission de sages ? Ne faudrait-il pas au préalable en tester le principe ? Il ouvre la porte de son secrétariat, prie Suzanne de joindre Truffaut, où qu'il soit. Si un accord raisonnable peut être trouvé, ce ne peut être qu'avec lui.

*

(Vendredi 10 mai 1968)

Six heures et demie. Sur la place Denfert-Rochereau, la marée humaine enfle démesurément. Delphine et Olivier, qui attendent depuis le milieu de l'après-midi, observent la lutte que se livrent les leaders du mouvement, perchés sur le Lion de Belfort, pour accaparer le mégaphone. On se demande d'ailleurs pourquoi : personne, au-delà des premiers rangs, n'entend ni ne comprend les orateurs.

Olivier s'amuse à l'idée qu'il pourrait croiser Serge : d'après Colette, leur fils est très impliqué dans le comité d'action de Charlemagne et il doit défiler quelque part. On parle de cinq mille lycéens dans le cortège. Delphine vit l'oreille collée au transistor réglé sur Europe n° 1. Depuis les heurts de lundi dernier au Quartier latin, la radio suit les événements en direct. Les programmes structurés ont disparu, mais la publicité est toujours présente, glissant inopinément quelques « plus blanc que blanc » entre deux matraquages, et évacuant les blessés de la Sorbonne avec l'insecticide Fly-Tox. Sur les conseils d'un copain, Delphine porte un bonnet qu'elle a rembourré de papier journal, afin d'amortir d'éventuels coups de matraque.

Une heure plus tard, au grand soulagement d'Olivier, la manifestation se met en route vers les Gobelins et passe lentement devant la prison de la Santé. Les cris fusent : « Libérez nos camarades ! », bientôt remplacés par « Le pouvoir est dans la rue ! ». Tout au long du trajet, de Port-Royal au boulevard Saint-Germain, les gros bras du service d'ordre de l'UNEF encadrent très étroitement les manifestants et forment une haie protectrice devant les détachements de policiers casqués et armés de boucliers.

— Olivier, j'en ai marre !

— Vraiment ? Ça n'amuse plus ma petite chérie de jouer les gardes rouges ? Eh bien, ce n'est pas trop tôt ; viens, rentrons.

À la hauteur de la rue des Bernardins, Olivier prend Delphine par la main et l'entraîne en courant vers la rue des Écoles. Peu à peu, au fur et à mesure qu'ils montent vers Sainte-Geneviève, la rumeur des slogans s'estompe.

— Tu ouvres ce soir ? demande-t-elle. Juste pour le week-end ?

Olivier secoue la tête. Non. Le joli mois de mai sonne sans doute la fin de L'Heure Bleue. Encore quelques jours comme celui-ci et la France sera paralysée.

— C'est la lutte finale, fillette ! La chanson française était trop bourgeoise, ils vont la remplacer par leurs cantiques révolutionnaires ! Allez, valsez Milord, de Gaulle, t'es foutu, le pouvoir est dans la rue !

— On dirait que ça t'amuse !

— Évidemment que ça m'amuse !

— Mais ce qu'on vit, c'est quand même sérieux, c'est une révolution, non ?

— Peut-être... mais peut-être pas. Et les révolutions, il y a ceux qui les font et ceux qui en profitent ; ce sont rarement les mêmes.

*

Au croisement des boulevards Saint-Germain et Saint-Michel, les longs imperméables des policiers casqués luisent sous les réverbères. Leurs énormes lunettes les changent en batraciens, ils bloquent les issues, sauf celle de gauche. Ainsi canalisé, le cortège remonte le boulevard Saint-Michel sur lequel aucun barrage n'a été disposé. Parvenus à la hauteur de la rue Soufflot, les premiers rangs s'immobilisent. Ça crie, ça s'interpelle : « On ne va pas continuer comme ça jusqu'à la porte d'Orléans ! » « Le quartier est à nous ! Occupons-le ! » « Nous irons jusqu'au bout ! » Des groupes, de plus en plus nombreux, remontent la manifestation, envahissent la place Edmond-Rostand et le bas de la rue Gay-Lussac.

— Les flics nous encerclent, lance une voix.

— Qu'est-ce qu'on fait ? demande Serge.

— On se défend ! Tous avec moi !

Des manifestants commencent à arracher les grilles d'arbres, les panneaux de signalisation et entreprennent de dépaver la chaussée. Quatre garçons tentent de renverser une 4L sur le côté. Serge ajuste son casque, surveille les CRS qui ne bougent toujours pas. Il se surprend à penser que son beau-père a peut-être laissé sa voiture garée dans la rue. Mais quelle importance ? Il n'en a rien à faire, après tout.

Depuis une semaine, Serge est de tous les combats. Grisé par les événements, il organise les liaisons entre les lycées Voltaire, Charlemagne et Jacques-Decour, fait le coup-de-poing contre les types d'Occident. Les discours de Maurice Najman, de Romain Goupil ou de Michel Recanati lui paraissent bien obscurs mais ça ne l'empêche pas de participer, conspuant à l'envi un Parti communiste contre-révolutionnaire, plantant le drapeau vietnamien sur le toit de son lycée et prenant la pose devant les photographes.

Peu après 9 heures, entre chien et loup, la première barricade dressée rue Le Goff dépasse les deux mètres. Une autre s'élève en face, absurde, qui barre une impasse. Devant les grilles du Luxembourg, les policiers ne bougent toujours pas. À l'aide d'un polo trouvé dans une voiture, Serge s'est confectionné un drapeau rouge et invective les flics. Ça chante, ça hurle, on se prépare à passer la nuit et, des fenêtres, des riverains applaudissent ; d'autres descendent avec de la nourriture ou des boissons.

Vers 2 heures du matin, les CRS, bouclier dans une main, matraque dans l'autre, se mettent en mouvement. Ils avancent lentement et commencent à lancer des grenades lacrymogènes. Serge a trouvé le moyen d'actionner une sableuse servant à ravaler les façades d'immeubles et tente d'asperger les policiers ; l'engin s'enraye rapidement. L'air devient irrespirable.

— On se replie en Suisse ! hurle un type portant des lunettes noires.

Serge sort une boîte d'allumettes, met le feu au cordon imbibé d'essence qu'il a relié au réservoir d'une Ami 6 et court se réfugier derrière la seconde barricade, rue Royer-Collard. La voiture s'enflamme.

— Bien joué, petit soldat, dit le type aux lunettes noires en lui tapant sur l'épaule, on va leur en faire voir, aux carabiniers !

Serge regarde autour de lui, constate les dégâts. Les blessés sont nombreux et leur évacuation problématique. On les conduit dans des centres de secours installés un peu partout, où ils sont pris en charge par des médecins bénévoles.

À 3 h 30 du matin, les CRS chargent la dernière barricade de la rue Gay-Lussac, tandis qu'une trentaine de voitures continuent de flamber. Serge, un des derniers à quitter les lieux, tente de se réfugier dans l'entrée de son immeuble.

— Attends un peu, petit con !

Au moment où il va s'élancer dans l'escalier, il reçoit un coup de matraque dans les reins qui le fait chanceler. Trois policiers surgissent qui le rouent de coups. La concierge, effarée, tente d'intervenir mais doit se réfugier très vite dans sa loge : les flics sont déchaînés. Elle assiste impuissante à l'arrestation du jeune homme que les CRS emmènent en le traînant par les bras. Affolée, elle monte au troisième et frappe à la porte.

— Madame Delacour ! Madame Delacour !

— Qu'est-ce qui se passe, madame Poliveau, vous êtes blessée ? s'inquiète Colette en ouvrant la porte.

— C'est votre fils, madame Delacour. La police. Ils l'ont tabassé et ils l'ont emmené. J'ai tout vu, c'était en bas des escaliers. Vous vous rendez compte ? Il rentrait tranquillement chez lui et ils lui sont tombés dessus !

Colette pâlit.

— Ils l'ont frappé ?

— À coups de matraque et à coups de pied. Il saignait. C'était horrible.

— Merci, madame Poliveau, intervient Roger Delacour, merci beaucoup, nous allons nous en occuper.

La porte refermée, Colette, au bord des larmes, se tourne vers son mari.

— Qu'est-ce qu'on peut faire ?

— Il n'a qu'à se débrouiller. Et on tente de dormir une heure ou deux. Demain matin, à la première heure, j'appellerai Pierre Ormen, peut-être pourra-t-il nous aider…

Colette s'insurge :

— Tu parles de mon fils, je te le rappelle. On ne va pas le laisser une nuit entière au poste avec des flics enragés ?

— Les flics, ils en ont marre de recevoir des pavés dans la gueule !

— Justement, ils vont se venger sur lui !

— Il fallait y penser avant.

— Roger, dit-elle, c'est un enfant !

— Tu parles. Il sait faire l'adulte quand ça l'arrange. Il refuse de m'écouter, il ricane à chaque suggestion, il me prend pour un profiteur du système, un planqué du CNRS. Eh bien le planqué, il en a marre ! Se frotter un peu aux conséquences de ses actes lui fera le plus grand bien.

Roger esquisse un mouvement pour attirer sa femme contre lui.

— Et puis ne t'inquiète pas, ils ne vont pas le tuer ! Ils ont ordre de ne pas déraper !

Elle se dégage.

— Mais qu'en sais-tu, des ordres qu'ils ont reçus,

de ce qu'ils font ou de ce qu'ils ne font pas ? Où est-ce qu'ils les emmènent ? Au commissariat ? Moi, je ne vais pas rester ici à attendre ; si tu ne veux pas venir, j'y vais !

— Colette !

Elle a déjà ouvert la porte palière et un flot de gaz lacrymogène envahit l'entrée. Roger bat prudemment en retraite dans le salon tandis qu'elle plonge dans l'escalier, un mouchoir plaqué sur le visage…

*

(Samedi 11 mai 1968)

Devant les immeubles, toutes les poubelles en fer sont orphelines de leur couvercle. Les boutiques sont fermées, évidemment. Olivier a néanmoins réussi à trouver des croissants tout en bas de la rue Mouffetard, essuyant des commentaires acerbes de la patronne sur tous ces vandales, il n'y a pas que des étudiants, Monsieur, il y a des blousons noirs, des voyous !

La nuit a été courte : la dernière barricade, rue Blainville, a tenu jusqu'à 5 heures du matin. Le quartier de la Contrescarpe ressemble à un champ de bataille déserté. Des pavés arrachés, des moellons, des poutres empruntées à des immeubles en démolition, des morceaux de palissades, des grilles d'arbres barrent toujours les chaussées. Un peu partout, on peut voir des carcasses de voitures brûlées, des véhicules aux pare-brise réduits en miettes, aux carrosseries défoncées.

En remontant la rue, Olivier s'arrête devant le 76, hésite à entrer pour bavarder avec Bill puis reprend son chemin : La Mouff' est certainement transformée en dortoir, maoïstes, trotskistes, anarchistes et situationnistes ronflant de concert, imbriqués les uns dans les autres comme culs et chemises. Il rejoint la rue du Pot-de-Fer, gravit les marches deux par deux, ouvre la porte de l'appartement. Devant son bol de café, Delphine écoute la radio. Le speaker évoque une cinquantaine de barricades, plus de mille blessés. L'Hôtel-Dieu, Cochin, Laennec, la Pitié et les Quinze-Vingts sont débordés.

— Bonjour, mon ange ! dit Olivier en se penchant pour l'embrasser. Bien dormi ?

— Pas vraiment. Et toi ?

— Pas terrible. J'ai rêvé que tu étais juchée sur les épaules d'un Italien trapu, que tu agitais un drapeau vietnamien et que je te perdais dans la foule, incapable de m'approcher. Tu dépassais tout le monde de deux têtes et je te voyais t'éloigner comme un bouchon flottant sur une marée humaine, je criais, tu ne m'entendais pas, tu m'échappais, c'était horrible.

— Pauvre poussin. Avec un Italien et un drapeau vietnamien, je comprends que tu ne sois pas bien. Donne-moi un croissant !

Olivier lui tend le sachet de la boulangerie.

— Tiens, princesse. Que fait-on aujourd'hui ? Tu dois passer rue d'Ulm ?

Depuis quelques jours, Delphine retourne chaque après-midi aux Arts déco pour assister aux assemblées générales réunissant élèves et anciens élèves.

— Oui. Tallon y sera sûrement. Et il me dira si la boîte ouvre ou non lundi.

Olivier acquiesce. Pour lui, c'est la même chose. Il a accepté que L'Heure Bleue soit le point de chute du collectif d'artistes qui se met en place, mais le mouvement lui semble un peu ridicule. Un chanteur qui se met en grève, ça ne rime à rien. C'est plutôt le contraire qu'il faudrait faire. Aller chanter dans les rues, dans les usines, devant la Chambre des députés…

— En attendant, qu'est-ce qu'on fait ? interroge Delphine en trempant le bout de son croissant dans le café.

— Tu as une idée ? demande-t-il.

Elle se lève, fait le tour de la table, l'embrasse dans le cou et murmure à son oreille :

— Pourquoi pas un enfant ?

Olivier la prend sur ses genoux, la berce, entrouvre la nuisette, caresse un sein.

— Un vrai enfant, fait-il mine de s'étonner, avec des mains, une bouche, des jambes et tout ça ?

— Oui.

— D'accord, dit-il avant de l'embrasser. Nous l'appellerons Mai 1968 !

Delphine, radieuse, se colle contre lui. Merci Nanterre, merci la Sorbonne. Vive la révolution, vive Cohn-Bendit, vive Mai 1968 !

*

(Lundi 13 mai 1968)

Il y a bien longtemps qu'il n'a pas pris le métro. Sur le quai de la station Sèvres-Babylone, il hume, étonné, ce parfum de serre et de champignons, cette odeur de moisissure si particulière qu'il avait oubliée. Avant la guerre, il s'en souvient, des employés munis d'immenses seringues vaporisaient des effluves de rose et de muguet.

Malgré l'heure matinale, le ministère de l'Intérieur est en effervescence. Avec leur casque et leur masque, les policiers semblent sortir des tranchées de 14-18. Pierre se fait reconnaître et accède facilement au bureau du directeur de cabinet de Fouchet qu'il connaît et tutoie. L'homme a les yeux cernés, il n'a sans doute pas dormi de la nuit.

— Merci, cher ami…

— Je t'en prie. Mes respects à Monsieur ton ministre.

Une demi-heure plus tard, Pierre et Serge sortent du ministère. Olivier les attend sur la place Beauvau ; il embrasse son fils, serre la main de Pierre.

— Merci. Sans toi, je ne sais pas comment nous aurions fait.

Pierre examine attentivement le jeune homme. L'arcade sourcilière est fendue, de grosses ecchymoses bleuissent son visage, une de ses mains semble blessée.

— J'ai l'impression qu'ils l'ont bien amoché.

— C'est ici qu'ils t'ont fait ça ? soupire Olivier

— Non, c'est hier soir. Quand ils m'ont chopé en bas de l'immeuble.

Pierre secoue la tête. Plus de deux mille blessés, certains gravement. Quelle est cette République qui matraque ses enfants ? Heureusement, Papon n'est plus préfet de police. Sinon, c'eût été un carnage. Pas un seul mort, paraît-il, c'est vraiment incroyable. Pourvu que ça dure…

— Je te dépose rue de Vaugirard ? demande Olivier.

— Non, merci, j'ai besoin de marcher. Et je vais rue de Valois directement. C'est à toi, cette voiture, tu n'as plus ta 4 CV ?

— Elle a brûlé sur une barricade. Il faut bien que la

jeunesse se défoule, ajoute-t-il en lorgnant vers Serge. Celle-ci, on me l'a prêtée. Mais il n'y a plus une goutte d'essence dans tout Paris.

Pierre détaille la vieille 203 décapotable : jolie voiture. Il imagine sa fille au volant, cheveux au vent.

— Venez donc dîner, dit-il, après-demain si vous voulez, on parlera de tout ça.

— D'accord. J'en parle à Delphine et je t'appelle pour confirmer. Merci, Pierre, merci encore.

Olivier lève le pouce, démarre et disparaît avec son fils dans la rue des Saussaies. Pierre se dirige vers l'Élysée, s'engage dans la rue du Faubourg-Saint-Honoré. À l'intersection de la rue d'Aguesseau, un agent casqué portant un bouclier, harnaché comme s'il devait affronter une meute de manifestants, règle une circulation inexistante. On se croirait chez Beckett. Pierre traverse. À gauche aussi, on nage en pleine irréalité. Le Parti communiste freine des quatre fers, Mitterrand se fait huer par les étudiants, la CGT ne sait plus sur quel pied danser.

Parvenu rue Boissy-d'Anglas, Pierre ne peut s'empêcher de jeter un coup d'œil vers la devanture du magasin de son frère. Amédée, semble-t-il, s'est reconverti en galeriste : on ne voit plus que des tableaux. La grille est tirée. Pierre s'approche, examine les toiles. Souvenirs et questions se bousculent. Amédée a-t-il participé au pillage de l'appartement ? Qu'est devenue la collection Bronstein ? Le picotement puis l'éternelle brûlure se mettent immédiatement à parcourir sa main droite. Seize ans après la funeste nuit précédant la grande rafle, sa honte, inavouée, le taraude toujours.

Délaissant la galerie, il traverse la rue Royale et

accélère le pas. La journée promet d'être longue et difficile. L'Opéra, le Français, l'Odéon, les Beaux-Arts, les Arts décoratifs, les Gobelins, Sèvres, c'est la grève partout, certains établissements sont déjà occupés. Seuls les musées restent relativement calmes. Mais pour combien de temps ?

Pierre est atterré. Non par les événements en eux-mêmes mais par la suspension et sans doute l'abandon de tous les projets en cours. Son rêve de confier l'Opéra à Vilar est définitivement enterré. Que faire ? Par l'intermédiaire de Delphine, il a pris contact avec des collectifs d'étudiants des écoles d'art, afin d'établir un dialogue direct. Parallèlement, par le biais d'associations, il a réussi à créer des passerelles de discussion entre la rue et le ministère. En vain. Il est le seul à y croire. Pour la première fois, il se trouve en désaccord profond avec son ministre. Malraux ne comprend pas qu'il ne s'agit pas d'une révolution politique mais d'une révolution culturelle, d'une révolution du désir.

— Vous rêvez, Ormen, les jeunes veulent tout casser. En commençant par la culture.

— Et si les jeunes avaient raison, Monsieur le ministre ? S'ils nous montraient la voie ?

— Vous regardez trop les graffitis, mon vieux.

Pierre sourit en pensant à celui qui s'étale sur tous les murs de Paris : « Cours, camarade, le vieux monde est derrière toi ! » Décidément, Malraux n'a plus ses jambes de vingt ans.

*

(Samedi 25 mai 1968)

« Quand les parents votent, les enfants trinquent. » Delphine, appliquée à son projet d'affiche, soigne la typo et la mise en page. Depuis l'occupation des Arts déco le 13 au soir, elle passe ses journées rue d'Ulm avec les professeurs, les élèves et les anciens élèves. Entre les commissions et les assemblées qui règlent la journée, elle s'occupe de l'intendance et travaille à l'atelier graphique en rêvant à l'enfant qu'Olivier lui a promis. Et qui est peut-être déjà en route. Il naîtra dans un monde débarrassé de ses scories, un monde plus juste pour les jeunes, plus humain pour les femmes… et plus lucratif pour les dessinatrices !

En attendant ces jours meilleurs, la solidarité s'organise. Les bonnes sœurs qui occupent le couvent du 16, de l'autre côté de la rue, participent à leur manière en offrant des sacs de chutes d'hosties, c'est bon pour l'estomac comme pour le moral, disent-elles. Trigano, personne ne sait pourquoi, a offert des matelas.

Cette nuit, après quelques jours de calme relatif, la violence est revenue dans la capitale. Des manifestants ont tenté de mettre le feu à la Bourse et de saccager le commissariat Beaubourg. Lorsqu'on a su qu'elle était la fille de Pierre Ormen, Delphine a failli se faire agresser par quelques énergumènes mais, soutenue par Tallon et les anciens élèves, elle a réussi à s'imposer et occupe désormais une place centrale dans l'organisation de l'atelier. Son dessin d'Apolline, dans le troisième numéro d'*Action*, a définitivement assis sa légitimité. À la demande du collectif, elle a tenté d'opérer une jonction avec les étudiants des Beaux-

Arts afin de répartir les tâches. Mais les relations entre les deux écoles se sont immédiatement détériorées. Là-bas, ce sont des trotskistes qui font la loi. Elle pourrait le comprendre, mais le désaccord n'est pas uniquement politique : il est aussi éthique et esthétique. Les affiches de la rue Bonaparte sont souvent lamentables, tant sur le plan formel que sur le plan conceptuel. Comparer les CRS aux SS – quand on sait ce qui s'est passé il y a tout juste une génération – c'est vraiment n'importe quoi. Mais il faut reconnaître qu'ils savent s'organiser et qu'ils ont pris de l'avance.

Delphine lève la tête, pose son pinceau, contemple son œuvre. Pas mal. Dans deux jours, l'atelier sérigraphique va enfin pouvoir imprimer ses affiches. *L'Humanité* est d'accord pour offrir des fins de rouleaux, on pourra les faire sécher fraîchement encrés dans le grand escalier. Elle fouille dans son sac, cherche ses cigarettes.

— Merde, ça suffit ! Qui m'a piqué mes clopes !?

Dans la grande salle, ça rit sous cape. La fille d'un presque ministre, ça a les moyens.

— Ah ! Non ! Ça fait trois fois cette semaine !

Delphine se lève, saisit rageusement son imper, quitte l'atelier en claquant la porte. Elle descend les escaliers, sort de l'école, salue les flics d'un petit geste insolent et se dirige vers la rue Claude-Bernard. Coup de chance, le Tréboul est ouvert.

— Royale, s'il vous plaît. Et des allumettes.

— Delphine !

Elle se retourne. Angelo ! Elle règle ses cigarettes et le rejoint dans l'arrière-salle.

— Comment vas-tu ? demande-t-il en lui faisant

une place près de lui sur la banquette. Qu'est-ce que tu fais là ?

Angelo semble ravi de la voir. Depuis leur rupture, à l'automne 1966, il a un peu forci. Les sourcils sont toujours aussi broussailleux, le regard aussi ténébreux.

— J'occupe les Arts déco, répond-elle. Et toi ?

— Moi, c'est Normale sup'. Avec Benny Lévy et Roland Castro. J'anime les Groupes de propagande et d'autodéfense et les Comités Viêtnam de base. Je suppose que cela ne te dit rien.

— En effet. Tu viens toujours ici ? Qu'est devenue la petite bande ?

— On ne se voit plus. Paul est parti aux États-Unis, Pascal a été nommé à Toulouse, Aude Prior est en Suisse, les autres, je ne sais pas. Il n'y a que Louis que je revois, ton soupirant, tu te souviens ? D'ailleurs, je l'attends d'une minute à l'autre, on bosse ensemble rue d'Ulm.

— Quel genre de travail ?

— T'occupe, fillette. On détruit puis on construit, disons que c'est un travail de maçon.

Delphine allume une cigarette, lui tend le paquet. Toujours aussi mystérieux. Que fait-il dans cet immense bordel qui enflamme tout Paris ? La chienlit, la provoc, les Katangais de la Sorbonne, est-ce lui ? Ça ne l'étonnerait pas.

— Et toi, reprend-il, toujours chez Tallon ?

— Toujours. Mais je voudrais changer, m'orienter vers la bande dessinée, j'ai déjà commencé, je suis dans le dernier *Action* qui est paru hier, avec Robert Crumb, Wolinski et Willem.

— Super, dit Angelo. Je regarderai. Je peux t'aider, si tu veux. *Le Pavé*, *Le Monde libertaire*, *Les Cahiers de mai*, je les connais tous.

— Comment je peux te joindre ?

— Ici, ma jolie. Si tu as besoin de moi, laisse un mot au patron. C'est ma boîte aux lettres.

Delphine se lève, tend la main, se ravise, l'embrasse.

— Merci, Angelo. Ça m'a fait plaisir de te revoir.

— Moi aussi. Et mes amitiés à ton Russier.

Delphine sursaute.

— Comment sais-tu ?

— Je sais tout, c'est un peu ma spécialité. Allez, *avanti* ! N'oublie pas tes cigarettes. Et si tu as besoin de moi, tu sais où me trouver.

*

(Jeudi 30 mai 1968)

Fin de partie. La droite a gagné. Un million de personnes sur les Champs-Élysées, Debré et Malraux bras dessus bras dessous en tête de cortège, drapés dans leur grandiloquence.

Pierre, amer, fait ses cartons. La veille, quand de Gaulle a fait appeler pour enjoindre les fidèles d'aller manifester à la Concorde, quand les Sanguinetti et les Foccart ont fait de la retape auprès d'anciens OAS pour grossir les rangs, quand il a appris l'arrivée de Marcellin à l'Intérieur – un Marcellin dont on connaît les sympathies pour Franco, Salazar et les colonels grecs – sa décision n'a pas été longue à prendre. Il a remis sa démission, une nouvelle fois. Amer et triste. Malraux ne le fait plus rêver. Il le revoit quelques jours auparavant, convoquant tous les directeurs et se lançant dans un discours enflammé, consumé par son obsession que les « émeutiers » prennent le Louvre.

Il le revoit mimer les hordes déferlant dans la galerie Denon et se ruant vers l'escalier. Il le revoit, bras écartés, leur barrant la route devant *La Victoire de Samothrace*, assumant une fin sublime devant les couteaux de la chienlit bolchevique. Pierre hésite. S'il ne connaissait pas intimement son ministre, il le trouverait franchement ridicule.

— Je peux vous aider, monsieur Ormen ?

Sur le pas de la porte, sa secrétaire lui sourit.

— Non merci, Suzanne. À part un cadre et deux photos, il n'y avait pas grand-chose à moi, ici. Je ne laisserai pas un grand souvenir.

— Ne croyez pas cela, Monsieur. Tout le monde vous appréciait. Monsieur le ministre le premier.

— Oui, peut-être.

— Et vous savez pourquoi ?

Pierre, curieux, hausse un sourcil. Ce que Malraux pouvait lui trouver, il se l'est souvent demandé.

— Dites, Suzanne…

— Vous le savez bien, Monsieur. Vous étiez sa conscience de gauche, sa tête chercheuse, son alibi, parfois. Sans parler de vos talents de négociateur hors pair. Vous nous manquerez, vous lui manquerez. Qu'allez-vous faire maintenant ?

— C'est tout simple : je rentre rue Cambon, à la Cour des comptes. Et je retourne à mes chères écritures. Il serait temps : je n'ai rien publié depuis trois ans.

— Je vous souhaite bonne chance, Monsieur.

— Merci, Suzanne, mais je préférerais le mérite…

— Alors bon mérite, Monsieur. Et je suis sûre que vous y entrerez.

— Où cela ?

— Mais à l'Académie, pardi !

*

(Dimanche 1er septembre 1968)

Lorsqu'il l'a appelée chez Technès, une semaine auparavant, Delphine a hésité à répondre. Depuis leur rencontre dans la galerie du Faubourg-Saint-Honoré, il y a deux ans, elle pense parfois à lui, conservant l'impression d'un homme attachant mais inquiétant. Elle a cependant accepté sa proposition de prendre un café. Peut-être veut-il lui parler d'Amélie ? Ils se sont retrouvés près de la Bastille, dans un quartier où elle était sûre de ne pas croiser son père. Amédée lui a effectivement parlé d'Amélie, ne cessant de lui dire à quel point elle lui ressemblait. La dévisageant. Lui prenant la main. Lui répétant sans cesse qu'il avait aimé Amélie au-delà du possible. Puis il y a eu cet épisode incompréhensible. Quand elle lui a appris qu'elle était enceinte, il a pâli, s'est mis à bégayer en la regardant avec effroi. Il s'est levé, a déposé un billet sur la table et s'est enfui en courant. Elle s'est dit qu'il était bien à plaindre et qu'elle n'aurait pas dû évoquer sa grossesse qui le renvoyait visiblement au destin tragique de sa sœur.

Par la fenêtre du petit salon, Delphine examine le ciel. Tel un tapis volant, un nuage rectangulaire s'avance lentement vers le nord. Est-ce le moment de formuler trois vœux, comme Aladin ? Je voudrais que mon bébé se porte au mieux, qu'Olivier soit toujours près de moi et qu'Apolline trouve sa place dans un magazine. Elle soupire, heureuse. Son regard balaie la pièce. Pour masquer l'horrible papier peint à fleurs mauves de son appartement, elle a tendu les murs d'une toile de jute ocre. Une moquette verte recouvre les carreaux disjoints. Elle a aussi aménagé un petit coin cuisine et, luxe suprême, fait installer une salle d'eau avec douche et W-C. Les reins calés par de gros coussins, quelques biscuits à portée de main, elle lit *Les Choses*, un livre de Georges Perec que lui a conseillé une amie. Pour la troisième fois, elle décortique la phrase : « Dans le monde qui était le leur, il était presque de règle de désirer toujours plus qu'on ne pouvait acquérir. Ce n'était pas eux qui l'avaient décrété ; c'était une loi de la civilisation. »

Perec, songe-t-elle, a écrit ce texte en 1965. Est-ce pour cela ou plutôt contre cela qu'est né pour partie le mouvement de mai ? Une société de consommation sans véritable désir ? Elle referme son livre, mal à l'aise. « Sous les pavés la plage », « la beauté est dans la rue », « soyez réaliste, demandez l'impossible »... Comment de tels espoirs ont-ils pu s'évanouir en moins d'un mois ? Pour la première fois, en juin dernier, elle a voté aux législatives. Le raz-de-marée gaulliste l'a profondément écœurée : où sont passés ceux qui voulaient tout changer ? Et où sont les femmes ? Moins de deux pour cent à l'Assemblée !

Trois petits coups frappés à la porte interrompent ses réflexions.

Delphine pose son livre, va ouvrir. Sa mère jette un coup d'œil vers son ventre, l'embrasse sur les deux joues.

— Bonjour, ma chérie. Va vite t'allonger. Olivier n'est pas là ?

— Il est à RTL, une pub pour des pâtes, il sera de retour à midi.

— À propos de pâtes, j'ai fait quelques courses au

Primistère. Je t'ai pris du café, du sucre, des sardines et du lait. Et des oranges. C'est important, les oranges.

— Merci, maman. Quand êtes-vous rentrés ? Comment ça s'est passé ? On était vraiment inquiets.

Ariane et Pierre reviennent de Prague où ils étaient invités pour discuter d'une adaptation cinématographique de *L'Année sans fin*.

— Un cauchemar, répond Ariane en déposant son filet à provisions sur la table. Figure-toi que le 19 août, vers 5 heures du matin, j'ai entendu un bruit de bulldozer provenant de la rue. J'ai dit à ton père : « Tu te rends compte, ils travaillent même la nuit, ici… » Ton père s'est levé et a ouvert la fenêtre : c'étaient les chars russes qui envahissaient la ville ! Puis il y a eu les tirs, les morts, le retour en urgence à Paris. On en aurait pleuré, on avait presque honte, avec notre pauvre révolution du mois de mai. Et toi, ma chérie, comment vas-tu ?

— Ma gynéco estime qu'il faut vraiment que je prenne au sérieux les consignes de prudence, que je reste le plus possible allongée jusqu'à l'accouchement.

— Tu ne t'ennuies pas ? Ton Tallon te donne des trucs à faire ?

— Non. Mais j'ai Apolline pour me tenir compagnie. Regarde.

Ariane examine quelques dessins, sourit à la lecture des textes.

— C'est bien, dit-elle. Vraiment très bien. Tu aimerais creuser cette voie ?

— J'y pense.

— Et Olivier, comment ça va ?

— Pas génial. À ce propos, il va devoir s'absenter une semaine fin octobre, un petit tournage près de

Biarritz. Est-ce que je pourrais venir m'installer rue de Vaugirard pendant ces huit jours ?

— Bien sûr, ma chérie. L'Heure Bleue ?

— Terminé. Il a décidé de fermer.

Ariane allume une cigarette, cherche un cendrier.

— Mais qu'est-ce qu'il va faire, alors ?

— Ne t'inquiète pas pour nous, répond Delphine en poussant une soucoupe vers elle. Il va reprendre les petits rôles, cinéma et théâtre, il pense également à faire du doublage, nous n'allons pas mourir de faim.

Ariane inspecte les lieux. C'est charmant mais petit.

— Je voulais te parler d'une idée, se lance-t-elle, ne le prends pas mal, mais je suppose, enfin, il me semble…

— Oui ?

— Comment te dire ça, je ne…

— Qu'est-ce qu'il y a, maman ? Sois simple !

— Oui, tu as raison. Quand le bébé naîtra, ce serait bien si vous… Comment dire… si vous habitiez ensemble.

Ariane est rouge de confusion. Delphine se met à rire.

— Ne me dis pas que tu es gênée de me parler de ça ?

— Non, ma chérie, mais je redoute parfois tes réactions. Tu es tellement… tellement moderne ! L'idée, ce serait de vous aider à vous installer. Ton père est d'accord. Nous pourrions t'avancer ta part d'héritage, si tes frères et ta sœur n'y voient pas d'inconvénient, bien sûr. Nous avons des amis qui vendent un appartement rue Brisemiche, devant l'église Saint-Merri. Avec les travaux du quartier, les prix sont plus qu'intéressants. Il faudra vivre au milieu des gravats pendant quelques années, mais c'est au centre de Paris et ce serait certainement un excellent investissement. Il serait à ton nom, évidemment…

Delphine se lève pour préparer du thé. Ariane prend les devants :

— Laisse-moi faire, chérie.

— Maman !!!

— Pardon… Qu'est-ce que tu en penses ?

Delphine pose la bouilloire sur le réchaud, va chercher les allumettes sur la table.

— C'est vraiment gentil, je suis très touchée. Je vais y réfléchir, en parler avec Olivier.

— Ton père dit que c'est le quartier de l'enfance de Robert Desnos, ça devrait lui plaire.

— Je verrai, maman. Parle-moi des jumeaux, je ne les ai pas vus depuis des mois.

— Je crois que ça va, les clients avaient gelé tous leurs investissements, ça repart doucement. François est confiant, il envisage même de s'agrandir. Si tu te décides pour la rue Brisemiche, tu seras à une centaine de mètres de leur agence. Ah ! Oui ! Il semblerait que Julien ait trouvé un compagnon plus, comment dire… plus stable que les précédents. Nicolas, un créatif, comme ils disent.

— Et papa ? Il a repris du service rue Cambon ?

— Non, pas encore. Il tourne un peu en rond. Plus de voiture de fonction, plus de coups de fil ni de coursiers, nous ne sommes plus invités aux premières, c'est un peu curieux. Pour moi, tu imagines, c'est épatant. Pour lui, j'ai l'impression que ça reste difficile. La drogue des sommets de l'État, il faut croire qu'on n'en décroche pas d'un simple claquement des doigts. C'est toujours d'accord pour dimanche prochain ? Pour une fois, tout le monde sera là.

— Y compris le copain de Julien ?

— C'est bien possible.

— On sera là. Je serais curieuse de voir la tête qu'il a, celui-là…

*

(Samedi 26 octobre 1968)

John J. a garé la grosse Mercedes rue Meslay, à quelques pas du métro République. Il jette un coup d'œil dans le rétroviseur, croise le regard de Marie, baisse les yeux. Il aimerait passer sa vie à la regarder, qu'elle soit hagarde, chauve et le teint jaune au sortir d'une séance de chimiothérapie ou radieuse comme un matin de printemps, parfaitement maquillée devant les journalistes. Il l'aime absolument, depuis le premier jour, en silence. S'en rend-elle compte ? Il espère bien que non. Marie saisit son étui à violon, ouvre la porte.

— Tu viens, Jules ? On y va, John J. ?

Dans son long manteau noir qui lui bat les chevilles, coiffée d'un bonnet de laine rouge et dissimulée derrière des lunettes de soleil fatiguées, elle semble sortir d'une cour des miracles revisitée par Hollywood. Jules, revêtu de guenilles plutôt chic, complète le tableau. Pour son retour à la scène, Marie a choisi le métro. Son étui à la main, tenant son fils de l'autre, elle s'engouffre dans la station, suivie à une distance respectable par un John J. renfrogné. Il n'aime pas ces petites virées. Parvenue à un carrefour de couloirs qui lui semble stratégique, Marie sort son violon, pose l'étui à terre, ouvert. Jules, à ses pieds, joue aux petites voitures. Pour se chauffer les doigts, elle entame *Nihavet Longa,* un thème folklorique turc du XIe siècle. Les deux années passées sans se produire n'ont pas entamé sa technique, toujours aussi économe, ni son vibrato, d'une rare poésie. Quelques voyageurs, surpris, contemplent la mère et son fils. À une dizaine de mètres, dans la posture du badaud, John J. surveille les alentours. S'estimant prête, Marie cale soigneusement son stradivarius et commence par interpréter la *Chaconne* de Bach, l'une des pièces les plus ardues du répertoire. La foule se presse sans la remarquer, à part un jeune homme qui ralentit un peu le pas, s'approche puis repart après avoir déposé deux francs dans l'étui. Marie remercie d'un signe de tête et enchaîne avec l'*Ave Maria* de Schubert, qui rapporte un franc, puis une pièce de Massenet, à nouveau deux francs. Une femme s'approche, examine Jules accroupi à ses pieds, invective :

— C'est vraiment une honte de faire la manche avec un enfant !

— Pourquoi ? s'étonne Marie. Avec un chien, c'est mieux ?

John J. se prépare à intervenir mais la femme repart en maugréant. Une demi-saison de Vivaldi plus tard, Marie range son violon et ramasse sa monnaie.

— *Come on*, Jules. On s'en va.

— Combien on a de sous ? demande Jules.

— Sept francs et vingt centimes.

— C'est bien ?

— Pas terrible.

— Pourquoi on est venus ?

— Parce que la semaine prochaine, à Pleyel, je joue

la même chose et je vais gagner cinq mille fois plus dans la soirée. C'est pour te montrer la relativité des choses.

— C'est quoi, la relativité ?

— C'est quand la vérité est en caoutchouc, qu'on peut tirer dessus, la déformer, qu'on ne sait plus quoi en faire.

— On n'a qu'à en faire un lance-pierres !

— Bonne idée. Allez, *let's go*…

*

(Lundi 28 octobre 1968)

Il pleut sur le Luxembourg, une bruine d'octobre, froide et tenace. À Biarritz, Olivier dit qu'il a beau temps. Devant la porte-fenêtre du balcon, Delphine compte : encore trois mois et demi. Au loin, l'Observatoire émerge à peine dans un ciel gris souris. Sur le balcon, l'olivier et l'oranger, fiertés d'Ariane, frissonnent sous le vent mauvais.

Pierre et Ariane ne rentreront pas avant la tombée de la nuit, son père de la Cour des comptes, sa mère de Fontenay. Delphine déambule dans l'appartement, retrouve les odeurs de son enfance : le linoléum dans le couloir et la cuisine, l'encaustique des meubles, les bougies parfumées de chez Guerlain dont sa mère a toujours raffolé. Et les bruits : la latte de parquet de l'entrée qui grince, le ronronnement sourd du réfrigérateur, les airs d'opéra qui montaient de l'appartement du dessous, désormais remplacés par une *Lettre à Élise* touchante d'application.

Dans le bureau de Pierre – son ancienne chambre –

l'odeur du tabac se mêle aux effluves – âcres – de l'encre Waterman. Elle s'assied sur le divan, contemple la table de travail de son père. Les feuillets s'y empilent, rangés au cordeau. Il a enfin retrouvé son rythme, de minuit à 3 heures, et semble heureux d'écrire. Elle inspecte négligemment la bibliothèque : Beckett, Camus, Céline, Giono, Guilloux… Sur une étagère, en hauteur, elle aperçoit le petit violon de Marie, celui que sa mère lui avait offert lorsqu'elle était enfant. Delphine a déjà vu cent fois cet instrument mais l'envie lui prend – soudaine – de le toucher. Elle monte sur une chaise – prudemment – tend le bras pour l'attraper, remarque une petite clé dans un cendrier bleu. Cachée ou oubliée ? Elle s'en saisit et la contemple fixement dans le creux de sa paume. Ce n'est qu'une petite clé toute simple, au panneton noir et dont l'anneau a dû être autrefois doré. Delphine referme sa main et la serre de toutes ses forces. Il se passe quelque chose d'étrange. Elle a du mal à respirer, se sent vaciller ; il lui faut mobiliser toutes ses ressources pour descendre de son perchoir en s'agrippant aux montants de la bibliothèque et aller s'asseoir sur le divan. Elle relâche doucement son étreinte pour regarder à nouveau cette clé dont la marque s'est imprimée dans sa chair. Elle sait. Elle sait depuis la seconde où elle l'a vue. Tout s'emballe, son cœur pulse dans sa poitrine à la faire hoqueter, ses tempes battent furieusement. Et il y a cette voix qui répète continûment : « Ta clé, c'est ta clé, Delphine, c'est ta clé… » Elle se contraint à respirer lentement, profondément, tout en inspectant la pièce. Il faut qu'elle se calme. Ici, il n'y a que le placard du bas de la bibliothèque qui soit muni d'une serrure. Elle introduit la clé, tourne délicatement. À l'intérieur du placard, des dossiers rigides aux étiquettes soigneusement calligraphiées sont classés dans l'ordre alphabétique, comme les livres : CdC, Factures, Feigel, Fontenay, Gallimard, Impôts, Juridique, Reculet, Vaugirard, Villaret… Pas de dossier Delphine. Je suis folle, songe-t-elle, vraiment folle à lier. Je m'attendais à quoi ? À trouver une chemise intitulée « Vérité des origines de Delphine Ormen », que Pierre aurait gentiment rangée entre Vaugirard et Villaret ? Villaret : mais c'est quoi, ça ? Delphine sort le carton de sa rangée, l'ouvre. Il contient une dizaine de feuillets tapés à la machine, dans lesquels il est question d'Amélie. Instantanément, son corps se couvre d'une suée glacée. Elle va s'allonger sur le divan, commence sa lecture.

7 juillet 1942

Entrée en clinique à 17 heures d'Amélie Ormen, née le 15 octobre 1923, fille de Valentin et Marie-Thérèse Ormen. Décharge signée par Pierre Ormen, son frère. Accord Valentin Ormen pour prendre en charge les frais d'hospitalisation et de traitement. Délire. Mise sous calmants. Cure de sommeil à envisager. Vient d'accoucher deux heures auparavant, au 38, rue de Vaugirard, d'une petite fille. Accouchement géré par Ariane Ormen, la femme de Pierre Ormen.

Entretien avec Pierre Ormen. Déclare que sa sœur Amélie a fait un déni de grossesse jusqu'à l'accouchement, et, en effet, elle réfute dans son délire avoir eu un enfant.

Dans la marge, en rouge, écrit à la main :

« Voir si rapport avec la mort de M.-T. Ormen, morte en couches au moment de la naissance d'Amélie en 1923. Appeler Valentin O. »

11 juillet 1942
Réveil d'A. O.
Aucun souvenir de l'accouchement, mais délire et prostration. À garder sous calmants. Appel téléphonique de P. O. L'ai rassuré.

12 juillet 1942
Hypothèse confirmée. Déni grossesse suite grande probabilité viol.

13 juillet 1942
Confirmation soupçons. A. O. dit avoir été violée par son frère Amédée. Appeler V. avant d'en parler à P. O. ?

15 juillet 1942
R.-V. avec Pierre Ormen. L'ai informé de l'hypothèse du viol de sa sœur. Après hésitation, lui ai parlé de son frère A., auteur du viol désigné par Amélie et père de l'enfant.

Dans la marge, en rouge, écrit à la main :
« Suite à entretien avec P. O., décision commune de ne jamais parler du viol à qui que ce soit. Le bébé sera un enfant recueilli puis adopté par Pierre et Ariane Ormen. (L'ont prénommé Delphine.) »

Delphine, incrédule, relit le texte plusieurs fois. Amédée, son père ! Elle pose une main sur son ventre pour protéger le bébé de la tornade intérieure qui la déchire de haut en bas. Ses yeux se révulsent, elle se sent au bord de l'évanouissement. Respirer, respirer… Elle tente de se redresser, n'y parvient pas, laisse choir les papiers à terre. Amédée a violé sa propre sœur ! Elle ne parvient pas à y croire. C'est tellement inconcevable, inimaginable. Hagarde, épouvantée, elle se baisse, ramasse les feuillets, les range machinalement dans la chemise. Respirer, respirer… Elle comprend désormais pourquoi ses parents ont cherché à dissimuler, mensonge après mensonge, le secret de sa naissance. Elle est le fruit d'un viol doublé d'un inceste ! Une bouffée de dégoût la fait frissonner : elle revoit encore Amédée faisant le beau lors de leur première entrevue, Amédée s'enfuyant du café il y a deux mois à l'annonce de sa grossesse. Évidemment ! Voleur, violeur, menteur, lâche, le tableau est complet. Les larmes affleurent, elle pense à cette mère qu'elle n'a pas connue, qui a préféré se réfugier dans la folie plutôt que d'accepter l'innommable. Pauvre Amélie, pauvre chérie ! Que s'est-il vraiment passé, il y a deux ans, lorsqu'elle s'est enfuie de l'appartement ? Amélie aurait-elle retrouvé assez de lucidité pour vouloir en finir avec un passé trop lourd à porter ?

Delphine se lève, fait quelques pas, comme s'il lui fallait réapprendre à marcher. Ne pas pleurer, s'intime-t-elle, surtout ne pas pleurer.

— Je suis là, Mai 1968, ne t'en fais pas, murmure-t-elle en posant une main sur son ventre, je serai toujours là pour toi, ces horreurs ne t'atteindront jamais. Tu es l'enfant de l'amour, toi.

Les larmes coulent sans qu'elle ne puisse plus les retenir.

Elle se rend dans le salon, tire les rideaux, s'allonge dans le canapé et ferme les yeux. Elle ne veut plus penser. À rien. Elle tourne l'interrupteur de la télévision et contemple avec indifférence l'incroyable spectacle de la planète Terre filmée depuis Apollo 7. Pourquoi n'est-elle pas une enfant abandonnée dans une caisse en bois au coin de la rue Garancière et de la rue de Vaugirard ?

*

— Tu dors, chérie ?

Ariane allume le lampadaire, en diminue l'intensité, jette son imperméable sur un fauteuil. Elle se penche, éteint la télévision, embrasse sa fille sur la tempe.

— Tu dors, chérie ?

Delphine ouvre les yeux. Elle rêvait. Amélie enjambait le balcon de l'appartement, se jetait par la fenêtre, et Amédée ne faisait pas un geste pour la retenir. La chute durait, durait, elle attendait le bruit du corps s'écrasant sur le trottoir, mais Amédée prenait la parole et disait : « Viens, Delphine, viens, je t'offre un café… »

Elle ouvre les yeux, aperçoit le visage de sa mère penchée sur elle.

— C'est toi ?

— Mais oui…

— Je rêvais. Une horreur.

Delphine se redresse, sa main se pose sur le dossier. Elle déglutit péniblement. Amédée, Amélie. Ce n'est pas un simple cauchemar.

— Maman, demande-t-elle doucement, qu'est-ce qui s'est passé avec Amédée ?

Ariane se fige.

— Quoi, Amédée ? Tu veux parler des Bronstein ? De sa condamnation ?

— Non. Amédée et Amélie…

Ariane lève la tête, étonnée.

— Je ne comprends pas.

Delphine saisit le dossier, l'agite sous son nez.

— Et ça ?

— Quoi ça ?

Delphine sort un feuillet, le lui tend.

— Ça. Pourquoi ne m'as-tu jamais rien dit ?

Ariane chausse ses lunettes, vire au gris à mesure de sa lecture. Elle s'assied près de sa fille, cache son visage dans ses mains. Delphine, décontenancée, est soudain prise d'un doute.

— Tu ne le savais pas ?

Ariane fond en larmes. Jamais Delphine ne l'a vue dans un tel état.

— Pour qui pleures-tu ? Pour Amélie ? Pour moi ? Pour toi, parce que papa t'a tenue à l'écart ?

Ariane hoche la tête, Delphine laisse échapper une sorte de gloussement désolé. C'est le monde à l'envers ! C'est elle qui devrait être consolée, cajolée ! Elle saisit la main de sa mère.

— Mets-toi à sa place, se surprend-elle à expliquer doucement : un frère qui viole sa sœur et lui fait un enfant, c'est un secret que l'on garde pour soi. Il a voulu nous protéger, tu comprends ? Te protéger, me protéger, protéger toute la famille.

— Je croyais qu'on se disait tout. Qu'on partageait tout !

— Maman !

— Oui ?

— C'est moi qui en prends plein la gueule, pas toi !

Ariane pose sa main sur le genou de sa fille :

— Excuse-moi, ma chérie. S'il te plaît, allume-moi une cigarette, je n'ai même plus la force de lever la main.

Ariane pense à Pierre qui va bientôt rentrer. Il a vécu muré dans son secret pendant un quart de siècle, sans pouvoir se confier à qui que ce soit, pas même à celle dont il partage la vie. Faut-il lui en vouloir ou le remercier ?

— Ça va, maman ? s'inquiète Delphine en lui tendant une cigarette allumée.

Ariane acquiesce et sourit tristement :

— Ça va aller. Et toi, ma chérie ?

— Je ne sais pas. Ça reste encore irréel. J'ai l'impression d'être en plein cauchemar.

— Tu vas en parler avec ton père ?

Delphine ne répond pas. Auquel des deux pères fait-elle allusion ? Au vrai ou au faux ? Et quel est le vrai, quel est le faux ? Ariane pense à Pierre, évidemment. Pourtant, c'est bien à l'autre qu'elle va parler. Dès demain.

*

(Mardi 29 octobre 1968)

— J'en ai pour un instant, attendez-moi ici…

Delphine claque la porte du taxi et franchit les quelques mètres de trottoir qui la séparent de la galerie. Son regard croise celui de Ghislaine qui hoche la tête imperceptiblement : oui, il est là. D'ailleurs, délaissant un client, Amédée s'avance déjà, l'œil arrondi par la surprise. Delphine marche à sa rencontre, le fixe longuement puis le gifle à la volée :

— Tiens, « papa » !

6

(Vendredi 28 février 1969)

Le berceau est une vraie merveille. Pierre l'a dessiné dans le style des années 1940 et fabriqué dans son atelier de Fontenay, l'ancienne villa Godin de son père située au sous-sol. Delphine l'a peint, un parme rosé très doux agrémenté d'oiseaux et de notes de musique. Sur la commode Empire, les cadeaux s'accumulent : layettes, chaussons, chauffe-biberon, jouets. Elle se penche, contemple son fils : il dort sur le dos, bras écartés, béat. Elle prend la main minuscule, admire les doigts fins, les ongles parfaits, elle resterait ainsi des heures à observer les mimiques de son fils. À quoi rêve-t-on quand on est un bébé ? À la dernière tétée ? Au ventre de sa mère ?

N'étaient le bruit incessant des travaux et un paysage environnant s'apparentant à un lendemain de bombardement, l'appartement de la rue Brisemiche aurait tout du havre absolu : soixante-quinze mètres carrés, un rez-de-chaussée tranquille sur cour intérieure privative. Ils ont emménagé quelques jours avant la naissance de Paul, Olivier s'y sent bien : il a récupéré le piano de L'Heure Bleue, le bébé l'émerveille, sa compagne est rayonnante.

Delphine attache une étoile à la flèche du berceau, résiste au plaisir de caresser à nouveau une joue ou un bras et quitte la pièce en laissant la porte ouverte. La venue au monde de Paul semble l'avoir lavée de ses tourments, comme si le passage à une nouvelle génération permettait de solder les comptes avec la précédente. Les circonstances de sa propre naissance ne hantent plus ses nuits comme avant, même si l'image d'Amélie sur la chaussée s'invite un peu trop souvent dans ses rêves. Son seul souhait est que le petit bout de chou qui dort près d'elle soit préservé de ces horreurs, qu'il grandisse dans un monde sans secrets, sans mensonges.

La sonnette de l'entrée émet un son de crécelle. Delphine jette un coup d'œil en direction de la chambre et va ouvrir. Christiane porte un pardessus d'homme et des godillots. Une écharpe de laine tricotée à la main lui couvre la moitié du visage.

— Salut, toi ! Entre vite, on gèle…

Les deux amies s'embrassent. Christiane enlève ses gants et va placer ses mains au-dessus du poêle Godin.

— Il fait bon, ici…

Elle sort un paquet de son sac, le pose sur la table.

— Tiens, cadeau. Pour le petit.

Delphine défait l'emballage. Une grenouillère jacquard bleu blanc rose s'agrémente d'un dessin maladroit de chat faisant sa toilette.

— Je dessine moins bien que toi, s'excuse Christiane. Mais c'est l'intention, comme on dit.

— Mais tu tricotes beaucoup mieux ! Merci.

Christiane la prend par le bras.

— Tu me montres le bébé et ensuite, tu me fais visiter.

— Il dort. La visite d'abord.

Delphine l'entraîne vers la porte-fenêtre.

— Je commence par le meilleur. La cour ne nous appartient pas mais nous en avons l'usage exclusif. Soleil de 11 à 16 heures. L'été, bien sûr. Je vais installer une table et des chaises, un petit jardin d'enfant avec balançoire, bac à sable et piscine en plastique pour les beaux jours. Viens, on continue.

L'appartement est disposé en L, toutes les pièces, hormis la cuisine, donnent sur la cour : un salon, une première chambre, une autre contiguë, parfaite pour le bébé, et un bureau.

— On a pu reprendre la ligne de téléphone, poursuit Delphine, c'est vraiment inespéré. Et toi, comment te sens-tu là-bas ?

Christiane a réussi à prendre la succession dans l'appartement de la rue Guisarde.

— C'est la vie de château. La rue, le quartier, après ma mansarde dans le 14e, je n'en reviens toujours pas. Et Olivier ?

— Ravi. Depuis qu'il a fermé le cabaret, ce n'est plus le même homme. Plus calme, attentionné, c'est fou le pouvoir que possèdent les bébés.

— Sa mère est venue te voir à la maternité ?

Delphine va s'asseoir sur le canapé, un lit étroit poussé contre le mur et recouvert de coussins.

— Odette ? Oui. Un petit bonjour du bout des lèvres. Elle s'est penchée, a cherché à savoir à qui il ressemblait, a fait guiliguili et est repartie aussitôt. Je l'ai vaguement entendue grommeler « dix-sept ans », je ne sais pas s'il s'agissait de la différence d'âge entre Olivier et moi ou de celle entre Serge et Paul, je ne pense pas la revoir de sitôt. Tu veux boire quelque chose de chaud ? Un thé ? Un chocolat ?

— Tout à l'heure, merci. Tu vas reprendre ton boulot, après ton congé ?

Delphine allume une Royale.

— Non. J'arrête. L'équipe travaille sur le pavillon français de l'Exposition universelle d'Osaka, au Japon, et sur un projet de train révolutionnaire, propulsé par coussin d'air. C'est intéressant mais ma décision est prise. Je m'occupe de Paul. Et d'Apolline. Tu as pu en parler à Charlier ?

Après les Arts déco, Christiane a été engagée comme maquettiste chez *Pilote*, un magazine pour les jeunes.

— Pas encore. J'attends le bon moment. Ce serait marrant qu'on travaille ensemble ! Qu'est-ce que vous faites ce soir ? Vous venez à la fête ?

— Quelle fête ?

— Tu sais bien, c'est la dernière nuit des Halles. Je fais un reportage pour le journal. On dînera à la Marmite d'Or.

— Non, je reste avec le bébé. Bon alors, tu veux le voir ?

— Tu crois que je suis là pour qui ?

Delphine éteint sa cigarette, prend son amie par la main. Pour accéder à la chambre d'enfant, un grand cagibi réaménagé, il faut traverser celle des parents. Elle pousse la porte, se penche sur le berceau. Paul dort toujours.

Christiane sourit, attendrie.

— Mon Dieu qu'il est beau !

Delphine ajuste la couverture.

— Tu te rends compte, c'est moi qui ai fait « ça » !... C'est tellement fragile, j'ai toujours peur de le casser...

— Ne t'inquiète pas, s'il tient de sa mère, il ne risque rien !

Delphine rit et entraîne son amie.

— Laissons-le, je ne voudrais pas le réveiller. Viens, je vais préparer du thé.

Les deux femmes rejoignent la cuisine.

— Alors, dis-moi, reprend Delphine, je ne suis au courant de rien ; qu'est-ce qui se passe aux Halles ce soir ?

Christiane admire l'agencement de la cuisine, l'électroménager dernier cri. C'est beau, l'argent.

— Ils vont tout déménager, dit-elle. D'abord les fleuristes, puis la marée, les fruits et légumes, et à la fin, les produits laitiers. Demain, quand vous vous réveillerez, il n'y aura plus rien, les pavillons seront vides.

— Je regrette de ne pas voir ça mais je ne peux vraiment pas. Olivier ne va pas tarder, tu as le temps de l'attendre ?

— Il faut que je file. Je repasserai dimanche, si tu veux bien. Je t'appelle.

Delphine raccompagne son amie jusqu'à la porte puis se précipite vers la chambre d'enfant. Il lui a semblé entendre quelques vagissements.

*

(Mardi 18 mars 1969)

Comme chaque troisième mardi du mois, Odette pousse la porte de la galerie Charpentier à 12 h 15. Sans ce cérémonial, le lien ténu qui l'attache encore à Isaac disparaîtrait inexorablement. Il n'y a pas de cimetière, alors elle va chez Charpentier. Ou à la galerie Leiris, s'enquérir de la cote des Picasso.

En examinant un nu de Degas, la conscience qu'elle est enfin devenue vieille lui apparaît comme une révélation. Bientôt soixante-dix ans. Et la mort qui se profile. Que peut-il bien se passer dans l'au-delà ? Où va-t-on ? Retrouve-t-on sa jeunesse et ses amours ? Existe-t-il un enfer et un paradis ? Probablement pas. Il n'y a rien, tout simplement. L'idée du néant ne la gêne pas outre mesure. L'important, c'est de profiter des années qui restent sans se poser de questions. Sauf une, lancinante : Amédée est-il en possession de *L'Heure bleue* ? Elle n'aimerait pas mourir sans connaître la réponse. Et sans qu'Amédée paye pour sa forfaiture. Comment a-t-il pu oser se présenter aux élections après ce qu'il a fait, même s'il y a eu prescription ? Et après l'affaire des Ballets roses, dans laquelle il était impliqué ? C'est inimaginable ! Heureusement, il s'est ramassé une veste. Amédée à la Chambre des députés ! C'eût été le pompon !

Edmond soulève sa casquette, en lui tenant la portière. Odette croise brièvement son regard. Depuis qu'elle sort avec Alain, il lui semble y surprendre quelques lueurs malicieuses, il faudra qu'elle y mette bon ordre.

— Au Palais-Royal, Edmond. Le Grand Véfour, rue de Beaujolais. Vous prendrez par l'Opéra.

— Bien, Madame.

Alain. Elle en est folle. Vingt-cinq ans, une gueule d'ange et une ardeur proportionnelle aux cadeaux qu'elle lui fait. Elle n'a évidemment aucune illusion sur la nature de ses sentiments. Comment pourrait-il l'aimer ? Mais elle exige qu'il fasse semblant. Et avec de la conviction. Le garçon, fort d'un modeste rôle dans *Indomptable Angélique*, rêve d'une carrière de jeune premier à la hauteur de celles de Delon ou de Belmondo. Il en a l'étoffe, juge Odette. Alain lui a parlé d'un projet de scénario écrit sur mesure pour lui : *Les Chemins de l'amour*, l'histoire d'un jeune prêtre qui, voulant sauver une prostituée de Pigalle, devient son souteneur. Petit budget, scandale assuré, ça peut marcher. Et si j'assurais la mise en scène ? se demande-t-elle. Après des années de roman-photo, avec un bon assistant technique, je devrais m'en sortir sans difficulté.

Odette se cale dans le coin gauche, à l'abri du rétroviseur. Avant tout, il lui faut prendre une décision pour le magazine. La proposition du groupe Hersant semble raisonnable, ils garderaient tout le personnel et elle pourrait réinvestir les fonds dans la production cinéma, dans *Les Chemins de l'amour* par exemple et dans des films de charme, c'est un genre qui marche très bien.

La 504 déboîte, s'engage dans la rue de la Paix, contourne une MG rouge décapotable.

— Edmond, quelle est la marque de la voiture que je vais acheter à mon petit-fils ?

— Spitfire, Madame, de la marque Triumph.

— C'est cela, merci.

Odette a récompensé le succès de Serge au baccalauréat en lui payant son permis de conduire et lui a promis une voiture de sport. En raison des événements, l'épreuve s'est déroulée uniquement à l'oral, en juillet, et il fallait être analphabète pour ne pas être reçu. Colette assure que Serge s'est considérablement assagi : il s'est inscrit à Censier et envisage de préparer Sciences Po. Avec son charisme et son aplomb, Odette l'imagine fort bien en homme politique ou en diplomate. Est-il passé voir son frère enfin, son demi-frère – chez Olivier et Delphine ? Pour ce qui la concerne, une fois suffit. Elle a horreur des bébés en général et ce n'est pas cette crevette à demi orménienne qui va la faire changer d'avis.

— J'attends ici, Madame ?

Edmond s'est garé rue Vivienne, à quelques pas du restaurant.

— Très bien, Edmond. À tout à l'heure.

Odette pousse la porte du Grand Véfour, cherche David des yeux, l'aperçoit au fond de la salle.

— Madame Russier, bonjour, si vous voulez bien me suivre, Monsieur est déjà là...

Le maître d'hôtel n'a rien oublié, ni elle, ni leur table fétiche, celle qu'ils ont occupée pendant des années. Odette remercie d'une inclinaison de tête, s'assied et sourit à David. Les cheveux ont encore blanchi, le teint est toujours aussi triste, un vrai Pierrot lunaire. Elle se rappelle, comme chaque fois qu'elle le revoit, le regard perdu du garçon de quatorze ans qui se cachait, terrorisé, dans la gare du Luxembourg, après s'être échappé du Vél' d'Hiv'. Comment le temps peut-il passer si vite ? C'est aujourd'hui un homme de quarante ans présentant tous les signes de la réussite, dont celui, discret, d'une pointe de rouge à la boutonnière.

— David, mon petit David... dit-elle en cherchant sa main.

David réprime un mouvement d'agacement.

— Bonjour, Odette, merci d'être venue. Tu es resplendissante.

Odette se demande pourquoi il a demandé à la voir. Généralement, c'est elle qui prend l'initiative de leurs rencontres.

— Alors, c'est vrai ? lance-t-elle sans préambule.

Tu vas te marier ? Enfin ! Je désespérais ! Comment s'appelle-t-elle ?

— Isabelle.

— Mais alors, elle n'est pas juive ? Catholique ?

— Mais non, Dadou. Il y a des juifs qui s'appellent Jean-Pierre. Des juives qui s'appellent Isabelle. Et des goys qui s'appellent David.

— Que fait-elle ?

— C'est la fille d'un confrère. Elle ne travaille pas.

— Et quel âge a-t-elle ?

— Vingt-huit ans.

Odette approuve. Douze ans de différence, c'est bien. Avec Valentin, ça faisait quinze. D'après ce qu'elle sait, avec l'aide de son futur beau-père, David espère racheter l'étude qui appartenait à Isaac, boulevard Malesherbes. Un rêve d'enfant. David la détaille avec attention. Perplexe. Elle a vraiment l'air d'une poule.

— Des nouvelles de La Croix-Valmer ? s'enquiert-elle.

David, à sa demande, surveille l'évolution des zones constructibles. Il s'est mis en relation avec Charles Voli, le maire de la commune, et suit le dossier de près.

— Rien de neuf, Dadou. Il faut du temps. Dans cinq ans, à mon avis, ce sera chose faite. La commune a besoin d'argent.

Odette fronce les sourcils. Contrariée. Elle aussi a besoin d'argent.

— J'aimerais que tu fasses quelque chose pour moi, dit-elle.

David soupire. Il a hésité à l'inviter à déjeuner, il n'aurait jamais dû ! Que va-t-elle encore inventer ?

— Je veux que mon petit-fils, Serge, soit mon légataire universel.

— Tu veux déshériter Olivier ?

— Parfaitement. Il ne s'occupe pas de moi. Et ce n'est plus un Russier, avec sa Delphine, il est passé de l'autre côté, du côté des Ormen. Je veux que ce soit Serge qui hérite de La Croix-Valmer.

David hausse discrètement les épaules et lui tend la carte.

— Comme tu voudras, Dadou. Tiens, choisis. Ensuite, il faudra que je te parle d'une chose importante.

— Qui me concerne ?

— Indirectement.

Odette repose la carte.

— Pour moi, ce sera cœur de filet saignant, charlotte aux myrtilles et un verre de Saint-Julien. Je t'écoute, mon David.

David Bronstein appelle le serveur d'un signe de main, passe la commande. Il respire profondément, pose les coudes sur la table, croise les mains, se penche vers Odette.

— La semaine dernière, raconte-t-il, j'étais invité chez un confrère, à Saint-Cloud. Gens aisés, meubles et tableaux de goût. La maîtresse de maison portait une broche sur son corsage, diamants et rubis, j'étais en face d'elle durant le dîner, j'avais du mal à détourner les yeux du bijou. C'était exactement le même que celui que portait ma mère au revers de son tailleur. Après le repas, au salon, je me suis permis de lui demander si je pouvais le regarder. Elle l'a ôté, me l'a montré : derrière les griffes d'attache des pierres, gravées sur l'or, j'ai reconnu les initiales enlacées : E. B. J'ai pâli, elle m'a demandé si je connaissais ce bijou. Je lui ai répondu qu'il avait appartenu à ma mère, que c'étaient ses initiales. D'où le tenait-elle ? Son mari le lui avait offert au début des années 1950, ils l'avaient acheté chez un brocanteur du Village suisse, elle s'en souvenait fort bien car le vendeur ressemblait, en blond, à Louis Jourdan, un jeune premier d'avant-guerre.

Odette se fige. Amédée ! L'infâme salopard ! Désormais, c'est certain : il a non seulement dénoncé les Bronstein, mais il a également pillé l'appartement, volé les bijoux, les objets de prix, les tableaux…

— Continue, dit-elle en faisant un effort pour se contrôler.

— Cette dame était charmante. Elle a proposé de m'offrir la broche, je l'ai remerciée mais j'ai refusé. J'ai pris congé assez vite. Dans la voiture, j'en tremblais encore. Tout ce passé qui remontait comme un noyé à la surface, j'avais le cœur chaviré. Je n'ai pas pu m'endormir.

— Et ensuite ?

— Avant-hier, je me suis décidé. J'ai appelé Pierre pour avoir les coordonnées d'Amédée, sans lui dire pourquoi. Il m'a donné son adresse de l'avenue Victor-Hugo en me faisant remarquer qu'elle figurait dans le bottin. Il semblait soucieux de connaître mes raisons, je lui ai répondu qu'il n'y avait rien de grave, rien qui le concerne.

— Si on veut, commente Odette. Alors ?

— Hier, je me suis rendu à la galerie. Il était là, en compagnie d'une fille, une Eurasienne. Il ne m'a bien sûr pas reconnu : les rares fois où il est venu à la maison, je devais avoir dans les dix, douze ans. J'ai examiné les toiles accrochées au mur et je lui ai demandé s'il avait des tableaux du groupe Nabis : Bonnard, Vuillard, Maurice Denis, Félix Vallotton. A-t-il fait le lien avec la collection de mon père ? Toujours est-il qu'il a froncé les sourcils. Je lui ai dit ensuite à voix basse, sur un ton de conspirateur, que je cherchais un tableau très particulier : *L'Heure bleue*, de Picasso. C'est là qu'il a compris. Il a souri et m'a répondu au terme d'un long silence : « Vous êtes David Bronstein. C'est fou ce que vous ressemblez à votre père. En moins grand. » « Et vous, ai-je répondu, vous êtes Amédée Ormen, de sinistre mémoire. Je suis venu vous dire que je détenais une preuve. La preuve absolue que vous avez dénoncé mes parents et pillé leur appartement. »

— Alors ? questionne Odette.

— Alors il m'a regardé avec un drôle d'air. J'ai soutenu son regard, ce n'était pas une preuve juridique, je ne pouvais rien faire de plus, mais je voulais qu'il sache que quelqu'un existait quelque part pour lui rappeler chaque jour son infamie.

Odette repose son verre.

— C'est tout ? s'étonne-t-elle.

Décidément, David manque singulièrement de caractère. Son père serait déjà en route pour étrangler Amédée.

— C'est tout quoi ?

— C'est sa seule punition ?

— Crois-moi, répond David, c'est beaucoup plus que tu ne crois. Et puis, je ne vais tout de même pas lui plonger un couteau dans le cœur !

Odette contemple sa pièce de bœuf. Saignante. Moi si, songe-t-elle. Je ne sais pas encore comment, mais il va payer. Dans un mois, dans un an ou dans trois, il paiera.

*

(Mardi 29 avril 1969)

« Démission du général de Gaulle ». Le titre court sur toute la page, en capitales, souligné. François referme *Le Figaro* : plus de cinquante-deux pour cent de « non », c'était couru, on ne joue pas impunément avec les référendums plébiscitaires. Mais si la fin du règne gaulliste est une bonne chose, ce refus de la régionalisation est une occasion manquée. Pas de doute, les Français sont des veaux. Et comme dit Julien, *vox populi, vox merdi*.

François se lève, va ouvrir la fenêtre. Pourquoi faut-il que tout le monde éprouve le besoin d'allumer une cigarette dans son bureau ? Dans son strict complet gris agrémenté d'une discrète cravate bleu pâle, il ressemble à ce qu'il est : un fils de bonne famille sorti d'HEC et partant à la conquête du monde des affaires. Chez Havas, il a appris les ficelles pas toujours très propres du métier ; les petits arrangements sur l'achat d'espace au détriment des clients, pas réellement malhonnêtes, mais moralement répréhensibles. Auprès de Julien, c'est autre chose et le qualitatif a pris le pas sur le quantitatif : gagner de l'argent, très bien, mais l'important est de se positionner comme une agence créative, en pariant sur l'intelligence du consommateur. Cela implique de recruter les meilleurs concepteurs-rédacteurs et directeurs artistiques, de se battre s'il le faut avec les clients, mais c'est le prix de la cohérence. François a une confiance absolue dans le talent de son frère jumeau, persuadé qu'il comptera parmi les grandes figures de la création publicitaire dans les années à venir.

La rue est étonnamment calme. O & O a quitté le petit local des débuts, rue Michel-le-Comte, et occupe désormais deux étages dans un hôtel particulier de la rue Beaujon, près de l'Étoile. Après des débuts difficiles puis le grand barnum de mai, l'année dernière, l'agence a trouvé sa vitesse de croisière. L'équipe constituée d'une vingtaine de personnes est parfaitement soudée, le service création commence à se faire remarquer pour ses campagnes « à texte », dans la lignée de celles de David Ogilvy, aux États-Unis.

— Entre !

Julien, qui occupe le bureau contigu à celui de son frère, s'oblige à frapper avant d'entrer.

— Salut, François. Je te dérange ?

— Non, je m'apprêtais à venir te voir. Où en est-on sur Yves Rocher ?

— Ça avance. Brigitte a trouvé un beau slogan : « La beauté, cueillez-la ! » Tu pourras voir des choses à la fin de la semaine. Et toi, avec Solex ?

— J'attends la réponse. Mais je pense que c'est gagné. Si on fait entrer ces deux budgets, on augmente notre chiffre d'affaires de quarante pour cent. Et on finit de rembourser papa. Et Nicolas, ça va ?

La question s'agrémente d'un léger pincement de lèvres qui en donne le sens véritable : « Comptes-tu vraiment continuer à faire équipe avec Nicolas ? »

— François, s'il te plaît ! C'est un excellent directeur artistique. Je ne pourrais pas trouver meilleur partenaire.

— Tu connais nos règles, Julien. On était convenu qu'il n'y aurait jamais de couple à l'agence.

— Et interdiction de parler politique, répond Julien

en saisissant *Le Figaro*. Pas trop tôt qu'il dégage, ce charlot ! C'est qui, l'intérimaire ?

— Poher.

— Ah ! Oui ! Poher. Le Sénat. Très quatrième République, non ?

— On a dit pas de politique !

— D'accord. Parle-moi de ta piaule.

François envisage d'emménager dans un appartement situé en haut de la rue Ravignan, à Montmartre, doté d'une double entrée, l'une au rez-de-chaussée, l'autre au niveau moins deux.

— Une vraie folie. Mais j'en ai envie. Et pour les clients, ça en jetterait !

— Il y a vraiment un ascenseur ?

— Oui, Monsieur. Pour aller directement du salon à la chambre, sans s'arrêter à la salle de billard.

— Et la très mystérieuse Aude, qui est-ce ?

François regarde son frère avec étonnement. Personne n'est au courant. Julien ricane.

— Mais si, pauvre pomme ! Tout le monde le sait ! Même la standardiste. Pourquoi nous la caches-tu ?

François saisit la cigarette de son frère, l'écrase dans le cendrier.

— Prudence, mon petit père. Je ne sais pas si ça va déboucher sur quelque chose. Je cours après elle, mais sur la pointe des pieds. Je n'ai pas oublié la claque que j'ai prise avec Leila.

— Allez, raconte…

— Je t'ai dit que je courais après elle !

— Oui, j'ai compris.

— Non, tu n'as pas compris. Je cours littéralement. Il y a trois semaines, c'était un samedi, je suis venu bosser à l'agence. Très tôt, vers 7 h 30. En me garant, je vois une femme qui fait de la course à pied sur le trottoir d'en face, les rares passants se retournent sur son passage, étonnés. Moi aussi. Mais il paraît que c'est la mode à New York, ils appellent ça le jogging. Tu ne peux pas savoir à quel point c'est beau, une femme qui court dans le petit matin.

— Vraiment belle ?

— À tomber. Impossible de la suivre en complet-cravate, évidemment. Le lendemain, je viens à la même heure, le cœur battant. Allais-je la revoir ? Mais oui. Elle arrive par l'avenue de Friedland, j'étais venu en survêtement et baskets, je me mets à trottiner derrière elle, à bonne distance. Je l'ai suivie pendant trois jours, en me rapprochant chaque jour un peu plus. Puis, un jeudi, j'ai osé courir à côté d'elle. On a échangé quelques mots. Et tout s'est enchaîné. Elle se nomme Aude Salis, elle a 27 ans et elle compte s'installer comme psychanalyste à la fin de son analyse réglementaire. C'est marrant, cela devrait intéresser Olivier, elle est l'arrière-petite-fille de Rodolphe Salis, le créateur du Chat Noir de Montmartre. Ceci dit, la tradition chansonnière n'a pas connu beaucoup de prolongements dans la famille ; son père fait des affaires dans l'immobilier. De très grosses affaires. Je suis raide dingue. Et toi, où en es-tu ?

Julien hausse les épaules. Ça ne va pas très fort. Nicolas a du mal à assumer son homosexualité, il aurait bien besoin de consulter quelqu'un comme cette Aude Salis.

— Tu es passé voir Bécassine ? demande François.

— Pas depuis la clinique. Mais j'ai téléphoné. Le gnafron se porte bien.

— Tu as envoyé un cadeau ?

— Non. Il faut ?

— Ça se fait, dans les bonnes familles. Je lui ai offert une boîte à musique et une girafe qui fait coin-coin.

— Et Marie, qu'est-ce qu'elle a trouvé ?

— Tu n'es pas au courant ?

— Non.

— Elle lui a fait livrer un Steinway « *Victory Vertical* », on appelle ça également un « *G. I. piano* », un petit piano droit transportable fabriqué à trois mille exemplaires qui servait à divertir les soldats américains pendant la guerre.

— Pauvre môme ! Avec un père comme Olivier et une tante comme Marie, il risque d'être dégoûté de la musique dès l'âge de six mois. On déjeune ensemble ?

*

(Dimanche 20 juillet 1969)

Pierre n'éprouve pas beaucoup de sympathie pour Georges Pompidou, cet « agrégé sachant écrire » qu'il a croisé à Normale sup' au début des années 1930. La déclaration de Rome, couteau planté dans le cœur du Général, n'était pas d'une grande élégance. Quant à son Premier ministre, Chaban, il lui tape sur les nerfs avec son accent traînant, son pas vif-argent et « sa nouvelle société » qui n'a de nouvelle que le nom. Maintenant que Pierre a réintégré la Cour des comptes, la politique ne lui inspire plus que quolibets et sarcasmes. De Gaulle était insupportable, mais c'était de Gaulle. Malraux était fou, mais fou de grandeur. La droite est toujours aussi insupportable. Et la gauche, elle cause, elle cause, c'est tout ce qu'elle sait faire. Il soupire en repoussant *Le Monde* sur son bureau.

Ariane, fatiguée, est allée se coucher. Elle lui a demandé de la réveiller à 3 heures pour ne pas rater les premiers pas sur la Lune. Pendant le dîner, ils ont évoqué le mariage de François, en octobre. Un peu précipité, selon elle. Peut-être est-il obligé de se marier ? Qu'importe, sa future bru lui fait bonne impression : intelligente, réfléchie, en prise sur son époque. Pierre l'apprécie tout autant, mais la famille Salis n'est pas précisément ce dont il raffole : trop d'argent, trop d'immeubles, trop de béton. Et sans doute trop de pots-de-vin. On chuchote dans Paris : Salis comme salissure, dit-on pour stigmatiser un groupe prédateur qui dénature la capitale avec ses tours arrogantes et ses immeubles de bureaux. Cela étant, la petite est charmante et François est amoureux, ce qui ne lui était pas arrivé depuis Leila.

Ses fils l'étonnent. Jumeaux mais tellement différents. Autant Julien est fantasque, imprévisible, créatif et rêveur, autant François est lisse, parfaitement ordonné, une super mécanique intellectuelle toujours souriante, excessivement polie. On se demande parfois ce qui se cache vraiment derrière ce regard bienveillant. Curieusement, pense-t-il, François et Aude se ressemblent beaucoup. Trop ?

La conversation a roulé sur Delphine et le petit Paul. Pierre a appris que sa fille envisageait d'entamer une analyse et n'aime guère l'idée qu'elle puisse parler de lui avec un inconnu. Que pourrait-elle lui raconter ? Certes, tout n'a pas été rose pour elle, particulièrement ces derniers temps, mais triturer dans tous les sens ses traumatismes d'enfance, est-ce vraiment nécessaire ?

Bientôt les vacances, pense-t-il. Marie va à Woodstock pour un grand festival psychédélique ; elle y emmène son petit monstre. Au moins ne risque-t-il pas d'y tomber dans la Seine, comme ça lui est encore arrivé la semaine dernière. François et Aude se rendront chez les Salis, à Socoa, près de Saint-Jean-de-Luz. Il a vu les photos, écœurantes de luxe et de beauté. Julien part au Maroc, avec Nicolas, son ami. Delphine à Saint-Malo, où Olivier a loué pour trois semaines une petite maison dans l'anse du Lupin. Et nous, soupire Pierre, que faisons-nous ? Rien de bien folichon. Quinze jours au Reculet, puis une semaine en Écosse pour le festival d'Édimbourg. Il ouvre son stylo, range soigneusement le capuchon dans son plumier, pose la bouteille d'encre devant lui. Après une période durant laquelle il ne parvenait plus à écrire, la fluidité est revenue. Il était temps : à force de chercher la première phrase, on n'écrit plus rien. De quand date son dernier roman ? 1965 ? 1966 ? Son recueil de nouvelles fantastiques – *Les Contes et légendes du Luxembourg* – avance raisonnablement. Lorsqu'il aura fini, il s'attellera à un projet de plus grande ampleur.

*

La porte du salon s'ouvre en silence, Ariane passe la tête.

— C'est l'heure, chéri !

Pierre se retourne.

— Quoi ? Je travaille !

— C'est toi qui es dans la lune. Ils vont sortir !

— Nom d'un petit bonhomme, s'exclame-t-il en se levant précipitamment, j'avais oublié !

Ariane couvre ses épaules d'un châle en mohair, allume la télévision. Juste à temps : la porte du LEM s'ouvre. Les secondes s'égrènent, Neil Armstrong descend précautionneusement, prononce quelques mots. Pierre et Ariane contemplent, fascinés, l'homme empêtré dans sa combinaison de scaphandrier, pataud comme un enfant qui découvre la marche, arpenter la poussière grise de la Lune.

*

Dans le ciel embrumé, du côté des Invalides, la Lune ne brille pas plus que d'habitude. Accoudé au balcon, serrant sa femme contre lui, Pierre lui adresse un petit signe de la main et cherche à deviner la masse de l'Observatoire au-delà du Petit Luxembourg. L'homme s'habitue à tout, songe-t-il, l'impensable d'hier est normal aujourd'hui.

— Je retourne me coucher, dit Ariane en frissonnant. Tu viens ?

— J'arrive, dans cinq minutes.

Pierre rêve. Qu'aurait pensé Pascal de ce spectacle ahurissant suivi à la télévision par des centaines de millions de personnes ? Aurait-il réagi en savant ou en philosophe ? Pierre opte pour la première solution : les espaces infinis ont reculé d'un pas, c'est tout. Il rentre dans le salon, ferme la porte-fenêtre, retourne travailler pour une petite demi-heure. Humour et fantastique : dans son conte numéro trois, il inaugure de nouvelles statues dans le jardin du Luxembourg et met en scène les fantômes du passé : Gide, l'hésitant, Proust, l'enchevêtré, Valéry, le décousu, Céline, l'illuminé. Et Max Jacob, près des tennis, qui lit les lignes de la main de Claudel.

*

(Samedi 25 octobre 1969)

Son fils semble heureux, c'est tout ce qui importe. Et Marie a chanté sans faire d'esclandre. Pierre trépigne intérieurement. Encore quelques minutes et il pourra retrouver l'air pur et laïc, fumer enfin une cigarette. Son regard s'attarde sur le vitrail du Mariage réalisé par Bazaine, puis sur celui de la Pénitence. La différence ne saute pas aux yeux ! C'est ici, croit-il se souvenir, que Mitterrand se maria religieusement en octobre 1944. Comment s'appelait-elle, déjà ? Il piétine sur place, tente d'enrayer une crampe du gros orteil particulièrement malvenue. Sortir de cette église sera une délivrance, mais le chemin de croix n'est pas terminé. Il va falloir prendre la voiture, se rendre rue Chalgrin, siroter du champagne pendant des heures. Je deviens ronchon, constate-t-il, le vilain défaut des vieux messieurs.

À côté de la tribu Salis, forte d'une vingtaine de personnes, le clan Ormen semble squelettique : Pierre et Ariane, Delphine et Olivier, Julien et Nicolas, Marie et Jules. Heureusement, quelques sommités du monde politique, littéraire et artistique compensent le déficit quantitatif du 6e arrondissement par rapport au 16e, qui a par ailleurs mobilisé pour l'occasion quelques grands capitaines d'industrie. Bertrand Salis, le père d'Aude, est PDG et actionnaire principal de la Copradim, l'un des plus gros groupes de construction et de promotion immobilière d'Île-de-France. Cheveux noir corbeau plaqués en arrière, allure aristocratique, il s'est spécialisé dans les grands chantiers de la capitale comme Italie 13 ou la future tour Maine-Montparnasse dont la première pierre devrait être posée en avril.

En sortant de Saint-Séverin, Pierre prend Aude par le bras et soupire de soulagement.

— Alors, madame Ormen, pas trop émue ?

— Si, père. Prendre le nom d'Ormen n'est pas anodin. Il y a de l'or, de la lumière, du mouvement dans ce patronyme, c'est un nom qui brille et qui se mérite, ça peut faire peur.

— Et moi, je vous fais peur ? C'est pour cela que vous m'appelez « père » ?

Aude détache une fleur de sa coiffure et la lui tend.

— J'aime bien ces vieilles coutumes. Tenez, je vous offre du blanc, la couleur de la paix et de l'infini. Pour que nous soyons toujours à l'écoute l'un de l'autre, sans peur et sans tabou.

Pierre hoche la tête en guise de remerciement, pique la fleur sur son revers de veste et s'abstient de répondre. Prudent. De quoi parle-t-elle ? Ces psychanalystes ont vraiment l'art de tout emberlificoter. Devant l'église, de petits groupes se sont formés, on va de l'un à l'autre, on fume, on se salue, deux photographes font la chasse aux sourires. François discute avec son beau-père, Julien et Nicolas s'entretiennent avec Sébastien, le frère d'Aude.

— Qui emmène-t-on ? lance Ariane en s'approchant de son mari.

— Je ne sais pas. Demande à Olivier s'il est en voiture.

Prévenance superflue, la femme de Sébastien, une rousse incandescente aux yeux verts qu'on appelle Lili, semble s'être prise de passion pour Delphine et

Olivier et ne les lâche plus. Pierre saisit la main de sa femme, l'entraîne vers Bertrand Salis afin de régler la cérémonie du départ.

— On vous suit, Bertrand ?

— Très bien. Je prendrai la tête.

Mon Dieu, songe Pierre, pourvu qu'il ne faille pas klaxonner.

— C'était une belle cérémonie.

— Absolument.

— Vous me suivez, alors ?

— Je vous suis, Bertrand, je vous suis.

*

L'hôtel particulier du 26, rue Chalgrin est un joli bâtiment relativement récent de quatre étages, dont le rez-de-chaussée ouvre sur une grande terrasse dominant un jardin parfaitement ordonné.

Delphine, Olivier et Lili, toujours inséparables, évoquent *Hair*, le délire hippie qu'ils ont été voir la semaine dernière à la Porte Saint-Martin. Julien Clerc était complètement à poil sur la scène ! Lili a adoré. Delphine, partagée, lui fait remarquer que c'est quand même l'apologie du ménage à trois, de la libération sexuelle et du cannabis. Lili n'avait pas vu les choses sous cet angle : si c'est avec Julien Clerc elle veut bien tout, la libération sexuelle, le ménage à trois et le cannabis !

Dans la grande galerie, les serveurs virevoltent, plateau à la main.

— Alors, mon cher, ce retour à la Cour ? Vous avez retrouvé votre grande tenue : robe noire, hermine, mortier, gants blancs !

— Bien sûr ! Je suis magistrat !

— Et sur quels dossiers allez-vous exercer plus particulièrement vos talents ?

Pierre avale coup sur coup deux petits canapés, saisit au vol une coupe de champagne.

— Eh bien, c'est actuellement la Sécurité sociale qui m'occupe. Mais demain, ce peut tout aussi bien être la Société d'économie mixte pour l'aménagement du secteur Maine-Montparnasse, lorsque votre immense tour dominera Paris...

Bertrand se met à rire.

— Très amusant. Savez-vous que j'apprécie énormément votre fils ? Pour un garçon de son âge, il est d'une étonnante maturité. Et l'agence qu'il a créée avec son frère Julien me semble très prometteuse. Je pense pouvoir faire quelque chose pour eux. Les inclure dans mes appels d'offres publicitaires, par exemple. En tout professionnalisme, évidemment.

— Évidemment...

— Françoise, ma chère, venez vous joindre à nous...

Françoise Salis s'approche. Aussi grande que son mari, mince, parfaitement droite dans son tailleur Saint Laurent, elle surveille le ballet des serveurs tout en arborant un sourire légèrement condescendant.

— Je parlais avec votre femme, dit-elle en s'adressant à Pierre. Son engagement pour les droits de la femme est très remarquable. Il est indéniable qu'il y a quelques petites choses à changer.

Manifestement, elle n'en semble pas totalement convaincue.

— Votre fille compte ouvrir bientôt son cabinet ? s'enquiert Pierre poliment.

— Oui, en début d'année. Je vous avoue qu'avec

mon mari, nous ne comprenons pas vraiment où tout cela peut bien mener.

Pierre note avec amusement qu'en deux minutes à peine, il se sera trouvé au moins un point commun avec les Salis.

— J'ai essayé, poursuit Françoise Salis, mais non, ça ne passe pas, tous ces gourous, Freud, Jung, sans parler de ce fumiste de Lacan – son superviseur, comme elle l'appelle – qui lui impose des exercices idiots comme prononcer très vite des mots au hasard comme fourchette, saint Jean, cornichon, amer, baliser.

— C'est vrai, abonde Pierre. Pourquoi pas duvet, vélo, avouer et corne de brume ?

Françoise se penche vers lui, vérifie que personne ne l'écoute et lui murmure à l'oreille :

— Et vous ne savez pas tout. Il paraît qu'en analyse, tout est toujours la faute des parents, vous vous rendez compte ?

*

(Jeudi 8 janvier 1970)

« La femme n'existe pas », a-t-il dit la dernière fois. Aude tente de faire le tour de la question. Qu'est-ce que cela peut bien signifier ? Elle remonte d'un pas alerte la rue de Lille en essayant de se remémorer avec précision les propos qu'elle a pu tenir lors de la dernière séance. Son dernier patient s'enfonce inexorablement, elle ne maîtrise plus rien et a réellement besoin des lumières de son superviseur.

Arrivée au numéro cinq, elle pousse la porte d'une main ferme. Elle va s'asseoir dans la petite bibliothèque puis scrute, comme chaque mercredi, le moindre recoin de la pièce : le tableau d'André Masson, les deux fauteuils, le bureau d'acajou et les quatre cents livres rares. Une porte s'ouvre sur le cabinet dans lequel l'attend l'analyste, vêtu d'une robe de chambre et chaussé de mules noires.

Aude profite des quelques instants accordés par le maître pour évoquer son patient, ses doutes. Il n'intervient pas, laisse s'écouler la parole. Au terme du temps réglementaire, d'une voix grêle, Lacan réclame ses cent francs. Aude étale consciencieusement sur un exemplaire de *L'Œil* un billet de cinquante, quatre billets de dix et de la petite monnaie.

— Voilà qui doit faire cent.

Jacques Lacan saisit une pièce et lève le doigt. Aude soupire de soulagement : il va parler.

— Une pièce, explique-t-il, possède deux faces. Une face utilitaire réservée à l'échange : c'est le côté économique référant à une valeur pécuniaire. Et une face symbolique, pétrie du mythe républicain : c'est la Semeuse. Les mots obéissent au même schéma. Quand vous communiquez, vos mots ont une valeur utilitaire, ils n'existent pas en tant que tels mais permettent d'échanger, de même que vous échangez ma séance contre de l'argent. Mais l'échange n'a guère d'importance. C'est sur la symbolique de la parole que nous devons travailler, sur le côté face. Le signifié et le signifiant. Vous et votre patient. Est-ce compris ?

— Je crois.

— Croire est une chose intéressante, conclut-il doctement. Gardez donc cette pièce, vous l'aurez en main lors de votre prochaine consultation.

*

(Mardi 10 mars 1970)

— Kathy, accompagnez donc Mme Russier au shampoing ! Et pas trop chaude, l'eau !

Odette repose *Jours de France* à regret, interrompant sa lecture d'un article passionnant sur le tournage de *Jacquou le Croquant* pour la télévision. Elle s'assied dans le fauteuil, penche la tête en arrière, ferme les yeux. Comment sera-t-elle ? La dernière fois qu'elle a joué au cinéma, c'était juste après la guerre. La Grande. Et les films étaient muets. Est-ce vraiment une bonne idée de s'inclure dans la distribution ? D'autant que son rôle n'est pas facile : une tenancière de bordel au grand cœur, dans un style Arletty. Le tournage des *Chemins de l'amour* commence dans trois semaines et elle commence à s'angoisser. Productrice, actrice, elle a pris tous les risques.

Après le shampoing, Odette passe à la coupe entre les mains de madame Yvonne, la patronne.

— Vous êtes en beauté, madame Russier, vous revenez de la Côte d'Azur ?

Odette acquiesce d'un mouvement de tête.

— Un petit week-end, dit-elle, vous savez ce que c'est, je prends le Viscount d'Air Inter, c'est vraiment très pratique, et vous verriez les passagers, c'est le Tout-Saint-Tropez du vendredi après-midi. L'année prochaine, ce sera la Caravelle, moins d'une heure pour descendre.

— Toujours La Croix-Valmer ?

— Toujours. J'y ai mes habitudes. J'y séjourne dans

un petit hôtel au faîte d'une colline qui domine la mer et une partie de mon domaine, je vous en ai parlé, une vingtaine d'hectares en bord de mer. Entre le cap Lardier et Les Mas de Gigaro.

— Où vous allez construire.

— C'est cela. Des villas de luxe.

— Et votre petit-fils, madame Russier ?

Madame Yvonne connaît Odette depuis assez longtemps pour savoir qu'il ne faut jamais lui parler de son fils, mais bien penser à prendre des nouvelles de son petit-fils. Le pourboire des filles en dépend.

— Il va très bien, je vous remercie. Il se cherche un peu, c'est l'âge. Il a quitté la faculté et travaille comme barman dans une discothèque très chic près de la Madeleine, il fait un peu le disc-jockey, vous savez ce que c'est ?

— Bien sûr, madame Russier, on dit didji, c'est ça ?

— Je lui ai bien proposé de faire du cinéma, mais ce n'est pas sa voie.

— Je suis sûre que votre film va bien marcher. Je croise les doigts. L'acteur principal, c'est qui ?

— Un jeune premier qui monte. Alain Cadoudal. Ce n'est pas difficile : aussi beau que Delon, aussi sportif que Belmondo.

— J'ai hâte de voir ça.

Moi aussi, songe Odette en fermant les yeux. Elle ne l'a pas vu depuis trois jours, il doit courir les minettes, ce garçon va la rendre folle.

*

En sortant du taxi qui l'a déposée quai du Point-du-Jour, cheveux teints et coiffée bien trop jeune pour son âge, Odette ressasse pour la énième fois les modalités de cession de *Cœur à prendre* au groupe Hersant. Trois millions de francs dont un à la signature, aucun plan social, maintien de son poste de directrice artistique si elle le souhaite, maintien de Colette comme directrice commerciale. C'est vraiment tentant. En réinvestissant dans la production cinématographique, il lui semble qu'elle pourrait en quelque sorte rajeunir et, qui sait ?, entamer une nouvelle carrière d'actrice, des rôles à la Françoise Rosay, quelque chose comme ça.

Cœur à prendre est installé dans une ancienne usine de roulement à billes. Quatre plateaux de prises de vues et différents ateliers occupent le rez-de-chaussée, les bureaux et l'habillage-maquillage-coiffure le premier étage. En intégrant un maximum d'activités et en rationalisant les coûts, Odette en a fait une véritable machine de guerre dégageant chaque année un résultat net substantiel. Hors de question de céder les bureaux à Hersant : elle en aura besoin pour sa maison de production. C'est curieux, réalise-t-elle, je suis née sous le signe des usines et de l'acier. Les obus à Bagneux, les petites billes à Billancourt.

— Bonjour, Colette !

Colette se lève, vient l'embrasser.

— Tu m'invites à la cantine ? suggère Odette. Je suis pressée !

Les deux femmes sortent du bureau, prennent l'ascenseur : le restaurant d'entreprise que *Cœur à prendre* partage avec quatre autres sociétés est situé au sous-sol. Compte tenu de l'heure, il n'y a pas encore grand monde. Plateau à la main, elles vont s'asseoir au fond de la salle dont les fausses fenêtres s'agrémentent de vues alpestres en noir et blanc.

— Alors, interroge Odette, tu t'en sors ?

Colette acquiesce. Un tour de force : produire quatre épisodes en une seule journée, avec des extérieurs à Montmartre et à Orly.

— Et toi ? demande-t-elle. *Les Chemins* ?

— On tourne dans trois semaines. Tu as vu Alain ?

Colette secoue la tête.

— Non, pas ce matin. On l'attendait sur le 2, il n'est pas venu. Peut-être est-il malade ?

Tu parles, pense Odette en tournant la tête pour masquer sa fureur. Pas malade de partout ! Encore avec une poule qu'il a ramenée chez lui. On réglera ça ce soir.

— J'ai la proposition d'Hersant. C'est vraiment infect ! grimace-t-elle en goûtant le pâté de légumes.

— Pourquoi ? Qu'est-ce qu'ils proposent ?

— Non, l'entrée, comment peut-on avaler une chose pareille !

— Elle est toujours meilleure que ton steak frites, tu vas voir.

— Bon. Tant pis. La proposition est tout à fait correcte, j'ai bien envie d'accepter. Mais je me fais du souci pour toi. Ils te gardent, bien sûr, mais pour combien de temps ? Je ne serai plus là pour te protéger.

À droite, à gauche, Colette s'assure que personne ne peut l'entendre. Elle se penche vers Odette.

— Aucune importance. Je te remercie de te soucier de mon avenir mais tu peux vendre sans problème. Roger a décidé de s'installer dans les Pyrénées, près de Moulis, pour étudier de plus près son petit dragon à l'éternelle jeunesse. Je vais partir avec lui, nous garderons simplement un pied à terre à Paris.

Odette, estomaquée, pose sa fourchette. Elle saisit son verre, la carafe, verse de l'eau, boit posément.

— Tu me quittes ?

— Ce n'est pas te quitter. Nous nous verrons souvent.

— Et Serge, qu'est-ce qu'il va devenir ?

— Je ne sais pas encore. Il part faire son service, après, on avisera. Je voulais t'en parler. Tu sais qu'il a eu un nouvel accident avec sa Triumph ? Lui n'a rien eu, Dieu soit loué, mais je crois que la voiture est irrécupérable. Je ne sais plus quoi faire avec lui.

Odette se crispe. Serge conduit très bien et il a certainement des circonstances atténuantes. Ces petites anglaises ne tiennent pas la route. Quant à ses frasques, il faut bien que jeunesse se passe.

— Odette, proteste Colette, s'il te plaît. Ne prends pas systématiquement sa défense.

— Les Pyrénées, ce n'est pas une vie pour un jeune homme. Tu le vois en berger ou en joueur de rugby ?

— Mais il reste à Paris ! Lorsqu'il reviendra du service, on lui trouvera une chambre de bonne pour qu'il reprenne ses études.

— Dans une chambre de bonne ? Mais pas du tout ! Nous avons les moyens de lui payer un studio !

— Bien sûr, bien sûr…

Odette se lève.

— C'est une affaire réglée. Et pour Hersant aussi. Je me sauve, j'ai rendez-vous au centre des impôts. Si Alain passe cet après-midi, tu lui dis de m'appeler. Sans faute.

Colette la regarde s'éloigner. Bonne chance avec ton gigolo, ma vieille. Et vive le groupe Hersant. Serge va partir pour l'armée, elle va quitter Paris, rien de mieux ne pouvait lui arriver.

*

(Lundi 4 mai 1970)

Le soleil est radieux. Sur la place du Châtelet, Delphine attend au feu rouge dans la 203 décapotée quand un énergumène ouvre la portière droite et s'assied tranquillement à côté d'elle.

— Mais dites donc ! Ah ! Serge ! C'est toi ? Mon Dieu, c'est quoi ? Tu tournes dans un film ?

Serge porte des lunettes noires Ray-Ban et un catogan à la japonaise.

— Salut, Delphine ! Comment allez-vous bien, tous les trois ? Comment se porte mon petit frère ?

— Quinze mois, ça marche, ça gazouille.

— Mon pater s'en occupe ?

— Très bien. Surprenant, mais très bien.

— J'aurais dû arriver plus tard dans sa vie, soupire Serge.

Delphine traverse la Seine, passe devant une Sainte-Chapelle assaillie par les touristes.

— Il t'aime à sa façon, tu sais.

— Tu parles… C'est quoi sa façon ? Silence et distance. Tu peux m'expliquer ?

Delphine conduit en jetant de fréquents coups d'œil vers le jeune homme. Le frère de Paul ! Elle a du mal à s'habituer.

— Qu'est-ce que tu fais ? Tu es à la fac ?

— Non. Pas en ce moment. Je pars dans un mois en Allemagne faire mon service.

— C'est combien de temps, maintenant ?
— Un an.
— C'est mieux qu'avant ! Mon frère Julien s'est appuyé plus de deux ans. Et avec ton beau-père, ça se passe comment ?
— Tu n'es pas au courant ? C'est fait, ils ont quitté Paris. Odette a vendu son magazine, ma mère va devoir se reconvertir dans la rillette. Moi, j'habite l'appartement rue Gay-Lussac avant qu'il ne soit loué, c'est vraiment génial, c'est la fête tous les soirs.
— Olivier m'a dit, pour Gisèle.
— Quoi ?
— Que vous… Que tu…
— Absolument. Mais c'est du provisoire. Elle a quinze ans de plus que moi.
— Tu vois ta grand-mère, de temps en temps ?
— Odette ? Bien sûr. Elle s'est pris une claque d'enfer avec son film, il n'a pas tenu trois semaines, il faut dire que ce Cadoudal est vraiment à vomir, le seul acteur qui tienne à peu près la route, c'est Dadou. Je te restitue la meilleure critique, ça donne à peu près ça : « Si ce n'était pas aussi risible, ce serait à pleurer. Intrigue de roman-photo, décors en carton, comédiens à la dérive. Souhaitons que *Les Chemins de l'amour* prennent très rapidement celui des oubliettes. »
— Pauvre Odette…
— Ne t'inquiète pas, elle a de la ressource. Il y a un marché auprès des boniches, elle rentrera dans ses frais. D'ailleurs, elle persiste et signe avec un Montblanc à mille balles. Elle monte sa maison de production, OR Productions, il est question d'un tournage avec un nommé José Bénazéraf, un drôle de scénario, politico-érotique, elle jouera dedans, elle est tout excitée.

— Et les terrains de La Croix-Valmer ?

— Toujours rien. Elle fulmine en se demandant si ton père n'a pas fait la bonne affaire. Et toi ? On ne parle que de moi.

— Je t'avais montré les planches d'Apolline, ma Zazie-Marie-Chantal ? Ils l'ont prise dans *Pilote*.

— Compliments. Moi, côté lecture, c'est plutôt *Rock & Folk*. Mais je l'achèterai, promis.

— Je te dépose quelque part ?

Serge se lève, monte sur le siège. Un embouteillage bloque la rue des Écoles, ce n'est pas près de s'arranger. Il embrasse Delphine, ouvre la portière.

— Je descends ici, je vais continuer à pied, j'ai rendez-vous avec une nana.

— Et Gisèle ?

— Ça n'empêche pas.

Delphine embraye, avance de quelques mètres tandis que le jeune homme s'éloigne nonchalamment vers L'Actua-Champo. Sacré Serge ! La musique et les filles, comme son père. Les chiens ne font pas des chats.

*

Delphine gare la voiture devant l'église Saint-Gervais, hésite à remettre la capote. Non, il ne pleuvra pas. Dix minutes de retard : Aude n'aime pas ça. Elle presse le pas, pousse la porte du Passe-plat, leur restaurant fétiche de la rue François-Miron, à cinquante mètres du cabinet de sa belle-sœur.

En quelques mois, les deux jeunes femmes sont devenues inséparables. Elles ont le même âge, à six mois près. Elles ont été élevées de façon diamétralement opposée, l'une très « rive droite » et l'autre plutôt

« rive gauche », une source de fous rires et d'étonnements réciproques. Une confrontation d'expériences qu'Aude et François n'ont prudemment pas voulu étendre au domicile conjugal, s'installant dès le lendemain du mariage dans un appartement de l'île Saint-Louis, propriété des parents Salis. Ni rive droite ni rive gauche et disposant d'une vue exceptionnelle.

— Comment vas-tu ? demande Delphine en se glissant près d'elle sur la banquette.

Aude est toujours aussi impressionnante. Elle se tient très droite, semble poser sur le monde un regard de propriétaire et ne se met jamais en colère.

— Tout va, merci. J'arrive de la rue de Lille, il m'aide beaucoup, mais j'aimerais bien en voir le bout.

— Il est comment ? questionne Delphine.

— Silencieux. Mais toujours « là quand » il s'agit d'encaisser !

Delphine rit. C'est beau, les mots.

— Et le gynéco, est-il un peu plus bavard ?

— Rien à signaler en particulier. C'est pour juin, fin juin.

Delphine fait un rapide calcul.

— Tiens donc ! On couche avant le mariage, dans le 16e ?

— Quand on peut le faire avec ton frère, on n'hésite pas, répond Aude. Tu es passée chez *Pilote* ? Tu continues ?

— J'ai fait un tabac. Grâce à toi.

Chaque semaine, Aude fait l'analyse de ses dessins qui tournent systématiquement autour de la relation enfants-parents. Cela permet à Delphine de présenter son travail sous un angle socio-psychologique, ce qui impressionne toujours beaucoup ces messieurs.

— Mais j'aimerais bien un magazine féminin, poursuit-elle, ou politique, comme *L'Express*, je ne suis pas vraiment à ma place dans la bande dessinée.

— Ta mère n'est pas copine avec Françoise Giroud ?

— Si, mais je lui ai interdit d'intervenir. Je veux y arriver seule.

Les deux jeunes femmes commandent. Même salade composée, même tarte au citron, même eau gazeuse.

— Et Olivier ?

— Rien de spécial.

C'est un peu le problème, songe Delphine, rien de spécial. Que lui arrive-t-il ? De plus en plus souvent, il semble se réfugier dans un monde intérieur. Il se met au piano vers 11 heures du soir, doucement, pour ne pas réveiller le petit. Et il ne parvient pas à s'endormir avant 2 heures du matin.

— L'Heure Bleue lui manque, poursuit-elle. J'ai l'impression qu'il s'ennuie.

— Mais qu'est-ce qu'il fait de ses journées ?

— Pas grand-chose : les petits rôles au cinéma se sont raréfiés, on ne sait pas pourquoi ; il enregistre des pubs à la radio et assure des doublages de séries américaines. Il a été engagé dans l'équipe de *L'Homme de fer*, tu sais, le feuilleton télévisé, ce policier en fauteuil roulant…

— Tu es inquiète ?

— Un peu. Il gagne très bien sa vie, mais la pub et la télé, ce n'est pas son milieu naturel. Je me demande s'il n'a pas un problème avec son âge : il pensait avoir vingt ans pour l'éternité, et il en aura cinquante dans quelques années. Il a sous-loué la rue Descartes à une troupe de café-théâtre, des jeunes, il n'y va jamais. Et puis, il s'est encore engueulé avec sa mère à propos de cinéma, de gigolos, de Serge… Je ne l'ai jamais vu dans cet état.

Aude reste silencieuse. Attend la suite. Qui ne vient pas.

— Parlons d'autre chose, poursuit Delphine. Comment s'appellera l'enfant ?

— Laurent si c'est un garçon. Et Valentine si c'est une fille.

— Très bien, Valentine. Très joli.

— Delphine…

— Oui ?

— Tu n'as rien à me dire ?

Aude regarde Delphine avec ce sourire attentif et bienveillant si particulier aux analystes, qui appelle la confidence. Delphine hésite un court instant, fixe sans le voir le garçon qui apporte les salades. Si, elle aurait tant à lui dire. Ses blessures, les parents qui vieillissent, les années qui passent, l'amour fou qui se transforme en tendresse. Et cette gifle, la seule véritable conversation qu'elle aura eue avec son père biologique. Elle a souvent songé en parler à Aude. Mais, confidente, psy, belle-sœur… On ne peut pas tout mélanger…

— Toujours d'accord pour samedi ? demande-t-elle pour éluder la question.

— Bien sûr, répond Aude. Nous serons tous les huit, Sébastien et Lili m'ont dit qu'ils viendraient, vous deux, nous deux, Julien et Nicolas. Une de mes amies a vu le spectacle, c'est un Roland vraiment *furioso* : les chevaliers sont des chariots à roulettes poussés par des machinistes à travers la foule, des marionnettes humaines déclament sur des tréteaux, on va de scène en scène, tout le monde est debout, il paraît que c'est génial.

Comme un adieu aux Halles, avant qu'ils ne détruisent tout. Et pour Beaubourg, j'y pense, c'est décidé ?

— C'est même commencé ! Ils ont fait sauter les numéros impairs de la rue Brisemiche, juste en face de chez nous. Rien n'est plus curieux que de voir disparaître une moitié de rue, comme si on avait tout supprimé d'un coup, les maisons, les habitants, c'est très angoissant. Nous allons vivre dans les ruines pendant des années, mais c'est la contrepartie du prix que nous avons payé. Tu te rends compte ? Quand le musée sera terminé, Paul aura huit ans.

— Et Valentine six ans et demi.

— Tu es sûre que ce sera une fille ?

— Oui. François l'a décidé.

*

(Mardi 10 novembre 1970)

Il se souvient de ce déjeuner à l'Élysée avec le Général, après sa nomination comme directeur des Arts et Lettres. De Gaulle n'avait pas prononcé un mot sur le contexte politique et artistique mais lui avait parlé de *L'Herbe folle*, son premier roman paru en 1938, et de cette remise de la croix de la Résistance durant laquelle il avait murmuré un incroyable « amen » à son oreille. Curieux et intimidé, Pierre ne s'était pas beaucoup exprimé durant le déjeuner. Il avait trouvé le grand homme plein d'humour, cynique et assez fatigué.

— Quand je mourrai, Ormen, la France pourra enfin respirer.

— Mais mon Général…

— Tsss tsss. Vous qui êtes écrivain et qui êtes de gauche, comme dit Malraux, vous devez comprendre cela. Je suis devenu un meuble de famille, et un meuble encombrant.

Pierre déplie *Le Monde*. Il est donc mort et il encombre encore tout l'espace du journal. Que restera-t-il de ce géant qu'il a admiré, respecté, de ce de Gaulle qui l'a irrité, déconcerté, exaspéré ? Le 18 juin ? La cinquième République ? Pierre a aimé l'homme de la décolonisation, celui du discours de septembre 1959 sur l'autodétermination de l'Algérie, l'homme de la Sécurité sociale, du vote des femmes. Mais il ne pardonne pas le 0,4 % du budget de la nation octroyé à la culture. Et une trop grande rigidité intellectuelle : de Gaulle possédait une intelligence assimilatrice telle qu'il comprenait chaque problème instantanément dans sa globalité, mais ses solutions étaient souvent celles du passé. Il faisait vieillir la France.

Depuis son retour rue Cambon, Pierre a renoué avec le métro et, par voie de conséquence, avec les Parisiens. Qu'il trouve toujours aussi tristes. Il descend à Cadet et se rend aux éditions du Pavot, rue Lamartine, afin de corriger les épreuves de son petit dernier, le *Manuel du petit menuisier à usage des politiques*. Il s'agit d'un pamphlet sur l'art de la langue de bois, ouvrage pour lequel – avec l'accord de Gallimard – il a souhaité changer d'éditeur.

Est-ce Malraux qui le paralysait et l'empêchait d'écrire ? Désormais, tout s'enchaîne harmonieusement. Les *Contes et légendes*, parus en mai dernier, ont obtenu le prix Conti. Cent vingt mille exemplaires au dernier relevé, on parle d'un Maupassant moderne, Queneau est ravi. Avec les droits d'auteur,

Pierre songe à acheter une maison dans le Haut-Var. Le médecin de famille prétend qu'un air sec serait le bienvenu pour ses vieux poumons de gros fumeur et ceux – charmants – d'Ariane. L'été dernier, après le Festival d'Avignon, ils ont arpenté la Provence de Nice à Marseille et de Marseille à Nice. Ils ont repéré plusieurs propriétés dans différents villages et se sont promis d'y revenir. Ce qu'il aimerait, c'est un arbre centenaire. Un beau platane ou un tilleul devant la maison, à l'ombre duquel il pourrait écrire tranquillement. Et un petit ruisseau, pas trop loin, pour écouter l'eau faire la course avec le temps.

*

La jeune femme qui lui apporte les épreuves ne lui semble pas inconnue. Il fronce les sourcils. Mais oui : c'est la petite voleuse de manuscrit rencontrée chez Delamain il y a dix ans. Elle n'a pas vraiment vieilli. Comment s'appelait-elle ? Flore ? Fort ?

— Vous êtes vraiment Pierre Ormen ?

Pierre sourit. Elle l'a enfin reconnu.

— Mais oui, mademoiselle. Vous voulez voir mes papiers ?

La fille pique un fard.

— Vous étiez plus à l'aise, la dernière fois, poursuit-il.

— Je n'aurais jamais imaginé que vous puissiez être l'auteur de *La Vive*. Vous écrivez mieux que ça, d'habitude. Et puis, entre nous, c'était un titre à la gomme.

Entre nous, songe Pierre. Jolie perspective. Que pourrait-il y avoir entre nous ?

— Premier jet, chère amie, premier jet. Comment avez-vous trouvé mon petit manuel ?

— Corrosif. Il y a longtemps que je n'avais autant ri ! Vous allez vous faire un tas d'amis à droite. À gauche aussi, d'ailleurs !

Pierre jubile, cette fille l'amuse.

— Et vous, que devenez-vous ?

— J'ai un livre en projet, mais je ne parviens pas à le terminer, ça bloque. Sinon, grâce à *La Vive*, je travaille ici, un petit éditeur mais c'est intéressant.

— Paule, c'est cela ?

— Non, Dominique. Dominique Faure.

Il sort son stylo, l'ouvre, le pose sur la pile d'épreuves.

— Quels auteurs aimez-vous, Dominique ?

— Giono. C'est de l'eau de source qui coule de page en page. Camus, c'est l'été de la pensée, le soleil suspendu. Et puis vous, parfois, je ne suis pas insensible à votre amour des petites gens.

Pierre apprécie. Il hésite puis se lance :

— Je pourrais vous aider, si vous le souhaitez.

— Volontiers. Venez prendre un verre à la maison un soir, en fin d'après-midi, j'habite tout près d'ici.

— Je suis marié, vous savez. Et deux fois grand-père.

— Pas même soixante ans. Vous avez tous vos cheveux ! Vous êtes un jeune homme !

— Vous savez, les hommes vieillissent toujours mal quand ils restent jeunes.

— J'ai lu ça quelque part. Dans votre dernier livre ?

— Non, dans le vôtre. C'est dans *La Vive*...

*

(Lundi 12 avril 1971)

Pourquoi les choses vont-elles mieux ? Par quels cheminements mystérieux une âme se libère-t-elle peu à peu de ses démons ? En cette matinée de printemps précoce, Delphine se sent plus apaisée, plus légère qu'elle ne l'a été depuis bien longtemps. C'est curieux songe-t-elle, le deuil n'est pas une maladie, mais la fin du deuil s'apparente beaucoup à une guérison. Elle pourrait souffler l'idée à Pierre ; il la lui piquerait pour un de ses romans, comme d'habitude. Quelle phrase était-ce, la dernière fois ? Ah oui ! « Juste avant de mourir, il éprouva une curieuse sensation de déjà-vu. Il respira à pleins poumons, ferma les yeux et la sensation disparut comme par enchantement. » Elle l'avait troquée contre un petit meuble de Fontenay, son père avait trouvé que c'était un peu cher.

Rue Vavin, elle s'arrête un moment chez le marchand de journaux pour acheter *Actuel*. L'article sur Valérie Solanas, la féministe qui a tenté d'assassiner Andy Warhol, pourrait intéresser Ariane. En traversant le jardin, elle feuillette rapidement le magazine. Le ton est vraiment nouveau, elle devrait aller voir ce Bizot et postuler pour Apolline.

À Vaugirard, les travaux dans la loge ne sont pas encore terminés. Delphine monte au cinquième en pestant. Et cet ascenseur, c'est pour quand ?

— Bonjour, Odile !

— Bonjour, mademoiselle Delphine. Il est prêt, il vous attend.

Paul se jette dans ses bras.

— Maman !

— Tout s'est bien passé ? demande Delphine. Il a été sage ?

— C'est un amour !

— Merci, Odile. À bientôt.

En repassant devant la loge, Delphine, cœur serré, jette un coup d'œil à l'intérieur fraîchement ripoliné. Où sont les napperons blancs, les petits chiens en faïence, l'horloge à coucou et l'armoire normande qui occupait le tiers de la pièce ? Pauvre Mme Crié, elle a rejoint ses tourterelles. D'après Ariane, c'est une Portugaise, une Mme Goncalves, qui va reprendre la charge.

Le Luxembourg embaume. Paul babille continûment, répond non à chaque question qu'elle peut lui adresser et ne cesse de courir après les pigeons. Delphine a rendez-vous avec Angelo, entre Anne de Beaujeu et Valentine de Milan. Son ancien compagnon est toujours aussi mystérieux. Lorsqu'il passe à Paris, il laisse un message au 38 sur lequel est inscrit un numéro de téléphone, jamais le même. Depuis son expulsion vers l'Italie, en même temps que Cohn-Bendit, elle ne l'a vu que cinq ou six fois. En trois ans, son regard s'est durci, il a considérablement maigri. Il tient à la main un numéro du *Nouvel Observateur*.

— Salut, fillette !

— Salut, l'ours brun.

Ils se regardent en souriant. Cela fait bien longtemps.

— Salut, Paul, dit Angelo.

— Non !

— Tiens. C'est pour toi.

L'enfant saisit le paquet de caramels et la girouette en plastique. Delphine remercie.

— Alors, camarade, lance-t-elle, toujours sur la brèche ? Ça ne t'a pas suffi, la façon dont s'est terminé Mai 1968 ?

— Justement, ma cocotte ! Il faut s'y remettre.

Elle ne sait pratiquement rien de ses activités si ce n'est son engagement dans *Lotta Continua* en Italie du Nord, un mouvement révolutionnaire. Parfois, elle imagine le pire. L'année dernière, lors de l'attentat de Milan qui a fait seize morts et une centaine de blessés, elle n'a pu s'empêcher de penser qu'il pouvait y être mêlé, directement ou indirectement.

— Tu lis l'*Obs*, maintenant ? s'étonne Delphine. Pour toi, c'est archiréac !

— Et toi, ton *Actuel*, l'underground capitaliste ! J'ai acheté *L'Observateur* à cause de ta mère. J'ai vu qu'elle faisait partie des 343, ça m'a amusé.

Delphine rit.

— Et qui a engrossé les 343 salopes, tu le sais ? C'est la question que pose mon copain Cabu ! C'est à la une de *Charlie Hebdo*, ce matin !

— Tu travailles pour eux ?

— J'essaie.

Delphine lui parle d'Apolline, qui commence à recevoir du courrier chez *Pilote*. Elle aimerait bien travailler pour un journal d'adulte, genre *Nouvel Observateur*, justement. Ou pour un magazine féminin.

— Je peux en parler à Benny, il a l'intention de monter un quotidien avec Sartre, je pourrais voir s'il y a une ouverture.

— Merci, Angelo. Tu restes longtemps ?

— Je repars ce soir. Tu as le téléphone, rue Brisemiche ?

— Oui. Appelle-moi quand tu reviendras.

Pendant une demi-heure, ils évoquent le passé, la bande de la rue d'Ulm, l'ancienne usine de Montreuil, tandis que Paul enfourne méthodiquement ses caramels.

— C'est loin, murmure Delphine

Angelo ne répond pas. Il se baisse, caresse la tête de l'enfant, se lève, embrasse rapidement Delphine sur le front.

— *Arrivederci, amore*, il faut que j'y aille.

— *Ciao, bello*…

Delphine le regarde s'éloigner. Il y a dans sa démarche de plantigrade quelque chose de tragique. Le poids d'un destin. Comme disait Sartre, il ressemble terriblement à un homme que le doigt de Dieu a coincé contre un mur.

*

(Vendredi 21 mai 1971)

La perruque verte de Marie scintille comme un diadème sous les sunlights du théâtre du Ranelagh. Violon à la main, le talon de ses bottes rouges martelant le plancher, elle harangue le public tandis que le batteur entame le dernier morceau de la soirée, *The Psychedelic Shark in the Middle of the Street*, titre phare de l'opéra-rock *Stradivarock* qui commence à faire son chemin sur les ondes. Le titre a été classé numéro cinq au Pop 30, devant *Ride a White Swan* de T. Rex. Technique et anarchique, tout en roulements de toms et percussions de cymbales, le batteur joue des deux pieds avec sa double grosse caisse, dans le style caractéristique qui lui valut de figurer un temps dans le trio The Jimi Hendrix Experience. Marie saisit le micro, hurle « *Jules is mine for ever !* » et se met à chanter. Sa voix monte, monte, accompagnée par le tapping à deux mains des deux guitaristes. Dans la salle, un vent de folie balaie les travées, ça hurle, ça danse. À la fin du morceau, en transe, Marie saisit son violon, le pose sur la partie intérieure de sa clavicule et exécute le *Vol du bourdon* en soixante-trois secondes. Puis elle salue le public, enchaîne baiser de la main et bras d'honneur, disparaît dans les coulisses. Chacun le sait, elle ne réapparaîtra plus.

À la sortie du théâtre, une foule hétéroclite s'agglutine sur les trottoirs, bien décidée à attendre : les concerts de Marie se finissent souvent dans la rue. Delphine, François, Aude et Sébastien, son frère, se dirigent vers la gare de Boulainvilliers où est stationnée la voiture.

— Ma sœur est folle, dit François.

— Elle est géniale, corrige Sébastien.

Sébastien est un fan inconditionnel de Marie, qu'il suit depuis ses débuts en 1967. Grand spécialiste du rock, il pourrait disserter à l'infini sur la batterie de Ginger Baker, la basse de Jack Bruce, la guitare d'Alvin Lee et la voix de Marie.

— Le Navigator, rue Xavier-Privas, ça vous dirait ? propose-t-il.

— Non, répond François, si Aude continue comme ça, elle ne va pas tarder à accoucher, nous allons rentrer.

— Bon. Je vous dépose. Et toi, Delphine, tu es partante ?

Delphine hésite. Olivier est en province, Paul dort à Vaugirard, pourquoi pas ?

— D'accord, dit-elle. Mais plutôt Aux Charpentiers, si ça ne t'ennuie pas. À Mabillon. J'ai la nostalgie du coin.

— Bien sûr.

Dans l'Alfa 2000 qui les emmène vers l'île Saint-Louis, personne ne parle. La fureur du concert est encore palpable, Sébastien conduit vite, vitre ouverte.

— Le bébé va naître sourd, plaisante Aude. Ou bien rocker. Votre sœur est prodigieuse, mais je la préfère dans son répertoire classique. C'est vraiment un stradivarius qu'elle a sur scène ?

— Elle est assez givrée pour ça, répond Delphine.

— Elle l'a épousé ?

— Qui ça ?

— Le mec des Who, son producteur, Christopher quelque chose.

— Non, elle sort avec un footballeur. Un type qui a de l'or dans les pieds et des enzymes gloutons dans la cervelle.

— Ouais, il joue à Lille.

— Non, à Marseille.

— Faut lire *L'Équipe*, mon petit bonhomme !

— Mais on s'en fout ! s'écrie Aude.

— Je crois qu'elle vit avec les deux, tranche Delphine. J'ai vu l'Anglais sur la péniche, l'autre jour.

Un quart d'heure plus tard, Sébastien s'arrête quai d'Anjou, laisse le moteur tourner. Il sort de la voiture, embrasse sa sœur, serre la main de François.

— Bonne nuit, dit-il.

— Bonne soirée ! lance Aude. Soyez sages.

La voiture redémarre, direction Saint-Michel. Delphine, perplexe, s'interroge sur la dernière recommandation amusée de sa belle-sœur. C'est probablement une phrase machinale, un petit mot de la fin, mais c'est franchement déplacé. D'où sortent-ils, ces quelques mots, de quel inconscient ?

Aucune table n'étant libre Aux Charpentiers, Delphine et Sébastien se rabattent sur Le Charolais, rue des Ciseaux. Nappes à carreaux rouges et blancs, bougies plantées dans des bouteilles. « Soyez sages » ! Delphine n'a toujours pas digéré. Pourquoi se retrouve-t-elle ici ? Elle n'aime pas spécialement la viande. Sébastien, prolixe, parle de tout et de rien, agitant avec grâce des mains de pianiste.

— Comment va Olivier ? demande-t-il.

— Bien. Son premier fils, Serge, vient de rentrer du service. Sinon, toujours pareil. Pubs et doublage.

— Et le quartier ? Ce n'est pas trop dur ?

— Un peu. Mais ça va. On se bat pour garder ce qu'on peut encore sauver des pavillons Baltard, une pétition de deux mille cinq cents signatures a réussi à stopper les travaux de démolition des six de l'est, tu sais, ceux où ont eu lieu les concerts et l'expo Picasso. Mais tout sera par terre en juillet, c'est la fin du combat. À part pour les trotskistes, qui promettent de s'enchaîner aux poutrelles.

Delphine se fige, regarde Sébastien d'un air horrifié :

— Ne me dis pas que vous êtes dans le coup, pour les monstruosités qui remplaceront probablement les Halles ?

Sébastien se met à rire.

— Non. Et c'est bien dommage. Mais ne t'inquiète pas, nous bousillons Paris du côté du front de Seine, des gratte-ciel comme à New York. Ça va être affreux !

— Ce n'est pas drôle.

— C'est vrai. Excuse-moi. J'aimais les Halles autant que toi. Sais-tu que, pour devenir fort des Halles, il était nécessaire de passer un concours ? Il fallait pouvoir porter deux cents kilos sur cinquante mètres et il y avait aussi une dictée éliminatoire !

Sébastien est charmant. Il connaît bien Paris, c'est un très bon conteur, Delphine le regarde défendre son groupe avec beaucoup de passion. Il fait de l'argent, c'est vrai, mais il contribue à la croissance. Et cela profite aux plus démunis. D'après ce qu'elle sait, la filiale dont il s'occupe est spécialement chargée de réunir les investisseurs dans les tours de table. Et d'ici un an ou deux, il devrait prendre la direction du holding familial.

— Tu as fait HEC, toi aussi ?

— Oui, quatre ans après François, on aurait pu se croiser.

— Et Lili, questionne Delphine, elle travaille ?

Sébastien se rembrunit. Il appelle le serveur, commande une bouteille de Gigondas.

— Pièce de bœuf avec moi, ça te tente ?

— Oui. Saignante.

— Parfait.

Sébastien referme la carte, la tend au serveur. Il se renverse légèrement en arrière, cherche ses mots.

— Non, elle ne travaille pas. N'a jamais travaillé. Moitié lézard, moitié oiseau, elle se dore au soleil ou médite en chantant sur les plus hautes branches.

— Mais dis-moi, c'est charmant !

— C'était charmant. Mais ça bat de l'aile depuis un moment. Je ne sais pas si tu l'as remarqué, mais on se quitte souvent pour les mêmes raisons qu'on a eues de s'aimer. Je crois que nous sommes au bout. J'envisage de divorcer.

Delphine le contemple avec stupeur. Ils ne sont mariés que depuis deux ans.

— Je suis désolée, dit-elle.

— Mais non, c'est ainsi…

Delphine lui sourit gentiment. La drague-t-il ? Peut-être. Curieusement, il y a quelque chose d'Olivier en lui. Séducteur, charmeur, avec ce détachement mi-attachant mi-exaspérant vis-à-vis des choses et des êtres. Mais la comparaison s'arrête là. Sébastien ne cultive pas de mélancolie cynique, il s'investit dans l'action, pas dans le rêve. En oubliant la différence d'âge, il pourrait être un Olivier de droite. Me drague-t-il ? se demande-t-elle à nouveau en observant la main de Sébastien s'avançant sur la table, un peu plus loin qu'il n'est nécessaire. Aude aurait-elle parlé ? A-t-il senti l'imperceptible distance qui s'établit depuis quelques mois entre Olivier et moi ? Ou est-ce moi qui émettrais à mon insu des petits signaux indiquant que la voie est libre ?

— Raconte-moi un peu ta vie. La famille, tout ça.

Sébastien attend que le serveur ait débouché le vin et rempli les verres.

— Nous sommes les descendants de Rodolphe Salis – le Chat Noir, tu connais – qui, d'après mon père était de noblesse authentique, ayant le droit de porter depuis le XIe siècle la couronne ducale. Tu parles ! C'était un farceur ! Dans les années 1880, après avoir fait l'acquisition d'un manoir près de Gisors, Salis a ajouté à son nom « seigneur de Chatnoirville en Vexin », puis, un peu plus tard, « baron de Naintré » quand il s'est installé dans une gentilhommière près de Châtellerault. C'est avec ce pedigree totalement bidon que mon père a réussi à épouser ma mère, dont la dot plus que considérable était subordonnée à un titre de noblesse. Tout ça pour te dire que, dans la famille, on vénère deux choses : les armoiries et les comptes numérotés.

— Même toi ?

— Les armoiries, pas vraiment. Pour le reste… Je suis le fils chéri, la continuité du nom et de l'empire. J'ai été modelé pour ça : nurses, éducation religieuse, meilleures écoles, biberonnage intensif aux bienfaits du libéralisme… Sans pour autant – du côté de ma mère, au moins – oublier la part du pauvre à table. À vingt-six ans, j'ai pris en charge une succursale, je n'avais rien à dire, c'était écrit. La seule façon de m'en sortir, d'échapper à tout cela, c'était de réussir. Ce que j'ai fait. Et puis, avec le temps, j'en suis arrivé à aimer mon métier. Monter des financements, trouver des partenaires, c'est passionnant.

— Pas de pavés en 1968, je suppose…

— D'autant moins que j'étais aux États-Unis, en voyage d'études. J'adore ce pays.

— Avec Lili, vous n'avez pas fait d'enfant ?

— Pas eu le temps, répond Sébastien. Non, excuse-moi, c'est de mauvais goût. L'un de nous est stérile ; nous ne savons pas lequel.

— Tu es malheureux ?

— Non. D'ailleurs, quelque chose me dit que je rencontrerai bientôt la femme de ma vie.

Delphine le fixe droit dans les yeux.

— Comme ça, par hasard ?

— Mais oui.

Nous y voilà, pense Delphine. On approche. Aurais-je une tête de hasard ?

— C'est curieux, le hasard, dit-elle en allumant une cigarette. Ses facéties m'étonnent toujours.

— Moi aussi, renchérit Sébastien. Tu connais la dernière ?

— Non.

— Eh bien, tu prends un dictionnaire, tu le fais tomber par terre, il s'ouvre sur le mot hasard : c'est un miracle ! Alors que si tu le fais tomber par terre et qu'il s'ouvre sur le mot miracle, c'est juste le hasard…

Delphine se met à rire. Épatant. Il faudra monnayer ce joli aphorisme avec son père.

— Et penses-tu, comme on dit, que le hasard fait bien les choses ?

Sébastien sort son stylo.

— Je ne sais pas, répond-il. Mais le hasard qui nous réunit aujourd'hui ne me déplaît pas. Tu sais ce que j'aimerais ?

Delphine appréhende ce qui va suivre.

— J'aimerais que tu me fasses un dessin, un dessin d'Apolline, en souvenir de la soirée.

Delphine acquiesce, soulagée. Elle trace un petit dauphin sur la nappe en papier puis se met à dessiner. Une Apolline qui fait la gueule, comme souvent. Avec son texte dans le phylactère : « Si je suis une petite peste, ce n'est pas par hasard : la dessinatrice, c'est ma mère ! »

— Merci, Delphine…

— De rien, Sébastien…

*

(Vendredi 6 août 1971)

Paris cuit. Goudron collant et fontaines prises d'assaut. En franchissant le porche et en plongeant dans la fraîcheur de l'hôpital du Bon-Secours, François s'éponge le front. Il fait frais. Il monte au deuxième, parcourt le long couloir, frappe, entre dans la chambre sans attendre la réponse. Aude est allongée, le bébé repose dans son berceau. Encore une nuit et ils pourront rentrer quai d'Anjou.

— Bonjour, chérie. Tout va bien ?

Après un accouchement « sans douleur », Aude ne rêve que d'une chose : vider les lieux et se rendre à Saint-Jean-de-Luz avec sa mère et le bébé. François et son père resteront à Paris pour raisons professionnelles mais viendront les rejoindre pour le long week-end du 15 août.

— Ma mère est passée ? demande François.

— Oui, avec ton père. Je donnais le sein à la petite, il ne savait plus où se mettre… Ils partent après-demain dans le Var pour signer une promesse de vente, si j'ai bien compris.

— Je sais. Le Pas Perdu, à Villecroze. Ne me demande pas pourquoi ça s'appelle comme ça, je n'en sais rien. Mon père en est tombé amoureux. C'est une vieille bastide à deux kilomètres du village, c'est beau mais sévère, un peu encaissé, en ubac. Un ruisseau traverse la propriété. Et il y a deux platanes centenaires devant la terrasse. L'été, ce doit être merveilleux de fraîcheur.

François se penche vers sa fille, saisit un doigt minuscule. Pourquoi les bébés sont-ils aussi vilains ?

— Elle est belle, non ?

— Magnifique, chérie…

— Et sinon, qu'est-ce qu'ils racontaient, mes chers parents ? poursuit François. Je ne les ai pas vus depuis des siècles !

— Ton père a commencé un nouveau roman, *L'Angle mort*, je crois que c'est l'histoire d'une famille à Paris durant trois générations. Et il vient de finir un petit essai sur la Cour des comptes, ça s'appellera *La Rue Michel*. Tu sais pourquoi ?

— Parce que ça fait le compte, comme dans les taxis ! J'ai dû l'entendre cent fois ; n'oublie pas que mes premiers locaux étaient situés rue Michel-le-Comte.

Aude soulève le bébé avec précaution, le prend dans ses bras.

— J'aime beaucoup ton père, dit-elle en berçant doucement sa fille.

François hoche la tête. Lui aussi. Mais elle aurait pu avoir un petit mot gentil pour Ariane.

— Tu restes un moment ? demande-t-elle.

— Non, je suis juste venu t'embrasser… et la petite aussi, bien sûr, il faut que je file. Une réunion.

François s'approche du lit, caresse la joue de sa femme.

— À demain, chérie. Je serai à l'heure.

Aude acquiesce, lui envoie un baiser de la main. Il referme la porte, elle contemple le bébé avec émerveillement et perplexité. Comment un petit bout comme celui-ci peut-il devenir une jeune fille, puis une jeune femme ? Dans trente ans, songe-t-elle, Valentine aura mon âge. Comment sera le monde, alors ? Elle repose sa fille dans le berceau, ferme les yeux en rêvant à l'an 2000.

*

Elle se réveille, il est 5 heures. Delphine est là, souriante, assise près du berceau.

— Salut, la psy !

— Mon Dieu ! Je dormais !

Delphine lui tend un paquet.

— Tiens, ce n'est pas pour toi, c'est pour la petite merveille. Tu n'en as pas marre des cadeaux ? Des fleurs ? Des chocolats ? Des jouets ? Des grenouillères ?

Aude se redresse, cale un oreiller.

— Ça va, ma vieille, il y a encore de la place dans le placard. L'Olive n'est pas avec toi ?

— L'Olive a emmené Paul à la piscine rue de Pontoise. Et moi je fais le poireau en les attendant.

— Tu m'as apporté tes dernières planches ?

— Non, j'ai fermé boutique, Apolline est en vacances.

— Et tu pars avec elle ?

— Après-demain. Nous allons deux jours au Reculet, nous laissons Paul à sa grand-mère puis partons pour Noirmoutier pendant dix jours. Olivier a loué une petite maison pratiquement les pieds dans l'eau.

Aude approche le berceau, jette un coup d'œil à sa fille.

— Comment ça va, avec Olivier ?

— Autant que ça puisse aller. Je le trouve, comment dire… légèrement absent.

— Vous êtes ensemble depuis combien de temps ?

— Cinq ans.

Aude s'interroge. Où en sera-t-elle, dans cinq ans, avec François ? À son avis, ils auront trois enfants et ils seront parfaitement heureux.

— Et pourquoi vous ne feriez pas un petit deuxième ?

Delphine renifle.

— Je ne peux plus avoir d'enfant. Mon accouchement ne s'est pas très bien passé.

— Je suis désolée, je n'aurais pas dû poser cette question.

— Ne t'en fais pas, ce n'est rien. De toute façon, je suis pratiquement sûre qu'Olivier n'aurait pas voulu.

Aude tend le bras, pioche un chocolat dans un sachet doré.

— Qu'est-ce qu'ils ont, les mecs, en ce moment ? Tu sais que Sébastien va divorcer ?

Delphine ne répond pas.

— Bon, d'accord, poursuit Aude, on parle d'autre chose. Tu ne m'as pas dit que tu devais voir ton Italien ?

— Angelo ? Si. Il est venu dîner à la maison il y a trois semaines, Olivier aime bien discuter politique avec lui. Toujours aussi mystérieux sur ses activités. Je pense qu'il fait le lien entre les gauchistes français et italiens, je n'y comprends rien. Par contre, il m'a branchée sur un projet de quotidien, il y a Sartre dedans et un nommé Benny Lévy, ça m'a l'air assez fumeux.

— Delphine ?

— Oui ?

— Tu veux bien être la marraine de Valentine ?

— Qui est le parrain ?

— Sébastien.

Delphine n'hésite qu'un instant.

— D'accord, chérie, mais il s'occupe de tout ce qui est religieux, moi je me charge du reste. Ça te va ?

— Ça me va.

7

(Jeudi 10 février 1972)

J'ai un œil blanc et l'autre noir, songe Pierre en se penchant vers la glace, deux yeux concurrents dont l'un empêche son double de briller totalement. Entre contes et comptes, je me tortille, je flemmarde, je m'absous de mes retards, je prie mes ambitions de me pardonner, quel écrivain serais-je si je ne faisais qu'écrire ?

Il pose son rasoir sur la tablette de verre, ouvre le tube de dentifrice. *L'Angle mort* piétine. Entamé il y a dix-huit mois, c'est un château de cartes qu'il faut totalement rebâtir chaque fois qu'il opère un changement. En outre, le travail d'historien qu'il veut inattaquable requiert de longues recherches en bibliothèque. Jamais il ne livrera le manuscrit à temps. À sa décharge, l'œil noir, ces derniers temps, a pris nettement le dessus sur le blanc. Président de la cinquième chambre de la Cour des comptes ! Curieusement, cette nomination ne l'emplit pas de joie. Il se sent vieux. Rageur, il se brosse les dents avec acharnement, ses gencives saignent. Dans un mois, il aura soixante ans. Comme il le fait souvent lorsqu'il est maussade, il imagine son éloge funèbre. Ce matin, c'est Anatole France célébrant Zola qu'il parodie : « Rendant à Pierre Ormen, au nom de ses amis, les honneurs qui lui sont dus, je ferai taire ma douleur et la leur. Ce n'est pas par des plaintes et des lamentations qu'il convient de célébrer ceux qui laissent une grande mémoire, c'est par de mâles louanges et par la sincère image de leur œuvre et de leur vie. »

D'accord, je suis vieux, admet Pierre pour lui-même. Et alors ? Ils sont tellement supérieurs, les jeunes ? Il se penche vers la glace et se tire la langue. Il y a un mois, Dominique Faure lui a adressé un petit mot, lui reprochant sa non-assistance à écrivain en danger, lui demandant ce qu'il avait pensé du manuscrit qu'elle lui avait fait parvenir. Il l'avait trouvé cru, impudique, mal écrit… et lui avait répondu qu'il était incapable d'en juger, lui suggérant en plaisantant de le perdre dans le métro. J'aurais pu la sauter, songe-t-il, mais je n'en ai pas envie. Ni de tromper Ariane, ni de jouer les coureurs de jupons sur le retour. Hier, sur le boulevard Saint-Michel, il s'est fait aborder par un vendeur de feuille de chou d'une vingtaine d'années avec son inévitable boniment : « Pardon, m'sieu, vous n'avez rien contre les jeunes ? » Que n'a-t-il répondu « si, précisément, j'en ai contre les jeunes, contre leur bêtise satisfaite, contre leur incroyable prétention à vouloir nous apprendre la vie, comme si rien n'avait existé avant eux, en dehors d'eux… Je ne peux pas les encadrer, les jeunes ! ».

Il examine un gros point noir, le massacre vite fait entre deux ongles. En ce moment, toutes les occasions de s'engueuler avec ses proches sont bonnes à prendre. Et sur tous les sujets : la minijupe de Delphine, les cheveux longs et les pantalons pattes d'ef de Julien, le projet de Beaubourg avec François, les frais de fonctionnement de Fontenay avec Ariane…

Côté Salis, c'est pire. Il s'est encore accroché avec Bertrand sur cette saloperie de tour Montparnasse. Et pour bien faire, il a trouvé moyen hier soir de se disputer avec son ami Pierre Desgraupes, directeur de l'information à l'ORTF, à propos de la censure à la télévision. Quelle classe, ce Clavel : « Messieurs les censeurs, bonsoir. » Juste les mots qu'il fallait. Nets et implacables.

Maurice Clavel… Il y a bien longtemps qu'il ne l'a pas vu. Pierre se frictionne le visage à l'eau de Cologne. C'était à la radio, sur le Poste Parisien, au début des années 1950, à Cognacq-Jay. Une émission intitulée « Qui êtes-vous ? » ou quelque chose dans ce goût-là. Ariane l'encourageait derrière la vitre. Pour conclure l'interview, Clavel lui avait demandé : « Êtes-vous heureux ? » Il avait répondu oui, mais pensait le contraire. Vingt ans plus tard, est-il heureux ? Il tire à nouveau la langue, s'adresse un sourire de clown : on ne pourra pas dire qu'il ne fait pas des efforts.

*

(Lundi 22 mai 1972)

— Bonjour, bébé de rêve !

Julien en sourit encore. Il n'y a que Fabrice pour se permettre de parler ainsi sans passer pour une folle ridicule. Petits yeux, langue pâteuse. La veille, comme c'est le cas trois fois par semaine, il est allé dîner au Sept, rue Sainte-Anne, il a dansé puis il a joué aux cartes jusqu'à 6 heures du matin. Sans Nicolas. En ce moment, il boude. Eh bien boude, mon chéri, tu n'es pas le seul joli garçon dans Paris.

Julien aime les retours au bureau du lundi matin. Par Delphine, il s'est procuré des Module 40 signés Tallon, ces fauteuils et ces tables en aluminium poli aux assises recouvertes de mousse noire alvéolée. C'est ici qu'à 9 h 30 précises se tient le point hebdomadaire avec les créatifs, le planning des batailles à engager dans la semaine, à l'intérieur et à l'extérieur de l'agence.

Stratégies est posé sur son bureau, avec le courrier. Pour une fois, on ne le lui a pas piqué dès son arrivée. Il parcourt la une : le chapô de son interview figure en première page sous le titre « Oh ! & Oh !!! ». En quelques années, Ormen & Ormen s'est hissée à la vingtième place des agences françaises indépendantes, se faisant remarquer pour le rythme exceptionnel de son *new business* et son positionnement très particulier. Sous l'impulsion de Julien, un « style O & O » est apparu dans la presse : parti pris de doubles pages pour éviter toute pollution de voisinage, textes longs et de grande qualité, signés, comme les journalistes, photos irréprochables. Dans le petit livre blanc que l'agence remet aux annonceurs lors des prospections, Julien a placé en exergue son credo : ne jamais passer en force, parier sur l'intelligence et la sensibilité du lecteur.

François traverse la pièce.

— Salut, Julien, alors, tu as lu ?

— Oui, c'est bien.

Dans un milieu où les commerciaux sont rois, où très peu de créatifs sont patrons d'agence, François a choisi de bousculer les usages : il sera l'ombre, Julien la lumière.

Tous deux passent en revue les temps forts de la

semaine à venir : la prospection des feutres Reynolds, le film pour Novilon, la campagne Yves Rocher.

— À part ça, comment ça va ? demande François, faussement décontracté.

Mieux que quiconque, Julien pourrait assurer la traduction simultanée des ellipses de son frère : « à part ça » est l'indice d'une contrariété qu'il n'ose pas aborder de front.

— Qu'est-ce qu'il y a, François ? Je te pose un problème ? Quelque chose ne va pas ?

— Tu le sais bien.

— Non. Je ne vois vraiment pas.

— Nicolas.

Julien se lève, agacé.

— François, s'il te plaît, tu ne vas pas remettre ça, c'est ma vie personnelle, je vis avec qui je veux !

— À Neuilly, oui. Mais pas ici. Souviens-toi, Julien, cela faisait partie de nos conventions : pas de couple à l'agence.

Julien retourne s'asseoir à son bureau, saisit un feutre, examine attentivement le fond du capuchon, le referme.

— Ça tombe bien, dit-il sans regarder son frère, tu vas être content : on s'est engueulés !

— Sérieux ?

— Plutôt.

— Raconte.

— Il n'y a rien à raconter. Je suis célibataire.

François soupire. Julien est le baromètre des humeurs de la rue Beaujon. Ses états d'âme – à son grand regret – ont une forte incidence sur la bonne marche de l'agence. Et Nicolas, qu'il apprécie comme directeur artistique, commence à lui poser de sérieux problèmes : c'est sans doute par lui que cette saloperie de résine est entrée à l'agence.

— J'aimerais également qu'on arrête le shit. Ça empeste.

— J'y penserai, élude Julien, sarcastique. Autre chose pour ton service ?

François se lève, va à la fenêtre, regarde dans la rue, se retourne.

— Oui. Valentine, par exemple. Tu sais que tu ne l'as vue que trois fois en quinze mois ? C'est ta nièce, quand même ! Et puis, ton attitude ! Depuis que je suis marié, je ne te reconnais plus, tu n'es plus le même, je me trompe ?

— N'importe quoi ! Oui, tu te trompes. C'est toi, plutôt. Le mariage t'a rendu encore plus pénible qu'avant !

François fait quelques pas, croise les mains derrière le dos, respire longuement pour conserver son calme apparent.

— Écoute, Julien. Je n'aime pas ces disputes et je te sens malheureux. Cela m'effraie. Tu sais par ailleurs que le succès de l'agence passe par notre cohésion absolue, notre complicité. C'est Ormen & Ormen que nous avons créé. Enlève l'un ou l'autre, il ne reste plus rien.

Julien ouvre un tiroir, sort un paquet de Marlboro. Rageur.

— C'est votre faute, dit-il. À vous tous. Vous ne supportez pas que je sois homo. Tu as déjà observé l'attitude du père Salis quand je suis là ? Son regard passe à travers moi. Je suis l'homme invisible. Quant à la mère, j'ai toujours l'impression d'avoir le mot pédé inscrit en rouge sur le front, c'est tout juste si elle ne se pince pas le nez lorsqu'elle me croise.

— Tu exagères. Et si tu pouvais cesser de flinguer ma belle-famille en permanence, ça me ferait des vacances.

— Oui, j'exagère, j'hypertrophie, je charrie, je grossis, je pousse mémère dans les orties, je suis comme ça et pas autrement.

— Tu me fatigues, Julien, épargne-moi ton numéro !

Julien se dresse, furieux.

— C'est ça, ne te gêne surtout pas, traite-moi de folle hystérique pendant que tu y es. Laisse-moi tranquille, j'en ai marre de tes sermons !

On frappe : ils tournent la tête vers la porte d'un même mouvement.

— Oui ? dit François.

— C'est Catherine, perce la voix de son assistante. Je peux entrer ?

— Non, laissez-nous un instant. Je passe vous voir dans deux minutes.

Les deux frères se dévisagent un long moment en silence. Puis François hausse les épaules et sort du bureau en refermant doucement la porte. Pourquoi n'est-il pas homo, lui aussi ? Cela résoudrait peut-être tous leurs problèmes.

*

(Mercredi 6 décembre 1972)

Il y en a marre de ce trou ! À quoi ça rime de vivre près d'un gouffre de vingt mètres de profondeur, une plaie béante à cent mètres de chez elle ? Il faudrait demander à Aude, la spécialiste ès profondeurs. Les travaux d'excavation du futur musée, commencés en mai, sont désormais à l'arrêt. Et le puits sans fond attend. Quoi ? Que quelqu'un tombe dedans ? Pour sécuriser le chantier, il a fallu construire un mur de soutènement le long de la rue du Renard. Comme l'enceinte d'une prison. Devant leur immeuble, tout ce qui se trouvait entre les rues Saint-Merri et Simon-le-Franc a été rasé. Et dire que les travaux vont encore durer quatre ans !

Delphine remonte la rue Beaubourg par le trottoir de droite pour se rendre rue de Bretagne. Ça pue, comme au printemps 1968, car les éboueurs sont en grève. Sur la palissade, les fesses de Michel Polnareff n'ont pas été recouvertes, l'affiche délavée leur donne un air cadavérique. Delphine s'engage dans la rue Michel-le-Comte, passe devant l'ancienne agence des jumeaux, prend à gauche dans la rue des Archives. Un immeuble sur deux semble en rénovation. D'après le député du coin, les expulsions se multiplient, jetant à la rue des personnes âgées et des travailleurs aux revenus modestes. Des promoteurs peu scrupuleux n'hésitent pas à faire couper l'eau, le gaz et l'électricité pour parvenir à leurs fins. La Copradim des Salis est-elle mouillée dans ces magouilles ? Elle n'ose y penser. Delphine participe autant qu'elle le peut aux manifestations de soutien aux locataires mis à la porte de chez eux et fait le siège de Vaugirard pour que Pierre fasse jouer ses relations.

Parvenue rue de Bretagne, elle cherche le 14. Par l'intermédiaire d'Angelo, elle a été conviée à une réunion préparatoire au lancement d'un nouveau quotidien, *Libération*, dans les locaux de l'agence de presse du même nom. Après avoir interrogé un type transportant une machine à écrire, une jeune femme ahurie et un plombier ne parlant pas français, elle parvient à se faire indiquer la salle de réunion.

Une douzaine de personnes sont assemblées autour de deux tables mises bout à bout. À part Jean-Paul Sartre qu'elle reconnaît sans mal et Benny Lévy, qu'Angelo lui a présenté un soir dans un bar de Montparnasse, les autres participants lui sont inconnus.

— Qui êtes-vous ? interroge Sartre.

Delphine dévisage la face maigre et osseuse mangée par d'énormes lunettes.

— Delphine Or… Delphine Russier.

— Et vous faites quoi, Russier ? Vous écrivez ?

— Non, je dessine. J'ai commencé dans *Pilote*, je suis désormais à *L'Écho des Savanes*. Apolline, vous connaissez ?

Sartre tire sur sa pipe, en vain. Il contemple l'objet avec incrédulité, comme s'il s'agissait d'une offense personnelle caractérisée.

— La petite peste ? demande-t-il en fouillant dans ses poches.

— C'est ça.

— Et que faites-vous avec nous, Russier ?

Delphine attend qu'il se tourne vers elle.

— Pour changer le monde, dit-elle, il faut d'abord changer la presse, non ?

Sartre hoche la tête, satisfait : il a trouvé des allumettes.

*

(Samedi 21 avril 1973)

Quelle était cette chanson, se demande-t-elle en tendant son ticket, cette chanson dans *La Terre est ronde* que tout le monde fredonnait à l'Atelier ? Ah oui…

Combien est belle la jeunesse. C'était en 1937, elle était amoureuse et c'était la première fois qu'elle empruntait la ligne de Sceaux pour être présentée à la famille Ormen. Aujourd'hui, c'est avec Jacques Lancelot qu'elle a rendez-vous, ou plutôt avec sa fille, enceinte de trois mois. Le beau Jacques a perdu un peu de sa superbe… Trois mois, il n'y a vraiment plus une semaine à perdre.

Ariane ouvre *L'Express*, cherche l'éditorial de Françoise. Les cinq derniers mois ont été rudes, mais la condition des femmes, après le scandale des 343 salopes, a soudain fait un grand pas. À Bobigny, la stratégie de Gisèle Halimi a payé : la transformation du procès en tribune politique, la prise à partie de l'opinion publique ont suscité des centaines de débats dans l'Hexagone. De nombreuses personnalités sont venues défendre les deux inculpées : Jean Rostand, les prix Nobel et biologistes Jacques Monod et François Jacob, des politiques comme Michel Rocard et même des catholiques, comme le professeur Paul Milliez, qui a eu le courage de venir témoigner à la barre de la détresse des femmes. Halimi a été exemplaire. Ariane la voit encore s'adresser à la cour :

— Regardez-vous, messieurs. Et regardez-nous. Quatre femmes comparaissent devant des hommes. Pour parler de quoi ? D'utérus, de grossesses, d'avortements. Ne croyez-vous pas que l'injustice fondamentale soit déjà là ?

Et l'avocate d'ajouter :

— Désobéir à une loi injuste, c'est faire avancer la démocratie !

Pauvre juge ! Il était complètement largué. Et ce début de réquisitoire surréaliste, le procureur rappelant aux journalistes que, selon la loi, il était interdit de publier les débats sur l'avortement ! Ariane mesure les incroyables progrès enregistrés en dix ans. Cela étant, les femmes doivent toujours « se débrouiller ». À Fontenay, chaque samedi, deux médecins effectuent en toute illégalité une douzaine d'interventions. Ariane regarde discrètement la jeune femme qui lui fait face : et celle-ci, où va-t-elle ? Si elle descend à Fontenay-aux-Roses, une chance sur deux pour que ce soit pour la villa. Ariane examine son accoutrement : chemise d'homme, gilet en peau de mouton, sabots aux semelles en bois de près de dix centimètres. Quelle mode aussi ridicule que dangereuse !

Elle range *L'Express*, sort le premier numéro de *Libération* que lui a laissé sa fille. « Nous appellons », avec deux « l », en première page. Ça commence très fort ! Côté contenu, c'est fatigant. Il n'est question que de combat social. D'après ce qu'elle a compris, Delphine a été engagée : entre deux et cinq dessins par semaine. Le personnage d'Apolline devra être le poil à gratter de la classe politique et le reflet de l'époque. Salaire : mille deux cents francs par mois, comme tout le monde. De Jean-Paul Sartre, directeur de la publication, à Mazouzi, l'homme de ménage.

Par curiosité, Ariane est passée au 27, rue de Lorraine, une petite rue étroite et vieillotte du 19e arrondissement, afin de voir où travaille sa fille. L'équipe occupe une maisonnette de deux étages, tout cela manque manifestement de moyens et de bureaux : assis un peu partout, des jeunes gens chevelus martèlent des machines à écrire posées sur leurs genoux. Ariane est restée un quart d'heure puis est ressortie, épouvantée. Une vraie maison de fous, sans banque ni publicité. Il manque – paraît-il – vingt millions d'anciens francs pour équilibrer. Delphine a persuadé son père d'apporter une petite aide financière au quotidien. Elle l'a appâté en citant quelques contributeurs écrivains, Philippe Sollers, Jacques-Laurent Bost, Michel Foucault, Maurice Clavel... Pierre actionnaire d'un journal mao, c'est vraiment trop drôle !

Parvenue à Fontenay, Ariane se lève. Raté : la fille aux sabots n'a pas bougé, elle continue jusqu'à Robinson. Dix minutes plus tard, Ariane rejoint la villa, entre dans l'orangerie, salue la réceptionniste et va s'enfermer dans son bureau.

*

— Merci, Ariane.

— De rien, c'est fait pour ça.

— Il y a des risques ?

— Aucun. Nous suivons la méthode de Karman, par aspiration, qui permet aux médecins et aux infirmières de pratiquer des avortements sans risque pour la vie des femmes. Presque indolore, contrairement au curetage, l'opération dure une vingtaine de minutes.

Jacques Lancelot s'immobilise, pose une main sur la rambarde en pierre pour se soutenir. Il est blanc comme linge.

— Pas de détails, s'il te plaît, je vais m'évanouir.

Ariane gravit sans se retourner les huit marches menant au perron, ouvre la porte de la villa. Pauvre chéri, pense-t-elle, le héros de la Résistance qui a subi la torture sans lâcher un nom est près de tourner de l'œil à la seule évocation d'un avortement. Les hommes sont vraiment des petites choses fragiles.

— Pierre va bien ? reprend Lancelot.

Vu du perron, le parc resplendit. Encore quelques semaines et il ressemblera à un immense bouquet.

— Très bien. Il pète le feu, il s'engueule avec tout le monde, cela veut dire que son roman est en bonne voie. C'est toujours comme ça. Est-ce qu'il était aussi insupportable dans la Résistance ? Toi qui étais son supérieur, tu ne devais pas être à la fête avec un soldat pareil !

— Ne dis pas ça, Pierre n'a jamais faill…

— Il ne m'a jamais dit, coupe Ariane, vous avez commencé à… à résister à partir de quand ?

— 1941. Fin 1941. C'étaient les balbutiements, on commençait à glaner des renseignements, à recruter des contacts utiles, jusqu'à la préfecture de police. D'ailleurs, je me souviens qu'avec Pierre, tout début 1942…

— Je me suis toujours posé la question : la rafle du Vél' d'Hiv' ? Avec tous vos contacts, comment se fait-il que vous n'ayez rien su ? Vous aviez une réunion de réseau la veille, vous n'en avez pas parlé entre vous ?

Jacques Lancelot fronce les sourcils. Semble fouiller dans sa mémoire, la dévisage avec étonnement.

— Non… Je ne crois pas… une réunion ? Je ne comprends pas…

— La veille de la rafle ! Tu n'étais pas avec Pierre à une réunion de réseau ? Il n'a pas couché sur place ?

— Non. Je me souviens fort bien, ce soir-là, j'ai dîné avec l'envoyé de Londres. Crois-moi, j'ai vraiment regretté de n'avoir pas vu Pierre quand j'ai appris, pour vos amis les Bronville-Bronstein !

Ariane, sous le choc, sent le sol se dérober. Elle se souvient, mot pour mot, de sa conversation téléphonique avec Pierre :

« — Tu rentreras tard ?

— Je ne sais pas. La réunion risque de se prolonger. Je dormirai peut-être sur place.

— Sois prudent, chéri. Fais attention à toi. Je t'aime.

— Je t'aime aussi. »

Elle s'efface, se raidit, invite Jacques à entrer dans la villa. Si Pierre n'était pas avec lui, où était-il donc ?

*

— C'est si loin, chérie…

Elle a fondu sur Pierre alors qu'il travaillait dans son bureau. Essuyant les questions en rafale, il a bafouillé, puis s'est levé pour aller dans le salon.

— Oublie le « chérie » et réponds-moi ! Où étais-tu ?

Pierre se laisse tomber dans le canapé. Il pioche une cigarette dans le coffret en argent, penche sa tête en arrière, ferme les yeux. Son passé le rattrape, trente ans plus tard. Il n'y a plus d'échappatoire.

— Ce n'est pas très joli, murmure-t-il.

— Dis toujours.

— Bien, soupire-t-il. Lancelot a raison, il n'y avait pas de réunion. J'ai menti. Mais ce n'est pas, comme tu pourrais le croire, une histoire de fesses. C'est une histoire de famille, la mienne. Je t'ai caché des choses, c'est vrai, mais c'était pour te protéger. Pour vous protéger tous, toi, mon père, les enfants.

— Au fait !

Pierre ferme les yeux, reste silencieux pendant un long moment, se lance en choisissant ses mots avec circonspection.

— La veille de la rafle, le 15 en fin d'après-midi, je

suis allé prendre des nouvelles de ma sœur à la clinique, rue Villaret-de-Joyeuse. C'est ce jour-là que Bompart m'a appris qu'Amélie… qu'Amélie avait été violée…

Il marque un temps, sonde le visage de sa femme qui ne laisse transparaître aucune émotion.

— … violée par mon frère Amédée.

Ariane ne cille toujours pas.

— Ariane ! Tu n'as pas l'air de te rendre compte… Pour moi, ça a été un cataclysme.

Elle le regarde froidement.

— Continue, dit-elle.

— En quittant la clinique, j'ai marché comme un zombie, j'ai descendu l'avenue des Champs-Élysées dans un état second, partagé entre la haine et la honte. Je t'ai téléphoné, je t'ai dit que j'avais une réunion, que je restais dormir sur place. J'ai fait cela parce que je ne voulais pas rentrer à Vaugirard. J'étais sûr de craquer et de tout déballer en me retrouvant devant toi. Et cela, il n'en était pas question. Je voulais garder le fardeau pour moi seul. Je me suis souvenu que l'agent de liaison habitait dans une rue adjacente à la rue de Rivoli. Je suis monté chez elle, j'y ai passé la nuit.

— Et vous avez couché ensemble !

— Non. Enfin, oui. Tu ne vas pas me croire, mais je ne voulais pas. C'est elle qui m'a forcé.

— Pauvre petit !

Pierre ignore le sarcasme.

— Je suis rentré le lendemain matin. Tu te souviens ? Vers 7 heures. Tu pleurais. Esther, Isaac et les enfants avaient été emmenés par la police française.

Le visage d'Ariane se fige. Mon Dieu ! Les Bronstein. Et le bébé…

— C'est là qu'est la saloperie du destin, poursuit

Pierre, tête baissée. Sur la commode, il y avait une enveloppe.

— Une enveloppe grise, précise Ariane. Apportée la veille par un coursier, juste après ton départ pour la clinique. Je me demandais ce que c'était.

— Oui, l'enveloppe. Elle venait de la préfecture où j'avais un informateur, un nommé Ménélas.

— Et alors ?

— Elle contenait un billet me prévenant de la rafle du lendemain matin.

Ariane, tétanisée, laisse les secondes s'égrener. Elle finit par articuler doucement :

— Tu me dis que les Bronstein sont morts en Allemagne parce que tu as couché avec cette fille, c'est cela ?

Pierre écrase nerveusement sa cigarette, en allume aussitôt une nouvelle. Il lui semble sentir un picotement dans sa main droite.

— C'est une façon de voir les choses.

— Toi, l'honnête homme, tu as fait cela…

— Chérie, s'il te plaît. C'était pour protéger mon père, te protéger, protéger Delphine. Je devais garder l'information pour moi. Quant à la fille, ce n'était rien.

— Ne me prends pas pour une conne !

— Écoute, je ne sais même plus comment elle s'appelait.

— Et en plus tu la méprises, bravo. Tu me dégoûtes !

Pierre se lève, saisit son manteau.

— Où vas-tu ? demande-t-elle.

— Qu'est-ce que ça peut faire ? Tu juges, tu condamnes, tu ne me laisses pas une chance. Je vais dormir à l'hôtel.

— Bonne idée, crie-t-elle. Et restes-y !

Elle le suit des yeux, regarde la porte se refermer comme un couperet. Elle gémit doucement, puis les larmes jaillissent, irrépressibles, qui viennent brouiller ses certitudes.

*

(Samedi 5 mai 1973)

En poussant la porte de L'Heure Bleue, Olivier frissonne. L'émotion. Après la fermeture, en 1968, il a sous-loué la salle à une jeune troupe de café-théâtre qui a quitté les lieux au début de l'hiver en oubliant de payer son loyer. Depuis, le cabaret est à l'abandon.

— Bonjour, monsieur Russier ! Je voulais vous remercier !

Normal, pense Olivier. Ça rime. Claude Oléron lui tend la main, serre la sienne chaleureusement. Sa mère, Louise Oléron, fut avant-guerre l'une des premières chanteuses à interpréter Prévert. Au cours de ses fugues, Olivier se réfugiait souvent chez elle, rue de Seine. Aujourd'hui âgée de soixante-cinq ans, il lui faut réunir quatre mille francs pour financer une opération qui ne se pratique qu'aux États-Unis. Olivier a proposé d'organiser une soirée au cours de laquelle tous les artistes s'étant produits à L'Heure Bleue viendraient chanter gratuitement. Beaucoup ont donné leur accord et ont promis de passer en fonction de leurs disponibilités : Jacques Douai, Mouloudji, Devos, Debronckart, Pierre Étaix, Jacques Serizier, Jean Vasca, Henri Serre, Baptiste, Barbara, Roger Riffard. Avec une telle affiche, la queue va s'allonger jusqu'en bas de la rue Descartes !

Près du bar, Bill raconte à Richard de Bordeaux et à Luce Klein les débuts mouvementés de Raymond Devos à la Maison pour tous :

— Il était venu pour faire du théâtre. Je lui ai collé une brouette entre les mains et je lui ai dit : d'accord, mais tu vas d'abord le construire, ce théâtre !

— Salut Bill, lance Olivier en s'approchant du bar. Tu n'en as pas marre ? C'est au moins la millième fois que tu la racontes !

— Olivier, mon ami ! Ça fait un siècle qu'on ne s'est vus. Je me sens tout drôle d'être ici.

— Comment ça roule ? s'enquiert Olivier.

— C'est cuit, comme toi. Tiberi a eu notre peau, la Mouff' va fermer, c'est inéluctable.

— T'es triste ?

— Ouais. Mais on aura eu une belle jeunesse, hein, Moulou ?

Mouloudji les rejoint, il s'est fait beau. Pull noir et chemise blanche. Olivier lui frappe sur l'épaule.

— C'est vraiment sympa d'être venu pour Louise. Comment il va, mon Chiche-Capon ?

Moulou fait un rapide calcul. *Les Disparus de Saint-Agil*, c'était en 1938. Il avait quinze ans, Olivier quatorze. Comment le temps peut-il passer si vite ?

— Ta femme n'est pas là ? demande-t-il.

— Non, elle est restée avec le petit. Et elle n'a pas le moral, *Libé* est au bord du gouffre. Le concert de soutien offert par François Béranger et le père Ferré a permis de récolter dix millions, mais il en faut encore soixante-cinq.

— Dix millions ? s'étonne Mouloudji.

— Anciens, bien sûr. Comme nous.

— C'est pas un repaire de gauchistes, son truc ?

Olivier sort le journal de sa poche, le lui tend.

— Tiens ! Ce n'est pas un canard, c'est une tragédie grecque déguisée en vaudeville. Maoïstes contre trotskistes, anciens contre modernes, tout y passe, anathèmes, terrorisme intellectuel, abus de pouvoir, règlements de comptes, magouilles, renversements d'alliances...

— Et Delphine, ça l'amuse ?

— Pas vraiment. Mais elle s'en fout : la seule chose qui ne change pas dans le journal, c'est Apolline. Et quand elle en a trop marre, elle fait de l'autodérision. Et toi, tu en es où ?

— Je me suis installé à Montmartre, près de la rue Lepic. On est une petite bande, c'est plutôt sympa, on se retrouve en terrasse au Lux Bar, il y a les frères Célie, Caussimon, Bernard Dimey, Jean Wiener, Prévert quelquefois, on regarde les touristes monter vers la butte dans l'espoir d'apercevoir des artistes, ils passent devant nous sans nous voir, c'est vraiment rigolo. Sinon, je chante au théâtre de la Renaissance en septembre, je suis mort de trac.

— Et ce soir, tu chantes quoi ?

— Je ne sais pas. Les classiques, ça plaît, le coquelicot, les femmes cruelles, les un jour tu verras, et tout ça...

— Et *Le Chasseur Français* ?

— D'accord, si tu chantes avec moi.

Olivier l'entraîne vers le piano, le Steinway blanc offert par Marie.

— Viens, on répète !

De sa voix de velours râpé, accompagné par Olivier, alors que Gisèle a baissé les lumières, Mouloudji se met à chanter :

— « *Je me souviens du temps joli des amourettes / Le chasseur de bonheur fait flèche de tout bois…* »

Olivier enchaîne, une octave plus bas :

— « *Comme j'étais fiévreux en attendant tes lettres / Toi ma belle inconnue dont j'inventais la voix.* »

Dans la salle, tout le monde s'est tu.

— « *Moi j'avais signé "Lou qui n'attend plus que toi"* »

« *Toi : "Fauvette seulette qui pleure au fond des bois"* »

— « *C'était bête, c'était niais ; ça ne semblait pas vrai* »

— « *Nous nous étions connus par* Le Chasseur Français. »

Les deux amis éclatent de rire.

— Ça ira, conclut Olivier. Tu n'as pas perdu ta voix.

— Et toi, dit Mouloudji, tu n'as pas perdu la main. Tu ne veux pas rouvrir ?

Olivier plaque un accord. Dissonant.

— C'est fini, Moulou. On est entrés dans une autre époque. Comme disait Brassens, avec mes p'tites chansons, j'aurais l'air d'un con.

*

(Lundi 18 mars 1974)

Mais que faisait-il, la semaine dernière, à la projection privée de *Portier de nuit* en compagnie de cette femme d'une cinquantaine d'années aux allures masculines ? Odette l'avait vu pâlir en la découvrant installée juste derrière lui. Elle s'était penchée, avait posé une main sur son épaule et avait murmuré :

— Alors, Amédée, des coups de fouet et des Allemands, tu dois te sentir dans ton élément ?

Elle avait senti la rage s'emparer de lui, il avait répliqué telle une vipère sous le regard amusé de sa voisine :

— Tiens, mais c'est la vieille chouette !

Vieille chouette… Elle s'était retenue de ne pas le gifler. Il ne perdait rien pour attendre.

*

L'agence Merle est située boulevard de Sébastopol, à une centaine de mètres de la gare de l'Est. Odette règle le taxi, examine l'immeuble avec méfiance, pousse une petite porte ouvrant sur un long couloir sombre. Les murs s'écaillent, une odeur de poubelle imprègne l'escalier. Elle hésite à rebrousser chemin puis monte au premier. On verra bien.

La plaque de cuivre bien astiquée et un paillasson personnalisé lui redonnent confiance.

— Bonjour, j'ai rendez-vous avec M. Merle. Je suis Mme Bernardin.

— Bonjour, madame, je suis son adjoint, si vous voulez bien attendre quelques instants à côté, il vous reçoit tout de suite.

Odette s'assied dans un petit fauteuil crapaud. Sur la table basse, une pile de *Réalités* et quelques *Détective*. Elle feuillette distraitement un numéro, repense à sa décision. Oui, c'est une bonne idée. La porte s'ouvre.

— Venez ! Je suis à vous !

Le large bureau Knoll est entouré de chaises tulipes dont la blancheur tranche avec le rouge vif de la moquette. Aux murs, Odette croit reconnaître des reproductions de Toffoli dans une large gamme de bleus. Son visage s'éclaire. Soulagée.

— Je suis Mme Bernardin, annonce-t-elle.

— Jean-François Merle. Enchanté. Veuillez prendre place.

Odette ouvre son sac, sort son paquet d'égyptiennes, se penche pour allumer sa cigarette au briquet en argent que lui tend le directeur.

— Merci.

— Je vous en prie.

Après lui avoir présenté l'agence, ses méthodes et ses résultats, Merle s'enquiert des raisons de sa présence.

— J'aimerais, dit Odette, constituer un dossier sur quelqu'un.

— Très bien.

— J'aimerais savoir ce qu'il fait de ses soirées et de ses week-ends, qui il fréquente, son train de vie, ses amis, une enquête très fouillée, je suis prête à payer ce qu'il faudra.

— Est-ce pour un divorce ?

— Pas vraiment. Il est bien sûr indispensable que je ne sois pas mêlée de près ou de loin à l'enquête.

— Ne craignez rien. Mes hommes sont remarquables d'efficacité et de discrétion. Comment s'appelle ce monsieur ?

— Amédée Ormen. Il tient une galerie de peinture rue du Faubourg-Saint-Honoré sous le nom de Charles de Beaurepaire. Et il habite boulevard Victor-Hugo, au 130.

— Ormen est son vrai nom ?

— Oui.

Coudes sur le bureau, le directeur croise les doigts.

— Comme la violoniste ?

— C'est cela. C'est d'ailleurs sa nièce.

— Très bien, madame Bernardin, je vais vous laisser avec mon adjoint qui ouvrira le dossier et vous posera quelques questions nécessaires à l'enquête. Vous réglerez comment ?

— En espèces.

— Parfait, madame Bernardin.

Odette croit sentir une certaine ironie dans l'énonciation de son patronyme d'occasion. Était-ce bien nécessaire de se présenter sous un faux nom ?

— Voici trois mille francs pour les premiers frais, dit-elle en poussant une enveloppe vers lui. Je repasserai dans une semaine à la même heure.

— Et où puis-je vous joindre ?

— C'est moi qui vous appellerai.

Odette tend la main.

— À tout à l'heure, monsieur Merle, je viendrai vous dire au revoir.

— J'y compte bien, madame… Bernardin.

*

(Jeudi 2 mai 1974)

Vraiment étonnant ce supermarché du livre. Mais la nouvelle Fnac va devoir engager des judokas pour protéger ses rayons, les petits libraires sont vraiment furieux. Pierre fait le compte de ses écrits parus en édition de poche : *L'Herbe folle*, *Loin de soi*, *La Lune à moitié*, *L'Arme noire*, *La Porte dérobée*, *Les Ailes des anges*, *L'Année sans fin*, *Un Jour en mai*, *Manuel du petit menuisier à usage des politiques*, *La Rue Michel*, ils sont tous là, bien rangés à la lettre O. Huit romans et deux essais, au fond, c'est peu. Avec *L'Angle mort*, qui va paraître en décembre, le total des romans s'élèvera à neuf. Un bilan honorable, mais pas encore une œuvre.

Pierre descend la rue de Rennes en direction de Saint-Germain-des-Prés, achète *Combat* et *Libération* à la sortie du métro.

Parvenu rue du Vieux-Colombier, il oblique vers Mabillon, rejoint la rue des Canettes et entre chez Georges. Curieusement, le café n'est pas bondé.

— Pierre !

Assis sur la banquette face à l'entrée, Olivier lui fait signe. Pierre s'installe sur une chaise, enlève son imperméable.

— Tu viens souvent ici ? demande Olivier.

— J'y venais souvent quand j'étais plus jeune.

— Un petit blanc, ça te va ?

— Parfait.

Olivier lève le bras, passe la commande.

— Tu voulais me voir ?

Pierre, coudes sur la table, mains jointes, le regarde comme s'il allait lui confier un secret d'État. Il attend que les verres soient posés devant eux et fixe Olivier droit dans les yeux.

— Oui, pour te remercier. Cela fait plus de deux ans que je veux le faire et je n'en ai jamais eu vraiment l'occasion.

Pierre se baisse, saisit un paquet.

— Tiens, c'est pour toi.

Olivier enlève le papier d'emballage, découvre un

Don Quichotte patiné par les ans, probablement une édition rare.

— Mais en quel honneur ?

— Il y a deux ans, ma brouille avec Ariane. Sans toi, je dormirais peut-être encore à l'hôtel.

Olivier hoche la tête. Sacré Pierre ! Toujours aussi cérémonieux. Et toujours aussi compliqué dans ses rapports aux autres. Mais, c'est vrai, il avait dû batailler ferme pour convaincre Ariane. Et sans l'aide de Delphine, qui ne voulait pas s'en mêler.

— Voilà, dit Pierre, je respire mieux. Comment va mon Paul ?

— Bien. Je te remercie pour le vélo. Il dort pratiquement avec.

— Et ma fille ?

— Elle travaille sur un nouveau personnage, pour les enfants.

Pierre détaille le visage d'Olivier : malgré ses cinquante ans, il ressemble toujours à un adolescent.

— Ton grand fils, des nouvelles ?

— Il s'est inscrit en psycho mais ne fiche rien. Il a les cheveux jusqu'aux épaules, porte des rouflaquettes comme le chanteur de T. Rex, il fume du shit quand il ne s'envoie pas en l'air au LSD. Je ne te cacherai pas que je suis inquiet. Il zone dans une villa anglo-normande près du parc Montsouris, fricote avec un groupe rock nommé Crouille-Marteaux emmené par Jean-Pierre Kalfon, tu sais, l'acteur ; et pour tout arranger, Odette ne cesse d'encourager ses frasques en lui donnant de l'argent. Je ne sais plus quoi faire.

— Cette brave Odette ! Tu la vois un peu ?

— Penses-tu ! Elle enfile les gigolos comme les perles sur un collier et se taille des petits rôles sur mesure dans les films qu'elle coproduit. Tu déjeunes avec moi ?

Pierre secoue la tête.

— Non, désolé, il faut que j'aille me changer à Vaugirard avant de retourner rue Cambon. Un président de chambre qui fait l'école buissonnière, ça ne fait pas très sérieux.

— Et pour l'Académie, tu en es où ?

Pierre esquisse un geste évasif.

— J'ai eu du mal à expliquer ce que c'était à Paul, poursuit Olivier. La seule chose qui l'a intéressé, c'est l'épée. Et l'immortalité. Il trouve que c'est bien, mais qu'il faut être élu assez tôt, sinon, rester un vieux gâteux pour l'éternité, ce n'est pas rigolo.

— Il a raison, acquiesce Pierre. Il ne faut pas trop traîner. Mais franchement, les visites, ce n'est pas mon truc. On est reçu avec une courtoisie si parfaite qu'on jurerait en sortant avoir acquis un vote. Grave erreur ! Je suis allé voir l'autre jour le duc de Castries, qui se présente comme le grand spécialiste des pronostics académiques. Il ne s'est jamais trompé, m'a-t-il assuré. Et il m'a annoncé, d'un air navré, que je ne serai pas élu. Quelquefois, je me dis que cela vaudrait mieux…

Olivier, du doigt caresse la couverture du Cervantès. Il ne se fait aucun souci pour l'élection de Pierre. Cela prendra peut-être du temps, mais cela se fera. Pierre n'a-t-il pas réussi tout ce qu'il a pu entreprendre ? Le talent ? La chance ? Les deux sans doute.

— Allez, président, filez. La Cour n'attend pas. Pour ma part, je vais affronter quelques moulins à vent.

Pierre se lève, tend la main.

— Merci encore, Olivier.

*

Sur le balcon de Vaugirard, tout en nouant sa cravate, Pierre repense à sa conversation avec Olivier, au quai de Conti et à la clairvoyance de son petit-fils : différer davantage les visites serait une erreur. Des senteurs de jasmin et de chèvrefeuille lui parviennent. Il hume le printemps, penche la tête, contemple le dôme du Panthéon. Qu'une croix chrétienne coiffe un temple républicain le laisse indifférent, alors même que le symbole lui semblait insupportable il y a peu de temps encore. Tout est si relatif. La culpabilité, la honte, le mensonge, la rédemption. Merci Olivier. Et merci Ariane.

Une heure quarante, il a encore le temps. Avant de grignoter les quelques restes trouvés dans le frigo, il se sert un whisky et se plonge dans *Combat*. Depuis la mort de Pompidou, le panier de crabes s'agite. Giscard est à trente pour cent, Chaban à dix-sept, c'est terminé pour le maire de Bordeaux. Et ce n'est pas volé. Il l'entend encore déclarer de sa voix nasillarde : « La mort de Pompidou m'a frappé de stupeur », alors qu'il était parfaitement au courant de l'agonie du président. Et inviter Malraux, malade et le visage secoué de tics, à participer à son message télévisuel ce n'était pas très malin. Mensonges, petits calculs, maladresses, cet homme n'est pas digne de la fonction. Qu'importe, d'ailleurs. Le serait-il que Pierre voterait quand même Mitterrand.

*

(Jeudi 20 juin 1974)

L'enveloppe que lui a remise Jean-François Merle contient trois photos et un feuillet dactylographié. Les clichés représentent Amédée et une très jeune femme avenue Victor-Hugo, devant la galerie et sortant du restaurant Prunier. La fille semble charmante, un peu godiche. Amédée paraît ce qu'il est : un quinquagénaire aisé accompagné d'une jeunesse. Pour la troisième fois, Odette parcourt le court rapport et le petit mot manuscrit qui l'accompagne :

« Vous trouverez ci-après le résumé de nos investigations. Si vous désirez approfondir certains éléments, n'hésitez pas à nous le faire savoir. Conformément à votre demande, nous n'avons pas abordé le chapitre familial. Salutations distinguées, J. F. M. »

— A. O., né le 13 décembre 1920. Célibataire. Habite avenue Victor-Hugo, au 130, appartement acheté sept millions de francs en 1950. Possède un immeuble de rapport 14, rue d'Avron, Paris 20e, acheté onze millions en 1951. Ancien brocanteur au Village suisse, puis antiquaire rue de la Trémoille. Possède depuis 1957 une galerie de peinture sise au 5, rue du Faubourg-Saint-Honoré, galerie spécialisée dans l'École de Paris. Possède également une galerie de peinture à Genève, rue Bovy-Lysberg, près du Grand Théâtre, ville dans laquelle il se rend tous les mois.

Est associé avec Ghislaine Dombasle, cinquante et un ans, probablement à proportion de cinquante-cinquante.

Fortune difficilement évaluable, mais probablement très importante.

— A. O. a été condamné en novembre 1945 à cinq ans d'indignité nationale pour collaboration présumée. Amnistié en mars 1947.

D'après certaines rumeurs, aurait été mêlé à des opérations de spoliation de biens juifs. Aurait été à l'origine de l'arrestation et de la mort de son frère Jean-Noël O., personnage important de la Résistance.

— A. O. a été impliqué avec son associée G. D. dans l'affaire des Ballets roses en 1959. A fait l'objet d'une enquête. Fiché à la mondaine. Tendances sadomaso prononcées.

— Malgré une réputation très à droite, A. O. est membre du Parti républicain. Important donateur. S'est présenté sans succès aux élections législatives de mars 1967 dans sa circonscription parisienne. Organise fréquemment des dîners « politiques » avenue Victor-Hugo.

— A. O. a entretenu une liaison pendant huit ans avec Pierrette Lemaire (pseudonyme Sonia). A. O. lui a acheté un studio rue Vignon en février 1972. Pierrette Lemaire a disparu quelques jours après son installation, en avril 1972, personne ne l'a jamais revue.

Depuis l'année dernière, A. O. fréquente une jeune femme : Natacha Brion, dix-neuf ans, qui garde la galerie trois matinées par semaine. Natacha B. vit chez A. O., avenue Victor-Hugo.

Achats de bijoux dans différentes boutiques de la place Vendôme. Enquête en cours sur Natacha B.

— A. O. possède avenue Victor-Hugo de très nombreux tableaux de valeur. L'appartement est bien pro-

tégé, notamment par une alarme. Natacha B. possède la clé de l'appartement.

— A. O. semble vouloir acheter une résidence secondaire du côté de Bourges. Est en contact avec les agences immobilières de la région.

Odette glisse les photos et le rapport dans l'enveloppe. Rien de bien détonant dans tout cela. Qu'attendait-elle ? Qu'un petit détective mette la main sur la collection Bronstein ? Seul élément intéressant : la disparition de cette Pierrette Lemaire. Et la liaison d'Amédée avec la jeune Natacha. S'il existe un point faible, c'est peut-être de ce côté-là qu'il faut le chercher. Odette attrape son sac, vérifie la position de son bibi dans la glace. Il serait temps de changer ces chapeaux à fleurs, ça fait un peu vieillot. Et il est temps de s'occuper concrètement de M. Amédée.

*

(Mardi 25 juin 1974)

Cette Natacha possède au moins deux qualités : elle n'accoste pas l'acheteur potentiel comme un représentant en aspirateurs et elle est encore plus belle au naturel que sur les photos. Odette examine les murs, sidérée : Van Gogh, Manet, Delacroix, Lautrec, Modigliani. Elle s'approche d'un Renoir, hausse les épaules. Steiner, bien sûr ! La galerie est spécialisée dans les « à la manière de ». Elle s'arrête devant un Bernard Buffet, une huile d'environ deux mètres sur deux représentant des condamnés à mort. C'est vraiment affreux.

— Vous aimez Buffet ? s'enquiert Natacha en s'approchant.

— Non, pas du tout. Je trouve cela… morbide.

— Beaucoup de gens partagent votre point de vue. Mais c'est un peintre qui compte, aujourd'hui.

Odette hoche la tête.

— Comment vous appelez-vous ? demande-t-elle en arborant son plus beau sourire.

— Natacha Brion, madame.

— On ne vous a jamais dit que vous aviez une tête à faire du cinéma ?

— Je…

— Cela pourrait vous intéresser ?

— Je ne sais pas…

— Je vais être directe, je suis comme ça. À mon âge, on peut se le permettre, minaude Odette. Si vous le voulez bien, j'aimerais faire un petit bout d'essai. Je cherche l'héroïne principale d'un film que je produis, vous lui correspondez exactement, juste ce qu'il faut de fraîcheur et de grâce. Quel âge avez-vous ?

— Bientôt vingt ans…

— On dira vingt et un. Et c'est parfait pour moi. Vous seriez d'accord pour faire un essai ?

— Oui, bien sûr.

— Disons dans une semaine. C'est à Boulogne-Billancourt, mon chauffeur pourrait passer vous prendre chez vous.

— Pas le matin, je suis à la galerie. L'après-midi, si vous voulez.

— C'est entendu. Vous m'appelez, je vous attends. Parlons peinture, maintenant. J'aime beaucoup le Kisling, là-bas, enfin, le faux Kisling, je n'ai pas vu le prix, c'était un ami de Modigliani, n'est-ce pas ?

Natacha va chercher le renseignement dans un cahier.

— J'ai peur de vous dire une bêtise. Vous savez, je garde la galerie quelques heures par semaine, je ne suis pas vraiment une professionnelle.

Odette la dévisage avec intérêt. Mais si, ma petite, tu es une vraie professionnelle. Pas de Kisling, évidemment. La jeune femme lui rappelle ce qu'elle était au même âge. Des dehors réservés mais très certainement une volonté farouche de s'en sortir. Et de la volonté, il doit en falloir pour supporter les frasques sexuelles d'Amédée.

— Ah ! Voilà ! dit Natacha. Trente-cinq mille !

— Un peu cher pour un faux. Voici ma carte.

Natacha saisit le bristol : OR Productions, Odette Russier, directrice.

— Je suis très sérieuse, pour cette histoire de rôle. Appelez-moi pour que l'on fixe rendez-vous. Et pas trop tard…

— Comptez sur moi, madame Russier.

Odette saisit ses cigarettes égyptiennes à bout doré, en choisit une turquoise, tend le paquet à Natacha.

— Bel endroit, juge-t-elle en sortant un petit briquet Crillon. Qui en est le propriétaire ?

— Monsieur de Beaurepaire.

— Connais pas.

Natacha émet un petit rire.

— C'est son nom de… d'artiste. En réalité, il s'appelle Ormen.

Odette expire la fumée en renversant sa tête en arrière, comme le faisait la grande Arletty.

— Ormen ? feint-elle de s'étonner. Amédée Ormen ?

— Mais oui. Vous le connaissez ?

— Ça par exemple ! Ma pauvre enfant ! Que le monde est petit. Quand vous passerez aux studios, je vous parlerai de lui. Mais je vous demande une chose : promettez-moi de ne pas lui dire un mot de ma visite, nous ne sommes pas… dans les meilleurs termes.

Natacha prend la cigarette que lui tend Odette. Elle sourit, complice :

— Vous n'êtes pas la seule…

— Je peux compter sur vous ? S'il apprenait que nous nous sommes vues, il serait capable de vous empêcher de travailler avec moi.

— Vous pouvez être certaine de ma discrétion, madame.

— Appelez-moi Odette. Et surtout, n'oubliez pas de me téléphoner. Vous savez, Natacha, je vous vois très bien à l'écran. Et croyez-moi, sur ces choses-là, je ne me trompe jamais.

*

(Jeudi 27 juin 1974)

Assise sur un tabouret, coiffée et maquillée, Natacha attend patiemment qu'on vienne la chercher. Elle se regarde dans la glace et ne se reconnaît pas : elle est magnifique, la maquilleuse a fait des merveilles ! Mais jamais elle n'aurait pensé que tourner un bout d'essai serait aussi fastidieux. On ne fait qu'attendre. Alain Cadoudal, le jeune premier du film, l'a complimentée sur sa beauté et sur son jeu, très naturel a-t-il assuré. Dans une demi-heure, ils doivent tourner la scène du lit. Natacha appréhende : c'est nettement déshabillé et il y aura beaucoup de monde autour d'elle.

— Vous êtes prête ?

Odette est entrée sans frapper. Elle examine la jeune femme, les cheveux, le maquillage, déclare que c'est parfait, s'informe d'Amédée.

— Vous ne lui avez pas dit que vous veniez ici ? s'assure-t-elle.

— Non, bien sûr. Vous m'aviez recommandé de ne pas le faire. Pourquoi ne l'aimez-vous pas, d'ailleurs, je peux savoir ?

Odette allume une cigarette, se concentre. Ne pas en faire trop. Mais suffisamment.

— Mais bien sûr, mon petit ! C'est une longue histoire, je le connais depuis qu'il a dix ans, je sais tout de lui ! Je voudrais vous mettre en garde, c'est vraiment un malade. Enfant, déjà, il était d'une extrême cruauté, il torturait les animaux, il battait sa petite sœur jusqu'au sang. Il a continué pendant la guerre, la Gestapo française, l'élimination des résistants, la spoliation des biens juifs. D'où croyez-vous que lui vienne sa fortune ? Condamné à la Libération, il a réussi pourtant à passer entre les mailles du filet.

Natacha porte une main à sa bouche, écarquille les yeux.

— Mais c'est affreux !

— Méfiez-vous, ma chérie. Cet homme est dangereux. Vous le connaissez… bien ?

— Oui, je crois… Enfin, je croyais… Je le connais depuis…

— Vous êtes sa petite amie ? Excusez-moi, je n'aurais pas dû vous dire tout cela, je n'avais pas compris. Vous n'avez jamais rien remarqué ?

— Si, parfois, il me fait peur, il a ses petits jeux…

— … un peu sadiques ? Les menottes, les yeux bandés, le fouet… ?

Natacha pique un fard.

— Oui, ça arrive, mais après il se rattrape avec de beaux cadeaux. Il est très généreux…

Odette se redresse, sa voix claque comme un fouet :

— Quittez-le, c'est un conseil. Ces jeux sont dangereux. Le bruit court qu'une de ses anciennes maîtresses est morte accidentellement au cours d'une séance un peu spéciale. Oui, ma petite, ça arrive, dans le feu de l'action. L'affaire aurait été étouffée par ses amis politiques. De toute façon, vous allez devenir une star, vous n'aurez plus besoin de lui…

Natacha, paniquée, lève les yeux vers Odette.

— Mais qu'est-ce que je peux faire ? Je travaille pour lui, il est gentil avec moi, il…

— Je sais, je sais… Il vous entretient. Mais chaque chose en son temps. Un, on termine les essais. Deux : quand vous le reverrez, plus de petits jeux dangereux, vous refusez. Trois : on ne lui parle de rien, ni de moi, ni du film. C'est d'accord ?

— Oui, d'accord. Je ne sais pas ce qui m'arrive, j'ai du mal à respirer…

— Ça va passer, chérie. Ne pensez qu'au film. Et croyez-moi, je m'y connais : vous avez l'étoffe d'une vraie vedette.

*

(Mercredi 3 juillet 1974)

Y croyait-elle vraiment ? Le cinéma, c'est comme l'amour : on pense que c'est arrivé mais il est déjà loin.

Elle n'a pas eu le premier rôle, comme il fallait s'y attendre, mais Odette lui a confié un rôle secondaire dans lequel, paraît-il, « elle crève l'écran ». En prime, elle a eu droit aux vigoureux hommages du jeune premier dans sa loge. Plusieurs fois.

Elle a aussi beaucoup réfléchi : comment a-t-elle pu accepter de se prêter aux fantasmes tordus d'Amédée ? C'est décidé, elle va le quitter et retourner vivre chez sa mère, à Aubervilliers, pendant un moment. Il n'ira jamais la retrouver là-bas. Odette, toujours aussi prévenante, lui a promis un rôle dans son prochain film : pour l'argent, ça devrait aller. Oui, elle va le quitter. Sans un mot, comme ça, du jour au lendemain. Tout à l'heure, avec Odette, elle passera prendre ses affaires avenue Victor-Hugo et disparaîtra définitivement de sa vie.

— Tu as besoin de quoi, mon petit chou ? Sacs, valises ? Tu as beaucoup de choses à prendre ?

— Non. Quelques vêtements, quelques bijoux.

— Tu es vraiment sûre qu'il est à Genève ?

— Absolument sûre. Il ne rentre que demain.

— Alors allons-y !

La 504 les attend devant l'immeuble. Edmond soulève sa casquette, ouvre la portière. Natacha se glisse auprès d'Odette.

— Avenue Victor-Hugo, Edmond. Vous prendrez par la porte Dauphine.

— Bien, Madame…

*

L'appartement est tel qu'elle l'avait imaginé : immense, luxueux, recouvert de moquette de laine et de tapis d'Orient. Tandis que Natacha rassemble ses affaires, Odette déambule de pièce en pièce, les sens en éveil. Au milieu du salon, elle s'immobilise, ferme les yeux, tente de retrouver l'odeur si particulière qui flottait dans l'appartement d'Isaac. Un parfum poivré, elle s'en était fait la réflexion, qui s'accordait parfaitement à la semi-pénombre dans laquelle baignait en permanence le salon. Cela sentait – comment dire ? – cela sentait la peinture des tableaux anciens. Rien de semblable ici. Elle rouvre les yeux, pivote lentement, scrute les tableaux de la grande pièce. Rien de notable, sinon ce faux Monet signé Steiner, ce type a vraiment un sacré talent. Elle quitte le salon, visite minutieusement tout l'appartement, cherche où pourrait se dissimuler un coffre-fort mural. Dans une des chambres, une scène de chasse la fait sursauter. N'était-ce pas cette sanguine de Renoir qu'Isaac lui avait dit avoir achetée dans une salle des ventes de Pont-Audemer ? Le passe-partout, de couleur coquille d'œuf, est entouré d'un cadre brun. Odette en est certaine : le tableau était accroché dans le bureau d'Isaac !

Petite ordure, songe-t-elle. Pas même perturbé d'avoir sous les yeux un objet appartenant à celui qu'il a envoyé à la mort.

— J'ai terminé, Odette !

Natacha se tient sur le pas de la porte, elle serre un sac de sport contre sa poitrine.

— C'est tout ?

— Vous savez, je n'avais pas grand-chose.

— Ouvre ton sac !

Odette va chercher une chaise, décroche la sanguine puis remet la chaise en place.

— Mais qu'est-ce que vous faites ? s'exclame Natacha.

— Ne t'occupe pas de cela. Ce tableau est à moi.

— Mais il va croire que je l'ai volé !

— Ne t'inquiète pas : je vais lui laisser un mot.

Les deux femmes reviennent dans le salon. Odette ouvre son sac, sort une carte de visite et un stylographe. Elle griffonne rapidement : « Voler un voleur n'est pas voler » et tend le bristol à Natacha :

— Viens ! On va accrocher ma carte là où se trouvait le tableau. Et toi, tu vas laisser un petit mot avec la clé. Du genre « je m'en vais, inutile de chercher à me revoir ». Tu es d'accord ?

— Oui.

— Et où couches-tu, ce soir ?

— Je vais retourner chez ma mère, à Aubervilliers.

— Tu peux dormir à la maison, si tu veux. Il y a une chambre indépendante. Et on parlera de tout ceci demain. Cela te va ?

Natacha lève vers elle ses yeux de biche triste.

— Merci, Odette, merci. Heureusement que vous êtes là…

8

(Vendredi 14 février 1975)

Sur un plateau d'*Apostrophes* minimaliste en diable, les auteurs s'observent dans une intimité feinte. Bernard Pivot passe de l'un à l'autre, affable, précis. Pivot : jamais patronyme ne fut aussi justifié, songe Pierre. Et jamais je n'ai éprouvé un tel trac. Ici, ce n'est plus l'œuvre que l'on juge, c'est le bonhomme. Si je passe à côté des quelques minutes qui me sont attribuées, si je suis mauvais, le livre qui m'a demandé des années de travail peut être condamné du soir au lendemain. La roche Tarpéienne est proche du Capitole… ! Il faudrait pouvoir se faire remplacer par un acteur.

Dans les gradins, Ariane, Delphine, Olivier et Aude se sont installés au dernier rang. Ariane, de la main, lui adresse un petit signe d'encouragement auquel il répond par un rictus qui veut ressembler à un sourire. Trois, deux, un… c'est parti. Bonsoir !… En bon élève, Pierre a tout lu et répond sobrement aux questions portant sur les livres des autres invités. Vient son tour, le quart d'heure attendu et redouté. Son cœur bat la chamade. Pourvu que Pivot l'aide dans cette épreuve.

Le maître de cérémonie pose ses lunettes, saisit le livre :

— Et pour finir en beauté, voici le superbe livre de Pierre Ormen, *L'Angle mort*.

Ça ne pouvait pas mieux commencer, se rassure Ariane. Pierre répond calmement aux questions, sans effets de manche. Tout paraît si simple, il suffit de se laisser conduire. Après des louanges qui inciteraient un analphabète à courir chez le libraire le plus proche et la lecture d'un passage plutôt bien choisi, Pivot pose le livre et demande brusquement :

— Est-il vrai que vous portez toujours une cravate pour écrire ? Une bien précise, et pas une autre, pour chaque roman ?

— Toujours. C'est ma façon de respecter les mots.

— Comment était la dernière ?

— Grise. De longues rayures bleues pour signifier le temps qui passe et une tache rouge, pour la Commune.

— Où l'on rencontre l'extraordinaire figure de votre grand-père, qui, pour réussir sa vie, va mourir en déclamant Hugo sur une barricade. Pierre Ormen, dites-nous, comment réussit-on sa vie ?

— Il m'est difficile de vous répondre, car cela ne dépend pas uniquement de soi. La plénitude de ma vie, et donc sa réussite, si vous voulez, je la dois à la grâce d'une femme qui accompagne mes jours depuis plus de quarante ans, mon épouse, que je n'ai jamais tant aimée qu'aujourd'hui.

Le regard de Pierre glisse vers le fond du studio, dirigeant sans s'en rendre compte la caméra vers le beau visage d'Ariane qui s'incruste en gros plan sur les moniteurs de contrôle.

*

Rues et quais de Paris défilent, obscurs. Pour économiser l'énergie, un « couvre-feu des lumières » a été institué : défense d'illuminer après 22 heures. Au volant de l'ID de son père, feux de route allumés, Delphine se dirige vers la Bastille. Olivier occupe le siège passager et, à l'arrière, Pierre s'est installé entre Aude et Ariane.

— J'étais comment ? demande Pierre.

— Moins bien que Mitterrand la semaine dernière, jette Olivier.

— Vous étiez magnifique, complimente Aude. Royal. Et lorsque vous avez évoqué Ariane en fin d'émission, j'en étais chavirée. Pivot a été parfait. Il faut dire que votre livre est remarquable.

— Tu trouves ?

— Vous le savez très bien, Pierre, cessez de quémander sans cesse les compliments…

— C'est vrai, poursuit Delphine, on dirait un gros chien à poils blancs qui sollicite les caresses !

— Plutôt un chat, non ? intervient Ariane.

Pierre ronronne de plaisir. L'état de grâce se poursuit : Aude lui a offert un deuxième petit-fils – Stanislas – il y a un mois. La maison de Villecroze est un enchantement. Les premières ventes de *L'Angle mort* promettent un joli succès. Pour le quai de Conti, d'Ormesson l'a assuré de son soutien. Et côté Cour, il s'est payé le luxe de refuser le poste de procureur général proposé – officieusement – par l'Élysée. Il saisit la main de sa femme, la presse doucement. Seule ombre au tableau : le premier président lui a demandé de prendre en charge la commission chargée de répartir la redevance entre les sociétés de télévision et il n'a pas pu dire non.

— Les jumeaux nous rejoignent au restaurant ? demande Delphine en scrutant les alentours de la rue de la Bastille à la recherche d'une place.

— Oui, répond Aude. Avec Nicolas.

Pour fêter son passage dans la sixième émission d'*Apostrophes*, Pierre a invité tout son petit monde chez Bofinger. Il pousse la porte tambour, se fait reconnaître à l'accueil, suit le maître d'hôtel qui les conduit vers l'escalier et les installe dans le petit salon Hansi.

— Heureux de vous revoir, monsieur Ormen.

— Moi aussi, Charles…

Sur la table, dressée pour huit couverts, deux bouteilles de champagne reposent dans des seaux.

— Olivier, tu officies ?

Pierre s'assied en bout de table, Ariane à sa droite, Aude à sa gauche.

— Comment va mon journal ? lance-t-il à Delphine en sortant ses cigarettes.

Depuis qu'il a établi un petit chèque pour participer au renflouement des caisses de *Libération*, il se sent une âme de patron de presse. Pour rire, évidemment ; *Libé*, comme disent les jeunes, ne nourrit pas ses propriétaires. Ses salariés non plus, d'ailleurs.

— Je ne sais pas si ça repartira, répond sa fille. Cela fait déjà trois mois qu'on ne paraît pas.

— Qu'est-ce que tu vas faire ? demande Aude.

— J'ai un projet. Une BD pour enfants. Et j'aimerais monter ma boîte d'édition pour produire les albums.

Ça s'appellerait Coco Bouda ; le nom a été trouvé par Julien.

— Et d'ailleurs, le voilà !

Théâtral, Julien fait son entrée, suivi de son frère et de Nicolas.

Ariane se lève, embrasse les trois garçons.

— Asseyez-vous, les enfants. Olivier, champagne !

Olivier emplit trois nouvelles coupes un peu trop précipitamment : les bulles jaillissent vers la surface, il lui semble voir la mer monter à l'assaut de la petite maison de Noirmoutier, en haut de l'île, au Vieil.

— Bravo pour l'émission, dit François en levant son verre. On porte un toast ?

— Oui, répond Pierre. Je vous propose de lever nos verres à la plus remarquable et à la plus courageuse des femmes, la mienne, dont les quinze ans de combat viennent d'être récompensés par les décrets d'application de la loi Veil.

Sous les applaudissements, Ariane pique un fard.

— Buvons, reprend Pierre, buvons également à la santé des petits-enfants, Jules, Paul, Valentine, Stanislas… et de leurs parents, bien sûr.

Delphine lève son verre et échange un long regard avec Julien, assis à l'autre bout de la table. Ils se comprennent. Des quatre enfants Ormen, il sera le seul à ne pas avoir d'enfant. Est-il heureux avec Nicolas ? Malgré leurs huit ans de vie plus ou moins commune, l'harmonie n'est pas à l'ordre du jour. D'après François, ils ne cessent de s'engueuler et de se réconcilier, alternant Racine et Courteline dans les couloirs de l'agence.

— Olivier, murmure Delphine en se penchant vers lui, tu crois qu'on peut être heureux sans enfant ?

— Bien sûr que oui et non ! Quelque chose te tourmente, mon petit chat ?

— Je pensais à Julien.

Olivier cherche des yeux la bouteille de champagne. Vide, évidemment. Il aurait volontiers bu à la santé de Lucien Guitry. Ou de Charles Vanel. Ou de l'illustre inconnu à qui il doit d'être au monde.

— Je préférerais savoir si on peut être heureux en ayant des parents !

Delphine hausse un sourcil interrogatif. Qu'a-t-il, ce soir ?

— Quelque chose te tourmente, mon grand loup ?

— Oui, ma mère !

— Qu'est-ce qu'elle a, ta mère ? questionne Ariane en s'immisçant dans la conversation.

Olivier se tourne vers elle, lui adresse son plus beau sourire.

— Ma mère ? Elle se lance dans le film porno ! Avec Bénazéraf !

*

(Mercredi 19 mai 1976)

Sous une photo de Salvador Allende punaisée au mur, entourée des portraits du Che et de Léo Ferré, Delphine termine la planche de *Zaza au zoo* qu'elle doit remettre à Dargaud lundi avant 16 heures. Paul a installé le petit fauteuil de camping au milieu de la cour et déchiffre péniblement *L'Herbe folle*, le premier roman de son grand-père paru en édition de poche.

— Mets un chapeau, Paul !

Le garçon grogne mais ne bouge pas. Delphine se lève, va chercher un chapeau en paille dans l'entrée.

— Tiens ! Mets ça !

— Maman, pourquoi papy a-t-il écrit : « l'action n'est que l'ombre de la pensée » ? Qu'est-ce que ça veut dire ?

Delphine, agacée, enfonce le chapeau un peu plus que nécessaire. Elle n'aime pas que Paul plonge dans les eaux profondes des œuvres de son grand-père. Sept ans, c'est un peu jeune pour philosopher.

— Et ton *Club des cinq contre le Masque Noir* ? dit-elle en confisquant le livre.

— C'est pas pareil. C'est pour les enfants...

— Eh bien, tu poseras la question à papy tout à l'heure !

— Tu déjeunes avec nous ?

— Non, ma puce. J'irai attendre ton père à la sortie du studio, je lui fais une surprise. Qu'est-ce que vous avez prévu avec papy ?

— On va déjeuner au restaurant, on va se promener au Luco et on va faire de la menuiserie. On construit un camion avec les roues et tout.

Delphine lui lance un baiser, quitte la cour ensoleillée et retourne à sa table de travail. Paul et son grand-père : toujours fourrés ensemble, ces deux-là ! Pierre, malgré les réticences d'Ariane, a monté un petit atelier dans une des chambres de Vaugirard et initie son petit-fils au travail du bois. Il l'emmène rue Cambon – le garçon y fait la joie du premier président – et l'enrôle dans sa « chasse au tricorne » : dans un carnet Mickey, Paul a créé trois colonnes et tient à jour – visite après visite – les chances de son grand-père d'entrer à l'Académie : « Dormesson, oui, Druon, non, Bonbon-Busset, oui, Troya, faut voir, Jenevoi, oui, Lévitrosse, peut-être… »

Delphine cherche des yeux ses cigarettes. Encore une case et elle pourra ranger son fourbi. Elle s'applique, soigne les couleurs. Elle aime sa Zaza, elle la bichonne. Autant Apolline est acerbe, cruelle, autant Zaza est douce, attendrissante. Avec sa chevelure en boule et son zozotement, flanquée d'une mère concierge et d'un père abonné au Kiravi, elle incarne la gamine poétique et gracieuse du Paname populaire. Le contrat de Dargaud est venu à point nommé. Car rue de Lorraine, ça barde, comme d'habitude. Les comités de lecteurs de province ruent dans les brancards, les finances sont toujours à sec. Quant à la rubrique « Chéri(e) je t'aime », qui remplace désormais « Relations et rencontres », la hache de guerre est déterrée : les annonces sont si crues que certaines clavistes refusent d'en taper le texte.

Déjà trois ans depuis la création du journal. Après avoir soutenu July contre Sartre et Vernier, Delphine a peu à peu déserté les assemblées, cessé de discuter politique éditoriale ou politique tout court, pris du recul. Elle ne perdra plus son temps le samedi, ne signera pas « l'appel du 18 joint », prévu dans un mois. Elle emporte Apolline sous le bras et bien le bonjour à tous. Basta !

— Paul ?

— Oui, maman ?

— On y va comment, à Vaugirard ? À pied, à cheval, en voiture ?

Paul jaillit de sa chaise longue :

— On prend la Vespa ! hurle-t-il.

Delphine termine la case centrale et commence à ranger tranquillement son matériel de dessin.

— Prépare-toi, dit-elle. Je me change et on y va.

*

Le scooter est garé près de l'église Saint-Merri, attaché à un poteau de sens interdit. La couleur est devenue indéfinissable, les deux selles sont craquelées, le garde-boue arrière complètement tordu. Une épave. Les deux casques à la main, Delphine jette un coup d'œil vers le « Pompidolium ». C'est presque terminé, ils sont en train de paver la place devant le monstre bariolé. Selon le bon mot de Bertrand Salis, on va bientôt pouvoir faire jaillir le pétrole et allumer les torchères. En attendant, devant chez elle, la mairie a aménagé une grande dalle, des rectangles de ciment gravillonné sur lesquels les enfants du quartier ont dessiné un parcours à la craie et se défient à vélo. En dessous, on parle d'aménager un centre musical.

— Attends avant de monter !

Delphine attache le casque de son fils, revêt le sien, actionne le kick. Le moteur se met en route dès la première sollicitation. Brave bête… Depuis combien de temps possède-t-elle cet engin ? Quinze ans ! Un cadeau de Marie dont elle a du mal à se débarrasser.

Paul se colle contre elle et l'enserre de ses petits bras. Delphine prend la rue de la Verrerie au ralenti, s'engage dans la rue du Renard et se dirige vers la rue de Rivoli. Paul connaît parfaitement le trajet : la place du Châtelet, le fleuve, l'horloge en or du Palais de justice, l'autre fleuve, le dragon de la place Saint-Michel, la statue de Danton à qui on coupera la tête, la rue de Tournon parce qu'on y tourne et on arrive devant le Luxembourg.

Parvenue rue de Vaugirard, Delphine monte sur le

trottoir, coupe le contact, aide son fils à descendre et à détacher son casque.

— Tu le montes, dit-elle. Et tu ne prends pas l'ascenseur. Dès que tu es chez mamy, tu vas sur le balcon et tu me fais signe, d'accord ?

— D'accord.

— Sois sage !

— Oui, maman !

Delphine regarde son fils disparaître dans l'immeuble. Trois minutes plus tard, Paul apparaît au balcon du cinquième avec sa grand-mère. Il a évidemment pris l'ascenseur ! Delphine agite la main. Pour aller aux Batignolles, elle en a pour un quart d'heure, à peine. Il y a, rue des Dames, à côté du studio d'enregistrement, un petit restaurant charmant. Elle y invitera Olivier à déjeuner et ils parleront. Peut-être parviendra-t-il à mettre des mots sur le mal-être qu'elle ressent, et elle sur cette distance qui risque de s'installer entre eux s'ils n'y prennent pas garde ? Pour le seul plaisir de voir ses yeux briller, elle lui parlera de la petite maison de Noirmoutier qu'il envisage toujours d'acheter : ses murets en pierres sèches, la haie de tamaris, la façade blanchie à la chaux, la porte d'un bleu profond. Et l'océan, au pied de la maison, si proche qu'aux grandes marées, on a l'impression de faire l'amour en pleine mer.

*

D'après la réceptionniste, c'est pratiquement terminé, il est 12 h 45, ils vont sortir du studio dans cinq minutes à peine. Delphine traverse la rue pour attendre tranquillement au bar-tabac, siroter un verre de blanc tout en surveillant la porte du 44.

Une heure cinq. Des techniciens sont déjà sortis. Au moment où elle se décide à aller aux nouvelles, elle aperçoit Olivier sur le seuil, en compagnie d'une femme qu'elle croit reconnaître. Une actrice, pas très jeune, elle ne sait plus laquelle. Ils se tiennent par la main, descendent lentement la rue des Dames. Delphine laisse précipitamment quelques pièces sur le comptoir et – estomaquée – les suit à distance. Ils s'arrêtent souvent pour s'embrasser, à pleine bouche, en pleine rue, comme s'ils étaient seuls au monde.

Ce n'est pas possible, songe Delphine, ce n'est pas Olivier, je rêve là, je rêve ! Mais le couple, insouciant, poursuit vers la rue de Rome, gagne l'angle de la rue Boursault, entre dans un hôtel. Delphine attend quelques minutes sur le trottoir d'en face, s'approche : hôtel de Rome, chambres à la semaine et à la journée.

Ce n'est pas un rêve, c'est un cauchemar ! Elle suffoque. Olivier la trompe ! Avec une femme de plus de quarante ans ! Elle s'était parfois dit que rien ne lui garantissait sa fidélité absolue surtout pas ses promesses – mais elle n'avait jamais voulu le surveiller, ne lui avait jamais posé la moindre question. Et voilà ! En remontant en somnambule la rue des Dames pour récupérer sa Vespa, elle serre les poings, secoue la tête de fureur. Touchée ! Coulée ! Elle sentait bien qu'il s'éloignait, comment imaginer qu'il était déjà si loin ! La trahison est d'autant plus cruelle que ces derniers temps il redoublait de tendresse. C'est odieux, c'est infâme ! Et ce scooter de merde qui s'y met lui aussi : impossible de démarrer ! Qu'importe, elle prendra le métro. L'âge de cette femme lui déchire le cœur. Une minette, une jeunette, elle croit qu'elle aurait pu comprendre. Mais là ! Il doit être vraiment amoureux pour sortir avec cette vieille.

En descendant les marches du métro Rome, Delphine s'arrête, prise de vertiges. Il lui a menti. Comme son père, comme Amédée… Tous des lâches ! Dans le couloir de la ligne 2, un graffiti prévient : « La RATP ne vous transporte pas. Elle vous roule. »

Dans le wagon, elle regarde les stations défiler, comme les années vécues ensemble. Place-de-Clichy, Blanche, Pigalle… L'homme assis en face d'elle avance son genou inconsidérément. Elle se lève, change de place. Tous des porcs ! Jaurès, Colonel-Fabien. Elle descend à Belleville, prend la ligne 11 vers Châtelet. Elle sait d'avance ce qui va se passer ce soir. Il rentrera, l'air de rien, la gueule enfarinée, dira : « Bonjour, ma chérie, bonne journée ? » Peut-être même sentira-t-il légèrement le parfum… Elle répondra : « Va-t'en, je ne veux plus te voir. » Il jouera le grand étonnement, l'incompréhension, alignera les dénégations, se mettra même en colère, peut-être… Elle tiendra bon. Répétera calmement : « Ne remets plus les pieds ici ! » Il essaiera encore et encore, parlera de Paul, de leur avenir, de la famille. Puis, enfin, il rendra les armes. Il hochera la tête, quittera l'appartement pour aller à l'hôtel… ou chez sa poule. Alors, elle pourra pleurer.

*

(Vendredi 25 mars 1977)

À faible allure sur le boulevard du Montparnasse, Amédée se crispe brusquement sur son volant. N'est-ce pas Odette qu'il vient de voir traverser dans son rétroviseur ? Il hausse les épaules. Mais non. Odette a plus de soixante-quinze ans ! Il suit des yeux la frêle silhouette ; évidemment, ça ne peut pas être elle. Depuis tout ce temps, pourquoi faut-il qu'il pense soudainement à cette vieille chouette ?

Après son intrusion avenue Victor-Hugo, il y a presque trois ans, il a longtemps attendu une nouvelle offensive, qui n'est pas venue. Le vol du Renoir s'apparentait pourtant plus à une déclaration de guerre qu'à un simple cambriolage. Mise à sac, incendie criminel, agression physique, dénonciation au fisc, lettres anonymes à ses relations, il a tout imaginé, mais rien n'est advenu. Plus de nouvelles d'Odette. Et plus de nouvelles de Natacha. Volatilisée, du jour au lendemain, sans doute sur les bons conseils de la Russier.

Sacrée Odette ! Elle savait parfaitement qu'en embarquant la sanguine, il n'irait pas porter plainte. Que cherchait-elle vraiment ? Tout de même pas *L'Heure bleue* ? Non, elle n'est pas stupide au point de penser qu'il l'ait conservée chez lui. Amédée ricane. Mais si, ma vieille, mais si, elle était là, tu es passée devant elle sans la voir ! Cela étant, le Picasso sous le Steiner, c'était amusant un moment mais pas très sérieux. Et dangereux. Merci de l'avertissement, ma chère Odette. Dès le lendemain, Amédée a loué un coffre à la banque Rothschild de la rue Laffitte pour y déposer la toile roulée dans un tube. Plusieurs millions de dollars méritent bien quelques égards !

Subsiste néanmoins une zone d'ombre : quelle mouche a bien pu piquer cette tigresse pour qu'elle lui saute ainsi sur le râble, toutes griffes dehors ? Ce n'est tout de même pas à cause de cette altercation au cinéma, lors de la projection de *Portier de nuit* ! Alors, quoi ? Pourquoi s'est-elle agitée tout d'un coup, plus de trente ans après la mort d'Isaac ? Mystère. Dans le doute, Amédée a demandé à une relation de confiance, très versée dans les opérations de basse police, d'exercer ses talents. Prudent, il a maintenu un dispositif permanent de surveillance, même s'il n'en sort rien d'exceptionnel. Une maison de production cinématographique qui marche gentiment, un appartement dans le 16e, les hectares de La Croix-Valmer toujours inconstructibles et, l'année dernière, une attaque cardiaque assez sérieuse.

Sur le boulevard Raspail, on avance au pas. La porte d'Orléans est encore loin. Pour ne rien dire d'Angerville, en lisière de Sologne. Il y a deux ans, Amédée a fait la connaissance du comte Hubert de la Chesnay, un nobliau ruiné, propriétaire d'un château du XVIIe siècle entouré de douves et d'un domaine forestier de cent vingt hectares. Dans un premier temps, Amédée lui a loué l'aile gauche du château. Dans un mois, si le comte lui fait une proposition acceptable, il achètera l'ensemble du domaine par le biais d'une SCI, fera refaire la toiture, installer le chauffage central et réaménagera l'ensemble. Angerville pourra être enregistré en chasse officielle de la République française ; grâce aux relations de Ghislaine, il pourra y recevoir le gratin de l'UDF et qui sait ? – entamer une carrière politique locale.

Il allume la radio, se met à chantonner avec Aznavour tout en tambourinant sur le volant :

— « *J'ai travaillé / Des années / Sans répit / Jour et nuit…* »

Quelle salope quand même, songe Amédée. Elle a frappé là où ça fait mal. Cette petite Natacha était une véritable perle, à la galerie et au lit. Difficile à remplacer.

— « *Pour réussir / Pour gravir / Les sommets…* »

En décembre, j'aurai cinquante-sept ans. Le bel âge pour changer de vie. Je suis riche, très riche, je pourrais être plus souvent à Angerville qu'à Paris, laisser davantage de liberté à Ghislaine dans la gestion des deux galeries, profiter de la vie. Dans le coffre de la Rover, soigneusement protégés par des couvertures, il a entreposé deux chenets « amour vainqueur » en fonte, qu'il a l'intention d'offrir au comte Hubert. Les petits cadeaux entretiennent l'amitié. Et, parfois, font baisser sérieusement le prix des grands domaines.

*

(Lundi 28 mars 1977)

— Ce Drugstore, s'étrangle Mouloudji, tu ne peux pas imaginer. La déco, l'atmosphère. Toc et clinquant, c'est plein de petites folles, il y en a même un qui a cru que je le draguais, je suis sorti en courant.

— Tu te souviens, avant le Drugstore ?

— Évidemment ! C'était le Royal Saint-Germain !

— Mais avant avant ?

— Heu, non…

— C'était le café Dupont…

— Bon Dieu, t'as raison ! Prévert et Duhamel y étaient souvent.

Pour faire honneur au printemps tout neuf, Mouloudji et Olivier se sont installés en terrasse et ont commandé deux pastis. Le Flore commence à se remplir, les restaurants de la rue Saint-Benoît dressent leurs tables sur le trottoir.

— Tu dors où ? demande Moulou.

— Devine…

— Je ne sais pas. À l'hôtel ?

— Mais non ! Je me suis installé un lit rue Descartes, c'est génial, ça manque de salle de bains mais je vais aux bains-douches de la rue de Pontoise.

— Cela fait combien de temps ? Combien de temps qu'elle t'a viré ?

— Dix mois.

— Vous ne vous voyez plus ?

Olivier sort son paquet de Françaises, en allume une en penchant la tête pour se protéger du vent.

— Un peu. Pour le petit.

— T'as quelqu'un ?

— Des fiancées ? J'en ai trop, ça ne compte pas. Et je n'en ai même pas envie. Je suis amoureux de ma femme.

— T'es vraiment pas net ! Tu le lui as dit ?

— Que je l'aime ? Que je veux revivre avec elle ? Bien sûr. Elle veut bien déjeuner, même parfois dîner, mais elle dit qu'elle n'est pas prête à reprendre une vie commune. Je la connais, c'est une tête de lard. Quand elle a décidé quelque chose, impossible de lui faire changer d'avis. Ce qui est marrant – si on peut dire – c'est que ses parents ont eu le même problème, il y a cinq ans, et que c'est moi qui les ai rabibochés !

— La vache ! T'as dû lui en faire voir ! Remarque, je connais. Quand Lola m'a viré, je n'étais pas frais. C'est quand même bizarre, les femmes. Une petite aventure de rien du tout, elles en font un drame. Le petit, tu le vois ?

— Paul ? Il est génial. Je le prends quand je veux. Il adore les musées, la peinture, il me traîne au Louvre. Dans la salle David, on reste un quart d'heure à méditer devant *Atala au tombeau*, il me fait le coup chaque fois.

— C'est un rigolo, ton fils !

— C'est l'âge : la vie, la mort… Tout ça, ça le travaille. Tu devrais comprendre ça, toi : dans tes poèmes, ça parle de mort une strophe sur deux ! Et tes romans ? T'écris toujours ?

— Toujours. Sauf que Queneau est mort et que je me suis fait virer de chez Gallimard. Alors j'ai créé ma boîte d'édition pour publier mon chef-d'œuvre, c'est l'histoire d'un professeur de chant de quatre-vingt-dix-neuf ans qui filoute tout ce qu'il peut pour se payer une concession de quatre mètres carrés au Père-Lachaise.

— Tu vois, fait remarquer Olivier, encore la mort !

Le vendeur de journaux a traversé la rue et brandit un exemplaire du *Monde*.

— *France-Soir, Le Monde*, c'est officiel et ça vient de sortir : la France restera française, c'est confirmé, demandez *France-Soir* !

En terrasse, tout le monde se marre. Mouloudji lève la main.

— Salut, Ali, ça m'intéresse, file-moi ton canard !

— Voilà, monsieur Moulou.

Tandis que Mouloudji cherche sa monnaie, Olivier jette un coup d'œil à la manchette de la une. Encore un accident d'avion !

— Tu permets ? dit-il en dépliant le journal.

« *Hier, sur l'aéroport de l'île de Tenerife aux Canaries, un Boeing 747 de la compagnie néerlandaise KLM qui entamait son décollage a percuté à plus de 250 km/h un autre Boeing 747, de la compagnie américaine Pan American qui roulait sur la piste. La catastrophe aurait fait près de six cents morts.* »

Olivier se fige. Tenerife ! Sa mère ne lui a-t-elle pas dit qu'elle partait aux Canaries en avril, comme chaque année ?

*

(Samedi 2 avril 1977)

— Où est papa ?

— Il fait sa tournée. Ionesco ce matin et Étienne Wolff cet après-midi. Wolff, c'est un biologiste, on se demande ce qu'il fait sous la Coupole. Ton père a dû se plonger dans l'évolution des poulets mâles transformés en intersexués par l'hormone femelle injectée aux jeunes embryons.

Delphine se met à rire, elle sort un papier de sa poche, le tend à sa mère.

— C'est vraiment terrible, dit-elle. Tu te rends compte ? Nous habitons à deux cents mètres !

Ariane chausse ses lunettes, parcourt le tract signé du Parti socialiste. Il s'agit d'un appel à manifester contre la construction d'une centrale nucléaire dans le trou des Halles.

— Mon Dieu ! s'alarme Ariane. Mais ils sont fous !

— Et en plus, ajoute Delphine, il y aura une piscine à refroidissement d'uranium sous la dalle, devant chez moi.

Ariane relit le tract. Comment a-t-elle pu se laisser avoir ? C'est assez bien fait, il faut le reconnaître.

— Ce n'est pas bien, se plaint-elle, de faire marcher sa vieille mère !

— Courir, tu veux dire. Cela étant, je préférerais presque la centrale nucléaire ! Le quartier est en train de devenir un refuge de punks totalement allumés au Captagon. Ça amuse beaucoup Paul, ces cheveux vert métal, ces épingles à nourrice en guise de boucles d'oreilles, ces perles sur les sourcils ; moi, je dois vieillir, je commence à trouver ça inquiétant.

Ariane se rend dans l'entrée, se regarde dans la glace, remet de l'ordre dans ses cheveux.

— Je t'envie, dit-elle, de pouvoir faire des farces dans les circonstances actuelles. Je pense à cette pauvre Odette. Et je pense à Olivier. Pas toi ?

— Oui, maman, j'y pense, mais pas comme toi. Et cesse de revenir sans cesse à lui, s'il te plaît ! Si papa t'avait trompée, tu comprendrais mieux ce que je ressens. Je n'ai plus confiance !

Ariane réprime une grimace. Pauvre chérie, si tu savais. Pourquoi certaines femmes pardonnent-elles et pas d'autres ? Sont-elles plus fortes ? Plus faibles ? Une petite fille s'approche, une poupée à la main, qui interrompt ses réflexions.

— Bonjour, Valentine ! s'exclame Delphine. Comme tu as grandi ! Comment s'appelle ta poupée ?

— C'est Zaza, comme ta Zaza. Sauf qu'elle est blonde et qu'elle n'a pas les cheveux frisés.

— Où est Paul ? demande Delphine.

— Il joue avec son Big Jim.

La petite fille tire sur la jupe de sa grand-mère.

— Mamy, tu m'avais promis que tu me montrerais les photos !

L'automne dernier, en rangeant la cave, Ariane et

Pierre ont retrouvé un album qu'ils pensaient égaré depuis des années. Un vieil album en cuir, avec les encoches pour fixer les clichés.

— Oui, ma chérie. Tu as raison, j'avais promis.

— Maintenant ?

— Si tu veux…

Ariane va chercher l'album dans la bibliothèque, fait asseoir la fille de François auprès d'elle. Delphine, intéressée, s'assied de l'autre côté.

— Ça, dit Ariane en pointant le doigt vers une photo légèrement floue, c'est ton arrière-grand-père, le papa de papy.

— Il a un papa, papy ? Mais il est où ?

— Il est mort, ma chérie, il était très, très vieux. À côté de lui, c'est ton arrière-grand-mère, Marie-Thérèse. Le père de papy s'appelait Valentin et il avait un œil de verre. Je l'aimais beaucoup.

Paul fait irruption dans le salon.

— Même qu'il l'enlevait à table, dit-il à sa cousine, il l'essuyait sur sa manche et il le remettait en place.

Valentine est horrifiée.

— Et même qu'il est enterré avec ! poursuit Paul. Si tu ouvres le cercueil, l'œil en verre brille dans le noir, il jette des éclairs, ça peut rendre fou ! Surtout les filles !

Delphine secoue la tête : ce môme est infernal.

— Paul, ça suffit, ce n'est pas drôle !

— Et là ? questionne la petite en se blottissant contre Ariane.

La photo est prise devant le garage, rue des Roses. Pierre est au volant de la Chenard et sourit, très content de lui. À ses côtés, un jeune garçon pose d'un air sérieux. À l'arrière, trois garnements endimanchés, dont l'un se cure le nez, ouvrent de grands yeux étonnés. Sous la photo figure la mention : « Fontenay, 1927. »

— C'est qui ? demande Paul.

— Alors, dit Ariane, vous êtes prêts ? On passe en revue les enfants Ormen. Au volant, c'est papy, l'aîné. En 1927, il doit donc avoir quinze ans et des culottes de golf, comme Tintin, c'était la mode en ce temps-là. Auprès de lui, toujours aussi sérieux, son frère Jean-Noël, plus jeune de cinq ans. À l'arrière, l'autre frère de papy, Amédée. Et la petite fille, c'est Amélie.

— Et celui-là, c'est qui celui-là ? interrompt Valentine en posant le doigt sous le visage d'Olivier.

— Je ne sais pas, répond Paul.

— Mais si, tu sais !

Paul se concentre.

— Oncle Julien !

Delphine se met à rire.

— Mais non, gros nigaud ! C'est ton père !

Paul regarde attentivement la photo. Son père, ce bébé habillé en fille ?

— Et après, qu'est-ce qu'il y a ?

Ariane tourne les pages, raconte : l'usine de Bagneux, les vacances à Saint-Jean-de-Monts, la montagne de prix scolaires de Pierre.

— Et ça, c'est qui ?

La photo a été prise sur le perron de Fontenay. Deux femmes se tiennent par la taille, elles se ressemblent, sourient timidement.

— Mme Farge et sa sœur. Mais oui, c'est Odile !

— Et là ?

Ariane examine le cliché. Elle se souvient fort bien, Valentin avait pris cette photo devant l'orangerie peu de temps après la Libération. Les jumeaux tirent la langue à l'objectif, Marie pose en star et Delphine sourit, une poupée de chiffon serrée sur le cœur.

— Là, dit Ariane à Valentine, regarde bien, c'est ton père. Avec Julien. Ils ont sept ans.

— C'est les deux mêmes ! On ne sait pas lequel c'est !

— C'est toi, maman ? demande Paul. La plus petite ?

— Oui, mon chéri. À côté de tante Marie.

— Et après ?

— Après, c'est fini.

— C'est curieux, fait remarquer Delphine à sa mère en baissant la voix, je n'ai pas vu de photos de… de la seconde femme de Valentin.

— Je les ai enlevées, répond Ariane en refermant l'album d'un coup sec, je ne voulais pas avoir à répondre aux questions des enfants. Olivier a appelé ?

Delphine fait sortir Paul et Valentine du salon, ouvre le coffret à cigarettes, en allume deux.

— Il m'a téléphoné des Canaries avant-hier. C'est très compliqué, comment dire… Il faut réunir les restes, identifier.

— Comment est-il ?

— Je ne sais pas. Il ne dit pas grand-chose. Tu sais qu'il n'aimait pas beaucoup sa mère… mais il doit quand même être remué.

— Et Serge ? Tu l'as vu ? Comment réagit-il ?

— Totalement effondré. Je l'ai invité à la maison, il n'a pas arrêté de pleurer, il adorait Odette. Il a pu voir son demi-frère, ça lui a fait du bien.

— Tu en as parlé à Paul ?

— Bien sûr. C'était sa grand-mère, même s'il ne l'a pratiquement jamais vue.

— Quand Olivier doit-il rentrer ?

— On ne sait pas. Il a prévu de rester encore au moins dix jours. De toute façon, on lui a fait comprendre que le rapatriement ne pourrait avoir lieu avant plusieurs semaines. C'est très compliqué, là-bas…

— Qu'est-ce que vous envisagez pour la sépulture ? Vous pensez au caveau de Fontenay, à côté de Valentin ?

Delphine s'agace du « vous » : sa mère est vraiment incorrigible. De quoi se mêle-t-elle ? Pourquoi insiste-t-elle ainsi aussi lourdement ?

Elle écrase sa cigarette, pense à Olivier. Presque un an, déjà. Chaque fois qu'ils se voient, il déploie le grand jeu, il est attentif, prévenant, il l'a même un soir demandée en mariage. Mais depuis cet hiver, il y a Sébastien. Comment est-ce arrivé ? Comment a-t-elle pu ? Rien que de penser à lui, elle frissonne.

— Et toi, demande-t-elle pour changer de sujet, avec papa, ça va ?

— Depuis un an, j'ai une grande rivale. Impossible de lutter. Une vieille dame très distinguée…

— En costume vert ?

— Celle-là même. Il y pense tout le temps, il en rêve. C'est vraiment un enfant, il m'a fallu quarante ans pour m'en apercevoir ; il aime les costumes, la robe de la Cour des comptes, le tricorne et l'habit vert des immortels, il s'est même renseigné sur les artisans susceptibles de réaliser son épée… Alors, pour Odette ? Qu'allez-vous faire ?

— Maman, ce n'est pas « vous », c'est « il » !

— Dommage. Tu pourrais peut-être être un peu moins rigide… À moins que…

— À moins que quoi ?

— Que tu ne sois plus insensible aux charmes de ton prétendant…

— Fous-moi la paix.

— Je veux juste te signaler, ma chérie, que c'est le beau-frère de François. Il n'y a rien à redire, mais quand même…

— Maman ! Il n'y a pas l'ombre de l'esquisse d'un peut-être entre Sébastien et moi. Pour Odette, je crois qu'Olivier souhaite faire incinérer le corps, enfin, ce qu'il pourra en rapatrier.

— Est-ce que tu sais si elle a établi un testament ? Un vrai, de sa main, comme elle sait si bien le faire ?

— Oui. Et pas n'importe lequel. Perfide jusque dans la tombe, cette chère Odette. Elle a déshérité Olivier au maximum, a monté une entourloupe pour La Croix-Valmer, je ne sais pas pourquoi. Enfin, si, je devine : pour qu'une Ormen – moi, en l'occurrence – ne puisse pas profiter de sa fortune. C'est Serge – et non Olivier – qui héritera des terrains via une SCI.

— Qui étaient à nous, je te le signale. Et pour le reste ?

— Je pense que Serge va devoir vendre OR Productions pour payer la part réservataire de son père. Qui se fiche totalement, comme à son habitude, de ces histoires d'argent. Il espère simplement pouvoir acheter la maison de Noirmoutier.

Ariane hoche la tête.

— Il travaille, Serge ? Qu'est-ce qu'il fait ?

— Il passe sa vie dans les nuages ! Pas d'études, pas de travail. Il vivait la nuit avec l'argent que lui donnait sa grand-mère. Gentil garçon, mais sans épine dorsale.

— Curieuse famille, soupire Ariane. Tu dînes avec nous ?

— Non, je suis invitée chez mon amie Christiane.

— Ton père va être déçu.

— Dis-lui qu'on se verra demain, je viendrai prendre le café, d'accord ?

Delphine se lève, embrasse sa mère.

— J'y vais, dit-elle. Merci pour Paul.

— Bonne soirée, ma chérie.

Delphine referme la porte palière, appelle l'ascenseur. Sa mère doit avoir des antennes, ce n'est pas possible ! Elle a vu juste, comme d'habitude. Sébastien. Ce soir. Son cœur chavire. Toute une nuit chez lui, rue des Thermopyles. Lui dont les baisers s'incrustent sur sa peau, telle une morsure du bonheur.

*

(Samedi 21 mai 1977)

Après la crémation, tout le monde est parti : Pierre, Ariane, Delphine, Colette et Roger, Edmond et Rosalie, quelques acteurs et techniciens de cinéma, quelques rares amis. Pas de collation. Pas d'embrassades. Olivier et Serge sont seuls pour disperser les cendres d'Odette dans le jardin du souvenir du Père-Lachaise. Olivier contemple l'urne : une poussière de vie, c'est tout ce qui reste de sa mère. C'est peu… et ça ne pèse pas grand-chose, à peine le poids des rêves perdus, de la jeunesse, de l'amour, du temps qui passe.

— Fais-le, toi !

Serge saisit l'urne, l'ouvre, commence à répandre soigneusement les cendres. Olivier s'étonne d'éprouver si peu de chagrin. Heureusement qu'il y en a un qui souffre pour deux. Il regarde son fils, ce long jeune homme dont il s'est si peu occupé. Jamais il n'aurait imaginé un tel attachement à sa grand-mère.

— Je sais ce que tu penses, dit Serge. Elle était pourrie de défauts. Mais je l'adorais. Tu peux comprendre ça ?

— Elle aussi, elle t'adorait. La preuve, c'est qu'elle m'a déshérité à ton profit !

— Désolé…

Olivier rigole.

— Mais mon petit bonhomme, je m'en fiche royalement ! Tu sais, pendant longtemps, j'ai souffert de son manque d'amour. Pas de père et une mère aux abonnés absents, c'est un bagage un peu léger pour se faire sa place dans le monde. Aujourd'hui, je suis guéri. Dans sa vie, elle n'a vraiment aimé que trois personnes : elle-même, Isaac Bronstein et toi. On y va ?

— Oui.

— Tu ne voudrais pas vider un godet ? Je meurs de soif.

Les deux hommes sortent du cimetière et vont s'installer en terrasse, à l'angle du boulevard de Ménilmontant et de la rue du Chemin-Vert.

— Qu'est-ce que tu prends ? demande Olivier.

— Un demi.

— Ça fera deux.

Olivier fait signe au garçon, allonge ses jambes. Il fait doux.

— Tu n'étais pas au courant ? lance-t-il. Pour La Croix-Valmer ? Odette ne t'avait rien dit ?

— Non. Je la voyais moins, ces derniers temps. Elle se toquait de minables qui profitaient d'elle, elle avait pris un sacré coup de vieux.

— Qu'est-ce que tu vas faire de tout ce fric ? Tu sais que ce n'est pas forcément un cadeau ?

— Je crois que je vais m'en sortir. Tu veux qu'on partage ?

— Mais non. Quand j'en aurai besoin, je sonnerai à ta porte.

— N'hésite pas, il y aura toujours un bol de pâtes pour toi !

Olivier éclate de rire.

— C'est beau, l'amour filial. Qu'est-ce qu'il y a ?

Serge s'est remis à pleurer. Il prend sa tête dans ses mains, la secoue de droite à gauche.

— Excuse-moi, le contrecoup…

Olivier passe un bras autour de ses épaules, le serre contre lui.

— On pourrait peut-être se voir un peu plus souvent ? avance-t-il prudemment. Qu'est-ce que tu en penses ?

Serge s'essuie les yeux, sourit timidement.

— Bonne idée. On a du temps à rattraper.

Il saisit son verre de bière, le vide à moitié, dévisage le vieux jeune homme de cinquante-trois ans à côté de lui. Il a eu une grand-mère formidable. Et le père, au fond, n'est pas mal non plus.

*

Il est arrivé en retard au Père-Lachaise, les Ormen étaient déjà partis. Après s'être renseigné au crématorium, il s'est dirigé vers la pelouse bordée par le mur de la rue des Rondeaux. De loin, il a aperçu deux hommes qui dispersaient des cendres, probablement Olivier et son fils aîné. Ne voulant pas les déranger, il a attendu. Après leur départ, il s'est approché, a scruté l'herbe verte comme s'il voulait y repérer d'infimes particules argentées.

David s'interroge : est-ce Odette qui a manifesté le souhait d'être… brûlée ?

Je ne vais pas marcher sur elle, pense-t-il sans pouvoir détacher ses yeux de la pelouse. Il se retourne. Les deux hommes ont disparu. Il est seul dans un cimetière qui ressemble à un jardin, sans tombes, sans personne, ni morts, ni vivants. Rien. Il n'y a que des absences. Il sent un poids terrible peser sur ses épaules, un poids mort. Il pense à sa petite Rebecca qui lui a demandé ce matin où il allait. Il n'a pas su répondre. Comment expliquer à une fillette de quatre ans que l'on brûle les morts, que l'on disperse leurs cendres, qu'il ne reste rien d'une personne qu'on aimait ?

Il rejoint sa voiture sans même s'en rendre compte. Chaleur. L'habitacle est étouffant, il baisse la vitre, ferme les yeux. Un pincement cruel lui vrille la poitrine. Ces corps qu'on brûle… Ses parents, cette petite sœur qu'il n'aura connue que quelques jours… Odette. Parallèle sacrilège, obscène. Il s'en veut, serre les poings, refoule des larmes de rage et de honte. Je suis un misérable, songe-t-il, j'ai abandonné ma famille en choisissant de vivre plutôt que de mourir avec eux, et j'ai abandonné Dadou parce qu'elle vieillissait, parce que je ne la supportais plus. Elle, à qui je dois la vie…

Il met la clé de contact, démarre, déboîte sans précaution. Une 404 noire frôle l'aile gauche de son Audi en klaxonnant rageusement. Dadou… c'était quelqu'un, Dadou. En s'engageant dans le boulevard de la République, David se remémore leur dernière rencontre deux ans auparavant, au Pré Catelan. Pauvre

Odette, fardée comme un cadavre se rendant au bal. Ils avaient parlé d'elle, de ses débuts au cinéma, d'Isaac, de son testament en faveur de son petit-fils. Et aussi d'Amédée.

— Je vais le démolir, avait-elle fulminé. J'ai déjà commencé. Tu vas voir, mon David, j'aurai sa peau.

Elle n'a pas eu le temps, songe-t-il. Ou la force. Et moi, dans tout ça, j'ai été minable, comme d'habitude. En dessous de tout…

L'Audi traverse la place de la République, file par la rue de Turbigo, rejoint la place des Victoires, s'immobilise au feu de la rue des Petits-Champs. Calé dans son siège, coude à la portière, David parle tout seul à voix haute, ponctuant chaque mot d'un coup sur le volant. C'est moi qui l'aurai, c'est moi qui l'aurai, c'est à moi de le faire. Je vais le faire payer pour tout ce qu'il a fait.

Un cycliste à sa gauche se gondole.

— T'as raison, mon pote, faut se faire respecter. En attendant, pourquoi qu'tu bougerais pas tes fesses… ?

David passe la première. Oui, Amédée va payer. Dadou pourra dormir tranquille.

*

(Samedi 4 juin 1977)

La maison de Sébastien, au tout début de la rue des Thermopyles, ne lui ressemble pas. Entourée d'un jardin romantique en diable, elle fait penser à ces villas du bord de mer de Saint-Malo, avec leurs colombages, leurs tonnelles de rosiers et leurs bancs en pierre.

Delphine pousse la grille, traverse le jardin et sonne.

Le souvenir de leurs dernières étreintes accélère les battements de son cœur. Sébastien est en jean, pieds nus, chemise ouverte, comme elle aime. Sans un mot, il la prend par la main, l'entraîne dans l'escalier qui mène à la chambre. C'est leur rituel : on ne dit rien, on parlera après. Delphine se laisse déshabiller, il jette ses vêtements sur un fauteuil, elle lui enlève sa chemise, ferme les yeux, colle doucement son buste contre le sien. Elle savoure la douceur de sa peau contre la sienne, déboutonne lentement son jean, glisse sa main dans la chaleur du ventre. Tandis qu'il enlève son pantalon, elle s'allonge sur le lit, les bras en croix. Au-dessus d'elle, un ventilateur à pales de bois tourne en silence, au ralenti. Sébastien vient se poser sur elle, bras contre bras, jambes contre jambes, pèse de tout son poids, l'embrasse longuement. Delphine se dégage, roule sur le côté, se place à son tour au-dessus de lui, plonge les yeux dans ceux de son amant.

— Je vais te manger, menace-t-elle en riant.

*

— J'ai faim, dit Sébastien en se levant d'un bond. Je vais préparer des œufs. Et faire du café.

Delphine le regarde quitter la pièce, totalement nu. Belles fesses. Allongée sur le dos, elle scrute les défauts du plafond en tirant voluptueusement sur sa cigarette. Jamais elle n'a ressenti pareille impression de bonheur tranquille, sans nuage, sans complication. Avec Sébastien, tout est toujours facile, tout s'emboîte parfaitement, leurs corps, leurs désirs, leurs envies de cinéma, de balades.

Ce n'est pas l'amour fou, pense-t-elle, ce n'est pas

du Wagner mais une chanson douce, une chanson de Trenet légèrement sucrée. C'est comme une croisière sur un paquebot de luxe, pas besoin de réclamer, on s'occupe de vous, on s'occupe de tout. Étrange et déroutant : elle n'a jamais été aussi bien avec un homme mais elle n'éprouve pas la moindre envie de faire des projets, de parler d'avenir.

— Je fais des œufs brouillés, crie-t-il depuis la cuisine. Tu en veux ?

— Non merci. Quelque chose à boire, si tu as.

Delphine s'étire. Combien de temps cette histoire va-t-elle durer ? Avec le voyage prévu en août, il devient ridicule de cacher cette liaison à ses parents. Mais la clandestinité a des charmes qu'on hésite à perdre en s'exposant au grand jour. D'ailleurs, ça ne regarde personne. Seule Aude partage sa bulle magique. Mais une chose est sûre, jamais Sébastien ne mettra les pieds rue Brisemiche. Jamais.

Une serviette autour des reins, un verre de vin à la main, il vient s'asseoir sur le bord du lit.

— Tiens, princesse.

— Merci. Quelle heure est-il ?

— Presque midi.

— On va à Vanves ?

— Bien sûr !

Les puces de Vanves constituent l'étape habituelle numéro deux des samedis. Ensuite, il y aura une nouvelle séance dans la chambre. Puis, vers 20 heures, ils iront dîner dans un petit resto du quartier.

Sébastien contemple Delphine avec émerveillement. Que lui arrive-t-il ? À ce point, ce n'est plus de l'amour mais de l'adoration !

— Je viens de terminer *L'Arme noire*, c'est une merveille. Pourquoi ton père n'a-t-il pas écrit la suite ?

Delphine hausse les épaules. Elle n'en sait rien. Et s'en fiche un peu.

— Je ne lis pas ses bouquins, lance-t-elle en se levant, ça m'énerve. Je trouve ça bien écrit mais c'est toujours la même chose.

Sébastien, admiratif, lui tend son soutien-gorge. Avoir un père prix Médicis, prix Conti, prix de l'Académie française et ne pas lire ses livres lui semble du plus grand chic. Chez les Salis, chaque succès doit obligatoirement être partagé par tous et célébré aussi souvent que possible.

— J'aime ta famille, dit-il. Votre côté bohème, votre liberté, l'absence de rigidité. Tout semble léger.

Tu parles, songe Delphine, mon pauvre amour, si tu savais. Elle hésite, jette le soutien-gorge sur le fauteuil.

— Chez moi, poursuit Sébastien, à part la lecture des cours de la Bourse, les dîners de famille sont tristes comme une nuit sans toi.

— Depuis toujours ?

— Depuis moi.

*

Sébastien a pris Delphine par la main, l'a entraînée dans le jardin. Au milieu des roses, ils se sont assis sur le banc de pierre.

— Je suis le second, commence-t-il, le remplaçant de service. Mes parents ont eu un fils, un frère que je n'ai jamais connu, mort à l'âge de quatre ans de la maladie bleue, une maladie du cœur. Il s'appelait Sébastien.

— Quoi ?

— Oui, il s'appelait Sébastien. Lorsque je suis venu au monde, un an après sa mort, mes parents ont cru bon de me donner le même prénom, pour mieux oublier, sans doute.

— C'est monstrueux !

— Mais c'est ainsi. Durant toute mon enfance, j'ai remplacé un mort, avec la culpabilité que cela implique. Je me sentais responsable de leur bonheur, je devais faire face, ne jamais décevoir, faire oublier l'autre. Parfois, dans mes cauchemars, je ne savais plus qui j'étais, si j'étais moi ou si j'étais lui…

— Quelle horreur !

— C'est un sujet tabou. Je traîne ça depuis toujours. Je n'en ai jamais parlé à Lili. Il faut dire qu'avec elle, nous ne parlions pas de grand-chose. Elle était, comment dire, sur une cheminée, intouchable et fragile…

— Un bibelot ?

— Voilà. Mon père la trouvait très décorative.

Sébastien se baisse, lace ses baskets.

— Tu es prête ? demande-t-il.

— On y va !

À pied, il ne faut guère plus de dix minutes par la rue Didot. À l'entrée des puces, une odeur de friture envahit la rue. Sébastien regarde avec intérêt la camionnette à l'auvent ouvert.

— J'ai faim, j'ai toujours faim, tu me donnes faim !

— Plus tard.

Tout au long de l'avenue Marc-Sangnier, les brocs ont ouvert leurs parasols rectangulaires pour se protéger du soleil. Ils parlent achat, vente, argent, jouent aux cartes pour tuer le temps, se plaignent de la pluie, du soleil, des clients… Delphine adore les puces de Vanves, plus vivantes que celles de Clignancourt. Et plus inattendues : l'année précédente, elle a déniché un exemplaire de *Paris Match* retraçant le voyage de son père sur le fleuve Niger en 1956. Elle le lui a offert, bien sûr. Elle tombe en arrêt devant un médaillon joliment gravé d'un paysage ravissant. Elle l'examine, le repose, furète entre les étals. Elle se retourne, s'aperçoit que Sébastien ne la suit plus, le cherche des yeux. Il s'avance vers elle les deux poings fermés :

— Quelle main ?

Delphine touche la main droite.

— Gagné, dit-il.

Les yeux de Delphine s'éclairent. Le médaillon, évidemment. Élégant. Et probablement ancien.

— Je ne peux pas accepter, Sébastien, tu le sais bien…

— Non, je ne sais pas. S'il te plaît…

Delphine met la chaîne autour de son cou, actionne le fermoir et enlace Sébastien. L'embrasse. Fougueusement, à pleine bouche.

— Il y a des hôtels pour ça, rigole un broc.

— Viens, dit Sébastien en se dégageant, il faut que je mange, je paye les saucisses, tu offres les frites.

Pendant qu'ils font la queue devant le camion, Delphine examine de plus près le bijou. Elle y mettra une photo, c'est fait pour ça, mais ce sera bien sûr celle de Paul.

— On se voit cette semaine ? demande Sébastien.

— Peut-être. Je ne sais pas si la jeune fille est libre.

— Paul est chez Aude, aujourd'hui ?

— Oui. Atelier de peinture avec Valentine.

— Il dort chez elle ce soir ?

— Oui.

— Et toi chez moi ?

— Oui, si tu m'acceptes, bien sûr. Je ne veux pas déranger…

— Que tu es drôle !

Sébastien attrape l'énorme sandwich débordant de frites, réclame une bière et deux serviettes en papier. Puis, difficilement, il partage la chose en deux.

— Tu sais ce que j'aimerais ? dit-il. Traverser avec toi les États-Unis en Harley-Davidson, de New York à Los Angeles, faire l'amour chaque soir dans un motel, dans un relais de camionneurs, dans le désert, sur les plages californiennes. On passerait voir ta sœur à Los Angeles, elle y est toujours ?

— Il paraît. Depuis deux mois, elle fait une retraite dans un couvent, elle ignore encore si la foi est aussi planante que la musique. Ou peut-être prépare-t-elle son éternité : tu sais qu'elle est persuadée qu'elle mourra à cinquante ans ?

— Et quel âge a-t-elle ?

— 1935… Cela fait quarante-deux, sept ans de plus que moi.

— Et Jules ?

— Pensionnaire en Angleterre, le pauvre… Maman se fait beaucoup de souci. Elle voulait le prendre à Vaugirard mais Marie n'a pas accepté.

— Quelle famille ! Une famille que j'adore. En fait, je voulais t'en parler, j'aimerais bien en faire partie…

Sur le point de croquer dans son demi-sandwich, Delphine se fige : que veut-il dire ? L'épouser ?

Curieuse idée. Non et non. Ni lui ni personne. Le toucher, l'embrasser, l'aimer, se laisser caresser devant dix mille personnes… d'accord. Mais rien de plus pour le moment. Elle sent sa main chaude qui se glisse sous son chemisier, à la recherche de ses seins libres.

— Et si on rentrait ? dit-elle.

*

(Samedi 25 juin 1977)

L'angelot dénudé jouant du luth au-dessus du caveau n'a rien perdu de ses bonnes joues. Il a plu ; de la terre mouillée monte une odeur de rouille, de fleurs fanées. Les employés municipaux sont venus saluer Odile puis ont quitté les lieux. Pierre tient sa femme par le bras, il regarde Olivier perdu dans ses pensées. À quoi songe-t-il ? À la douche obligatoire dans le tube en zinc ? Aux confitures que Mme Farge cachait derrière les boîtes de petits pois ? À la chasse aux poux ?

Odile s'approche de Pierre, elle a revêtu ses habits du dimanche, elle serre contre elle un sac à main fatigué.

— Comment vous remercier, monsieur Pierre ?

À la mort de Mme Farge, la semaine précédente, Odile a appelé la rue de Vaugirard. Sa sœur, dans ses dernières volontés, avait émis le souhait d'être enterrée dans le cimetière de Fontenay, « pas trop loin de monsieur Valentin ». Spontanément, Pierre avait proposé d'accueillir la vieille bonne dans le caveau de famille. Avec Marie-Thérèse et Amélie.

— C'est sa place, Odile. C'était un peu ma maman.

— Mais quand même, monsieur Pierre ! Dans le caveau ! Comme elle doit être heureuse !

Olivier continue à sourire. Rêve-t-il aux friandises que Mme Farge glissait sous leurs oreillers à l'insu d'Odette ou au chocolat chaud au parfum de vanille dont elle avait le secret ?

— Elle n'est pas venue, dit-il en rejoignant Pierre. Elle l'aimait pourtant beaucoup.

— Qui ça ?

— Ta fille.

— Des soucis au journal. Elle m'a prévenu au dernier moment.

Mon œil, pense Olivier, le journal a bon dos, c'est moi qu'elle ne veut pas voir.

— Tu campes toujours à L'Heure Bleue ? demande Pierre, gêné.

— Toujours. Je dors sur la scène après avoir salué les ombres qui s'agitent dans la salle. J'attends qu'elle vienne me voir pour me mettre au piano, une chanson d'amour.

— Je ne sais pas quoi te dire…

— Alors ne dis rien !

À quelques mètres, Ariane discute avec Odile. Après la cérémonie, elle a prévu une petite collation à la villa. Et vers 18 heures, après un passage à Vaugirard, elle la déposera à la gare de Lyon pour qu'elle prenne son train de nuit.

— C'est vrai pour Jean-Noël ? interroge Olivier. Le décret est sorti ?

— C'est pratiquement fait. Il y aura une rue Jean-Noël Ormen à Fontenay, près de la gare. Le maire m'a adressé un petit mot personnel. Sacré Jean-Noël !

— Ne t'inquiète pas, camarade ! Tu auras la tienne un jour, à Paris !

Pierre se raidit. L'évocation d'une éventuelle gloire posthume lui est désagréable. Pourquoi posthume ? D'autant que ses visites n'avancent pas, le carnet de Paul ne se remplit guère.

— Qu'est-ce que tu fais, ces temps-ci ? demande-t-il à Olivier.

— J'ai un peu le sentiment de passer ma vie dans les cimetières. À part ça, petits rôles au cinéma. Une apparition au lycée Jules-Ferry sur un tournage de Diane Kurys. Et, avant ça, pour la Truffe, j'ai joué un copain de Charles Denner dans *L'Homme qui aimait les femmes.* Il y avait Brigitte Fossey, Leslie Caron et Nathalie Baye, on a tourné à Montpellier, je ne te raconte pas !

— L'homme qui aimait les femmes ! On aurait pu te confier le rôle principal ! Comment va-t-il ? La dernière fois que je l'ai vu, c'était en 1968, pour l'histoire de la Cinémathèque.

— Comme nous. Il s'embourgeoise. Ariane m'annonce que tu vas quitter la Cour des comptes ?

— Eh oui ! Bientôt la limite d'âge. C'est d'autant plus rageant que nous étions sur la piste d'avions très spéciaux, une escroquerie chez Elf, très réjouissante si ce n'était le milliard de francs des contribuables déjà engagé pour renifler le pétrole à trois mille mètres d'altitude. C'est la vie ! Je lirai la suite dans les journaux !

— On y va, Pierre ? demande Ariane.

— Allons-y. Tu passes à la villa ? demande-t-il à Olivier.

— Non. J'ai une séance pour William Saurin, je fais le cassoulet !

— Très bien, répond Pierre, ça te changera du cinéma d'auteur. Viens donc dîner à la maison, un de ces soirs.

— C'est cela. Et toi, renifle bien !

Olivier embrasse Ariane et Odile, se dirige vers la sortie en chantonnant Brassens, *Les Funérailles d'antan*. Si elle n'est pas venue, c'est qu'elle l'aime encore.

*

(Dimanche 26 juin 1977)

Amédée ouvre la porte, toise David Bronstein. Depuis leur brève rencontre à la galerie il y a presque dix ans, le petit chouchou d'Odette ne s'est pas arrangé. Le visage est un peu mou, l'œil humide, il a certainement les mains moites. Comment son géant de père a-t-il pu engendrer un tel fils ?

— Entrez…

David, en connaisseur, évalue l'appartement et le mobilier. De l'argent, beaucoup d'argent. Et du goût. Planté au milieu du salon, il attend que son hôte prenne les devants. Amédée se dirige vers la bibliothèque, ouvre une boîte.

— Cigare ?

De la tête, David décline la proposition. Il a une furieuse envie de tourner les talons. Il regarde Amédée allumer son Montecristo avec soin, se carrer dans un fauteuil, lever la tête.

— Mais prenez donc vos aises, David !

David s'assied face à lui. Le visage de son hôte est enveloppé d'un nuage de fumée.

— Alors, que me vaut le plaisir ? Vous avez demandé à me voir, je suppose que c'est pour une bonne raison ?

David hoche la tête.

— Une très bonne raison : je suis venu récupérer *L'Heure bleue*.

Amédée le regarde avec stupéfaction, éclate de rire.

— *L'Heure bleue* ? Le Picasso ? Mais mon bon ami, vous rêvez ! Ce tableau doit être en Allemagne, en Russie, au Japon, aux États-Unis, que sais-je !

Le visage de David se crispe. Comment va-t-il s'y prendre ?

— C'est vous qui l'avez. Vous l'avez volé.

Amédée hausse un sourcil, envoie vers le plafond un cercle de fumée presque parfait.

— Plaît-il ?

— Arrêtez, s'il vous plaît, cessez ces simagrées. Vous n'êtes qu'un voyou. Et un criminel ! Vous avez été condamné à la fin de la guerre pour collaboration !

— Condamné et amnistié, je vous le signale.

— Vous avez été mêlé au trafic de biens juifs !

— Ceci n'a jamais été prouvé… Et cette conversation prend un tour bien désagréable…

— Et la rue Lauriston ? Vous n'y étiez pas ? coupe David.

Lâchons un peu de lest, sourit intérieurement Amédée, on va voir ce que le petit notaire a dans le ventre.

— C'est vrai, j'avais à l'époque de très mauvaises fréquentations. L'homme s'appelait Ziegler, un des lieutenants de Bony, je fréquentais sa bande, mais rien de plus. Qu'y a-t-il, David, que voulez-vous vraiment ?

— Je vous l'ai dit : *L'Heure bleue*. Et tout ce que vous avez pu garder du pillage de l'appartement.

— Ridicule ! C'est un peu une idée fixe chez vous, dites-moi. J'ai déjà dû subir vos élucubrations quand vous étiez venu faire votre petit esclandre à la galerie. Sans la moindre preuve, bien sûr… Ça vous amuse d'accuser les gens comme ça ?

— Et la broche ! Vous l'avez oubliée, la broche ? J'ai un témoin qui peut certifier l'avoir achetée dans votre magasin du Village suisse ! Un bijou qui appartenait à ma mère… Ce n'est pas une preuve, ça ?

Amédée accuse le coup en silence. Quelle saloperie, cette broche ! En même temps, on ne tombe pas pour une simple drouille. Un bijou, ça va, ça vient, ça passe entre toutes les mains…

— Et la sanguine de Renoir, poursuit David, la sanguine qu'Odette vous a… empruntée ? Elle était rue de Vaugirard, dans le bureau de mon père !

Amédée se reprend. Il n'a rien à craindre, cette histoire de broche ne tient pas debout. Quant à la sanguine, il n'est même pas sûr qu'elle provienne de l'appartement Bronstein.

— Vous devez confondre, mon bon. Ces sanguines sont très nombreuses ; et, pour vous dire le fond de ma pensée, elles se ressemblent toutes. Je vais devoir vous prier de quitter les lieux, sinon, je me verrais dans l'obligation d'appeler la police.

David, suffoqué, en bafouille de rage.

— Appeler la police ? Mais comment donc ! Pour lui dire quoi ? Que vous avez dénoncé mes parents pendant la guerre ? Qu'ils ont été gazés par votre faute à Auschwitz ? Que vous avez fait fortune en revendant leurs biens ? Pour leur dire que vous avez volé la collection Bronstein, que vous détenez un Picasso qui m'appartient !

Amédée, sourire aux lèvres, attend patiemment la fin de la tirade. Ce filouteur de testament est pathétique, minuscule. Est-ce la mort d'Odette qui le fait sortir du bois, avec trente-cinq ans de retard ?

— Vous êtes fou, David, déclare-t-il posément. Vous ne savez plus ce que vous dites ! Et quoi que vous pensiez, quoi que vous fassiez, même si c'était vrai, tous ces faits sont amnistiés depuis longtemps. Vous ne pouvez rien contre moi, vous devriez le savoir.

— Je peux très bien vous faire porter un grand chapeau, bien visible de tous vos amis politiques, ainsi qu'une batterie de casseroles que j'accrocherai à votre veston. Je peux devenir votre publiciste personnel, monsieur Amédée Ormen, vous suivre partout, ruiner votre réputation !

Amédée se lève, va poser son cigare dans un cendrier.

— Écoutez, David, vos menaces ne m'intimident pas. Je ne suis pas celui que vous croyez et je vais vous dire ce qui s'est vraiment passé. Je fréquentais pendant la guerre la bande de Ziegler, je vous l'ai déjà dit ; j'étais jeune et tout le monde peut se tromper. Je n'ai pas dénoncé vos parents mais j'ai sans doute ma part de responsabilité dans leur arrestation. À l'époque, vous le savez mieux que moi, ils se cachaient rue de Vaugirard sous le nom de Bronville. En parlant de votre famille dans un dîner, j'ai dit Bronstein au lieu de Bronville, par inadvertance. Et tout s'est enchaîné. Ils ont été arrêtés, Ziegler a vidé leur appartement.

Mais je n'ai pas participé à l'opération. Après cela, que quelques objets appartenant à votre famille soient entrés en ma possession à l'occasion d'un partage de ce que je croyais être des affaires avec les Allemands, ce n'est pas impossible… Mais, si jamais cela s'est produit, ça n'a pas dû aller bien loin.

David se lève à son tour, en rage.

— Vous êtes pire que ce que j'imaginais. Même pas capable d'assumer vos actes. La vérité, vous allez me la dire. La vraie.

De la poche de son veston, il sort un pistolet muni d'un silencieux. Poignet tremblant, doigt sur la détente, il le pointe sur Amédée qui lève lentement les bras.

— Doucement, David, doucement. Ne faites pas de bêtise.

— La vérité !

— Je vous l'ai donnée, la vérité, comment dois-je vous la dire !?

David scrute le visage de celui qui a envoyé sa famille à la mort. Il n'y a pas une once de peur, pas une once de remords.

— Je vais vous tuer, ordure !

Amédée regarde l'automatique danser dans la main de David. À force de trembler, cet abruti est bien capable de tirer. Il fait un pas en avant, se rue sur lui. Les deux hommes roulent à terre sur la moquette épaisse, luttent en silence pour la possession de l'arme. La main droite d'Amédée tord le poignet de David, détourne le pistolet, le coup part.

— Merde, jure Amédée.

David est allongé sur le côté. Il regarde son ventre d'un air étonné. Il y place une main, puis l'autre, les retire pleines de sang. Il fixe Amédée.

— Le téléphone, vite ! Appelez la police, une ambulance !

Amédée prend le pistolet, se relève et va s'asseoir dans un fauteuil qu'il tourne vers David. C'est curieux, songe-t-il, en rallumant son cigare, cette impression de déjà-vu…

— Non, David, la police, une ambulance… ce n'est pas une très bonne idée. Qu'est-ce qu'on pourrait bien leur raconter ? Tu y as pensé ? Non, évidemment, tu es un impulsif, toi. Écoute, tu as voulu jouer, tu as perdu, c'est tout. Mais ne t'inquiète pas ; je vais te dire quelque chose, comme ça tu ne seras pas vraiment venu pour rien…

— Emmenez-moi à l'hôpital, vite, s'il vous plaît.

— Je t'ai dit non. Mais pour *L'Heure bleue*, je te dis oui. Quand Odette est venue ici – mais j'y pense, tu étais peut-être avec elle ! – eh bien, vous êtes passés devant sans vous en apercevoir. Le Picasso était caché derrière une toile à trois sous : c'est pas marrant, ça ?

— Salopard ! Vous n'allez pas me laisser là à me vider de mon sang ?

— Mais non, David. Je vais t'aider.

Amédée arme le pistolet, se lève, pose le canon sur la tempe de David.

— Je vais t'aider, répète-t-il.

*

(Samedi 27 mai 1978)

Serge claque la portière de sa Karmann Ghia et se dirige vers le Palace, non sans avoir soigneusement vérifié la fermeture des portes. La voiture a cinq ans, la peinture est ternie, les sièges sont fatigués, mais il ne supporterait pas qu'on la lui vole. Après avoir touché l'héritage de sa grand-mère, vendu l'appartement et cédé la majorité des actions d'OR Productions à un groupe allemand, il aurait pu s'acheter n'importe quel rêve doté de quatre roues. Mais c'est celle-ci qu'il aime.

Devant le Palace, Frédéric Mitterrand discute avec Gérard Garouste, le décorateur du lieu, Jean-Baptiste Mondino, un photographe de mode et Sylvie Grumbach, l'attachée de presse. Serge les salue d'un petit geste de la main, lance une œillade à Jenny Bel'Air, la physionomiste, et entre dans le temple de la nuit. Il porte les cheveux courts, un pantalon très étroit et une chemise à jabot en popeline avec poignets à volants.

Au Palace, un inconnu peut connaître son quart d'heure de gloire, pourvu qu'il soit beau et original. Être riche n'est pas interdit. On a également le droit d'être légèrement paumé, amer et désabusé, si c'est avec grâce. Serge gagne le bar du premier étage, commande une coupe, la première d'une longue série, en songeant qu'il est ici parfaitement dans son monde. Depuis la mort de sa grand-mère, il y a plus d'un an, il dort le jour et s'abrutit la nuit dans la fièvre disco et dans l'alcool. Il est de toutes les fêtes, de toutes les outrances.

— Salut, Serge !

— Julien ! Comment vas-tu ?

— Tu connais Nicolas ?

— Bien sûr. On s'est rencontrés au Sept, plusieurs fois.

— Je te présente Hermine, Hermine de Charnacé, une amie…

Serge lève la tête. Avec ses talons aiguilles, la fille est légèrement plus grande que lui. D'immenses yeux bleus, la peau très blanche, à peine maquillée.

— Enchanté, salue Serge sans tendre la main.

La fille le dévisage avec ironie, allonge un bras interminable pour un baisemain. Sa bague en or blanc pavée de diamants et sertie d'un rubis doit coûter une fortune. Après une seconde d'hésitation, Serge s'exécute. Ça a l'air d'être un numéro, celle-là !

— J'ai appris, pour ta grand-mère, dit Julien. Elle t'a presque tout laissé, exact ?

Serge sursaute. Est-ce un reproche ? Les Ormen considèrent-ils que les terrains de La Croix-Valmer sont encore à eux ? Cette histoire d'héritage falsifié n'a jamais été claire. Mais il est vrai que Dadou avait un sens très particulier de la propriété.

— Et il paraît que tu as vendu la maison de production ? enchaîne Julien.

— Oui. À des Allemands. Ils disent qu'il y a un marché pour le porno chic.

Les serveurs Mugler aux épaulettes dorées virevoltent autour d'eux. Sur la piste en contrebas, dans la fosse d'orchestre de l'ancien théâtre, Cuevas met le feu aux platines. Le décor de ruines romaines s'illumine de vert sous les rayons lasers.

— Nous nous sommes déjà vus, dit Hermine en sortant un porte-cigarettes démesuré. Il y a un mois et demi, lors du bal costumé de Loulou de la Falaise. Marc Bohan était en Faust, Lagerfeld en Merlin l'enchanteur, Castelbajac en Dracula. Et vous, je me souviens très bien, vous étiez déguisé en échassière de Pigalle, vous étiez divin.

— On vous laisse, prévient Julien en prenant Nicolas par la main. À tout à l'heure.

— Je me rappelle également, répond Serge. Vous portiez une moustache d'apache de la Bastille.

— Vous en pute, moi en mac, nous étions faits pour nous entendre ! Offrez-moi une coupe !

Le ton est péremptoire. Serge commande une bouteille, en examine l'étiquette.

— Ne vous en faites pas, dit Hermine en tendant son verre. C'est moi qui le sélectionne. Je supervise l'achat du vin et du champagne auprès de Fabrice. Sinon, pour que vous sachiez tout de moi, ma famille est dans le vin depuis cinq générations, je suis œnologue moi-même, j'ai vingt-quatre ans, je ne suis pas mariée, et je suis joueuse.

— Quel genre de jeux ?

— J'adore les paris. Par exemple, je peux vous parier que vous me raccompagnerez chez moi ce soir.

— Ah oui ?

— Si je gagne, vous me faites l'amour. Et si je perds, c'est moi qui me sacrifie. Tope là ?

*

(Vendredi 9 juin 1978)

Pierre s'est levé à l'aube, à peine sorti d'un rêve. Il marchait sur une route en compagnie de Jean Daniel, lui disait son amitié, leur identité de réactions, son admiration pour Suarès et son exaspération devant l'attitude des communistes. Daniel souriait, de ses yeux clairs, sans jamais répondre. Qu'est-ce que ça voulait dire ?

De 11 heures à 3 heures du matin, il a travaillé sur son roman en cours, *Il pleuvra sur Pithiviers*. Le dernier, *Des hauts et des bas*, est paru en octobre 1976, le jour même de la mort de Queneau. Quelle ironie ! Aujourd'hui, c'est son dernier jour à la Cour, il a soixante-six ans. L'âge du diable, comme dit Delphine.

Sur la pointe des pieds, il emprunte le couloir, pousse la porte de la chambre. Ariane dort profondément. Il se rend dans la cuisine, fait chauffer de l'eau, sort le pot de Nescafé. Le dernier jour. Il n'aime pas les derniers jours. On peut toujours se dire que c'est le premier jour de quelque chose d'autre, mais le cœur n'y est pas, pas plus que l'imagination. Peut-être a-t-il envie de le vivre vraiment comme un dernier, d'en goûter la saveur amère ?

L'eau commence à bouillir. Il éteint le gaz, l'humeur sombre. Est-ce que j'ai eu bon, comme dirait Paul ? Ai-je bien défendu les comptes de la nation ? Et par ma plume, ai-je bien contribué à défendre les valeurs humanistes que m'a léguées mon père ? Ça ira peut-être comme ça ! se reprend-il. Qu'est-ce qui m'arrive ? Je ne suis pas encore mort !

Sa tasse à la main, Pierre revient au salon, ouvre la porte-fenêtre et respire profondément. À quelques dizaines de mètres, la cime des arbres du Luxembourg se balance doucement dans un étonnant silence. Au loin brille l'Observatoire. Ce dernier jour sera sublime, décide-t-il, jamais soleil de juin ne sera aussi tendre avec Paris. Pour marquer l'événement, il se rendra à pied rue Cambon, tranquillement, s'arrêtera devant chaque souvenir, lui fera fête. Il y en a tant. Peut-être devrait-il se mettre en route immédiatement s'il veut être à son bureau avant le déjeuner !

Un moineau téméraire s'est posé sur la rambarde. Il lève la tête vers Pierre, semble rouler un œil interrogatif. N'aie pas peur, petit moineau, tout va bien.

Une main se pose sur son épaule, l'oiseau s'envole vers le jardin, il se retourne : Ariane lui sourit.

— Bien dormi ? demande-t-elle en l'embrassant dans le cou.

— Bonjour, chérie. Je pensais au col de chemise du temps. Ça ne se repasse pas.

Ariane lui caresse la joue.

— J'ai fait du café, du vrai. Tu en veux ?

Ils rentrent dans le salon, s'asseyent dans le canapé. Ariane prend la cafetière posée sur la table basse, emplit deux tasses. Puis elle ouvre la boîte en argent, sort deux cigarettes, qu'elle allume.

— Tiens, dit-elle. Si cela pouvait être la dernière…

— C'est un peu tard, non ?

Pierre tire voluptueusement sur sa cigarette. Comment se passer du goût de la première ?

— N'oublie pas que nous dînons ce soir chez les Salis, rappelle Ariane.

— Qui y aura-t-il ?

— Je ne sais pas. Aude et François, sûrement. Delphine et Sébastien, je n'en suis pas sûre.

Pierre hoche la tête. Sa fille le déroute. Après avoir quitté le fils de la belle-mère de son père, elle vit avec le frère de la femme de son frère. Elle ne pourrait pas jeter ses filets un peu plus loin de la famille ?

— Qu'est-ce qu'elle lui trouve ?

— Pierre, s'il te plaît… Olivier, tu étais contre, Angelo, n'en parlons pas, Sébastien, ça ne va pas non plus… Serait-ce que tu ne supportes pas que ta fille soit amoureuse ?

— N'empêche. Je ne leur donne pas un an. Ils partent toujours aux États-Unis cet été ?

— Sébastien a loué un immense camping-car, une vraie maison sur roues. Paul est excité comme une puce, il apprend des mots d'anglais : *yes, please, hamburger…*

Pierre ressert du café dans les deux tasses et va choisir un disque, Beethoven, le *Concerto en ré*, celui que sa fille a enregistré chez Deutsche Grammophon.

— Peut-être pourront-ils voir Marie ? dit-il en actionnant le bras automatique de la chaîne. J'ai lu quelque part qu'elle se serait fait construire une sorte de blockhaus dans une banlieue chic de Los Angeles, qu'elle y vivrait cloîtrée. Avec Jules. Quel âge a-t-il ?

— Treize ans. Pauvre enfant. Je ne suis pas sûre que revenir auprès de sa mère soit la meilleure solution.

— Il s'est fait virer, rétorque Pierre, et aucune pension européenne ne voulait de lui !

— Je me dis quelquefois que c'est notre faute, ma faute. Nous ne nous sommes jamais occupés de lui. Comme si ce n'était pas notre petit-fils.

Ariane en a les larmes aux yeux. Pierre passe un bras autour de ses épaules, elle pose la tête au creux de son cou.

— Tu n'as rien à te reprocher, chérie. Tu sais comment est Marie. Imprévisible, incontrôlable, une vraie tête de bois.

Ariane s'essuie les yeux, se dégage, se lève.

— Je vais prendre ma douche, annonce-t-elle. Hélène ne va pas tarder à descendre.

Après la mort de Mme Farge, Odile est retournée

en Savoie, dans la maison qu'occupait sa sœur. Et elle a recommandé une de ses nièces, Hélène Farge, à qui Ariane loue le sixième à un prix symbolique contre deux heures de ménage par jour. Pierre allume une nouvelle cigarette, se cale dans le divan, pose les pieds sur la table basse en faisant attention à la cafetière.

— Ça m'emmerde, grogne Pierre.

— Quoi ?

— D'aller chez les Salis.

— S'il te plaît, Pierre, ne fais pas l'enfant. Et prépare-toi pour la Cour.

Les yeux fixés sur le plafond, tandis qu'Ariane quitte la pièce, Pierre tente de se souvenir de ses débuts rue Cambon. C'était en 1946, il y a plus de trente ans, il venait de recevoir le prix des Lombards pour son second roman, *Loin de soi.* En travaillant toutes les nuits, il avait réussi le concours d'entrée, son père ne l'avait pas félicité : rien ne lui semblait plus beau que professeur de lycée.

— J'ai bien fait, papa ! pense-t-il tout haut. J'aurais pu corriger des copies jusqu'à en devenir complètement timbré. La Cour des comptes, pour moi, c'était miraculeux.

La voix de Valentin emplit la pièce :

— Tu fais toujours bien, fiston. D'après ce qu'on m'a dit, tu as bien compté, sans faire d'erreurs. Sauf pour Mme Farge : trois bonnes femmes avec moi dans le caveau, ça fait beaucoup.

— C'est peut-être celle qui t'a le plus aimé !

— C'est vrai. Tu as bien fait, encore une fois.

— Comment ça va, là-haut ? Tu sais qu'un jour, pas tellement lointain, je vais te rendre une petite visite ?

— Prends ton temps, fils, il n'y a pas urgence.

Qu'est-ce que j'ai aujourd'hui ? s'interroge Pierre. Je débloque complètement avec mon histoire.

— Tu parles tout seul, chéri ? J'ai entendu des voix.

Ariane a passé la tête, brosse à dents à la main.

— Oui. Je ressasse. Syndrome du dernier jour, sans doute…

— Premier jour, tu veux dire. Sous le signe de la menuiserie et du quai de Conti. Tu vas voir, nous allons vivre notre plus belle décennie.

Pierre hoche la tête, quitte le divan, va embrasser sa femme. Comme dirait Aragon, que serait-il sans elle ?

*

(Mercredi 14 juin 1978)

Curieuse chose qu'un homme ! conclut Amédée en poussant la porte de la galerie. Finalement, ce n'est rien du tout : une camionnette, une pelle, un coin tranquille dans la forêt de Fontainebleau et hop ! effacé le bonhomme ! Comme par enchantement !

Pauvre fou ! Il s'est tué tout seul ! Je n'ai fait qu'abréger ses souffrances. Et sa disparition n'a pas ému grand monde ; il a bien fallu attendre une dizaine de jours pour que le fait divers apparaisse fugitivement dans les journaux : « Mystérieuse disparition d'un notaire parisien ». Sa femme, interrogée, a exclu tout acte volontaire, d'autant qu'il laisse derrière lui une petite fille de quatre ans. Ça, c'est vache, pense Amédée. Mais il fallait y réfléchir à deux fois avant de se présenter avenue Victor-Hugo un pistolet à la main. Il n'y a pas eu d'enquête de police ou presque. Apparemment, David n'avait prévenu personne de sa visite. L'aurait-il fait, d'ailleurs, que tout était en place pour répondre aux questions des enquêteurs.

Par sécurité, Amédée a fait changer la moquette du salon, jeté le revolver dans la Seine, essuyé tous les meubles que David aurait pu toucher. Aujourd'hui, pratiquement un an après la soirée fatale, tout danger est écarté. Jamais on ne retrouvera David Bronstein. Pas plus qu'on n'a retrouvé Marcel Ducasse, noyé dans le béton sous un immeuble de Levallois.

Au fond de la galerie, Ghislaine discute avec un client. Elle a encore grossi, constate Amédée, elle devient monstrueuse. Quel âge a-t-elle ? Cinquante ? Cinquante-cinq ? Il enlève son pardessus, sort ses lunettes pour dépouiller le courrier. Factures, invitations, journaux professionnels. Le client soulève son chapeau, salue Ghislaine d'un signe de tête et pousse la porte. Vente ratée, apparemment.

— Salut, dit-il. Que voulait-il ?

— Le Louis Roy. Il va réfléchir.

— C'est tout réfléchi, morphologie classique, les yeux rapprochés, le menton en galoche, les types de son genre n'achètent jamais rien.

Ghislaine allume une Gitane maïs.

— Tu te trompes, rétorque-t-elle. Je te parie un déjeuner chez Lasserre qu'il repassera demain avec un chèque.

Amédée refrène un geste d'humeur.

— Drouot, à quelle heure ? demande-t-il.

— La vente commence à 14 h 30. Je monte jusqu'où ?

— Deux cent mille, pas plus.

Depuis plus d'un an, Amédée et Ghislaine ont abandonné les « à la manière de » signés Steiner. À vrai dire, c'est plutôt ce dernier qui leur a fait défaut, en prison pour avoir confondu le petit artisanat du copiste à visage découvert avec la carambouille du faussaire. C'est ce qu'on appelle s'emmêler les pinceaux ! Amédée, après mûre réflexion, a décidé de se spécialiser dans le postimpressionnisme, Henri Manguin, Paul-Élie Ranson, Louis Gaidan, Albert Marquet, Paul Signac, avec des incursions vers Matisse ou Bonnard. Du vrai, cette fois. Un changement qui n'est pas sans conséquences financières ; la galerie est en déficit pour la première fois depuis sa création. Les affaires tournant au ralenti et les fortunes englouties dans son château ont contraint Amédée à vendre l'immeuble de la rue d'Avron. Si cela ne s'arrange pas, il lui faudra également céder la galerie de Genève et entamer son portefeuille d'actions.

— Pas de nouvelles du notaire ? glisse Ghislaine d'un ton narquois.

Amédée se retourne, la fixe intensément. Depuis l'annonce de la disparition de David Bronstein, pas une semaine ne s'écoule sans qu'elle lui fasse son numéro… à croire qu'elle soupçonne quelque chose.

— Ça ne te fatigue pas, de toujours poser la même question ?

— Non. Le sujet m'intéresse.

— Quel sujet ?

— Tu le sais parfaitement, Amédée. Je te rappelle le contexte : Occupation, collaboration, dénonciation. Puis nous avons spoliation, collection, disparition.

— Très drôle. Et ça nous mène où ?

— Mais à *L'Heure bleue*, cher ami, même si tu persistes à dire qu'elle n'est pas en ta possession.

— Parfaitement. Je te l'ai déjà dit : c'est Ziegler qui l'a embarquée.

— Ziegler a bon dos, avec ses douze balles dans la peau.

— Crois ce que tu veux, je m'en moque. Quant à David Bronstein, je n'en sais pas plus que toi.

— C'est bien le notaire de ta famille ?

— Non, j'ai bien dû te le répéter cent fois : David Bronstein n'était pas le notaire de ma famille. C'est son père qui s'occupait des affaires de mon père. Et c'est l'associé de David qui a géré la succession.

— Pourquoi en parles-tu au passé ? Tu penses qu'il est mort ?

Amédée s'énerve.

— Tu me fatigues, Ghislaine, tu me fatigues avec tes questions. Je n'en sais rien et je m'en fous. Tu comprends ? Je m'en fous !

Ghislaine hoche la tête.

— D'accord, j'arrête. Mais tu ne m'empêcheras pas de croire qu'il y a quelque chose de louche dans cette histoire. Je n'aime pas les coïncidences. Un notaire qui disparaît alors qu'il est le possesseur légal d'une toile inestimable, c'est vraiment trop. Tu ne crois pas ?

— Je ne crois rien.

— Réfléchis, Amédée. Nous sommes associés depuis près de vingt ans. Pas la moindre entourloupe, pas le moindre chantage. Nous ne nous aimons pas, mais nous nous respectons. Je suis fidèle, je ne suis pas maladroite, alors, pourquoi ne pas faire totalement équipe ? Je te connais par cœur, Amédée : je sais – je le sens – que tu es impliqué dans la disparition de David

Bronstein. Joue cartes sur table, tu ne le regretteras pas. Il est question de *L'Heure bleue,* c'est cela ?

Amédée contemple son associée non sans une pointe d'admiration. Elle a l'œil. Et elle ne lâche jamais.

— Désolé, dit-il. J'aimerais bien, mais tu fais fausse route. Je ne sais rien de cette affaire et tu devrais te dépêcher pour Drouot.

Ghislaine sourit. Ses dents sont blanches, acérées.

— Nous en reparlerons, Amédée.

9

(Vendredi 22 septembre 1978)

Le Passe-plat est bondé. Comme d'habitude. Aude et Delphine ont réussi à obtenir la place tant convoitée derrière le pilier, celle où l'on est à peu près tranquille pour bavarder. Aude examine Delphine avec attention : malgré son bronzage, sa belle-sœur et amie a les traits tirés, deux méchantes petites rides se sont installées au coin des yeux. Comme elle le pressentait, ce voyage de trois semaines aux États-Unis avec Sébastien s'est révélé catastrophique. Même la voisine de madame Soleil aurait prévu le fiasco.

— Comment vas-tu ? demande-t-elle.

— Pas terrible. Je barbote mollement dans une sorte de néant.

— Paul ?

Delphine relève la tête. Lui, au moins, c'est une réussite.

— Tout va bien. Il n'a rien vu de nos problèmes et il a bien profité du séjour, Dieu merci. Il saoule tous ses copains avec la route 66 et le Grand Canyon, les policiers à moto et les Indiens. Je n'ai pas revu Sébastien depuis notre retour. Comment est-il ?

Aude lui prend la main, la caresse.

— Comme tu peux l'imaginer. En miettes. Je le savais, je te l'avais dit : votre relation était fondée sur le désir physique, pas sur le désir de l'autre. Vous vous êtes consumés comme la mèche d'un bâton de dynamite. Et comme il fallait s'y attendre, le quotidien et la présence de Paul ont précipité le dénouement. Boum badaboum, *that's all, folks !*

— C'est curieux, explique Delphine, nous nous entendions si bien avant ce voyage. Nous flottions sur un nuage en permanence, tout était tranquille, fluide.

— Tu étais amoureuse ? Tu l'es encore ?

— Non. Je ne l'aime pas, je ne pense pas l'avoir aimé au sens où on l'entend. Ce n'était pas non plus de l'amitié. C'était, comment dire ça ? C'était une impression d'infinie complicité, essentiellement charnelle.

— Une impression ?

— Tu as raison. Je me rends compte que nous ne sommes jamais allés plus loin que les instants que nous vivions. Des moments suspendus. Ça s'est effrité au bout d'une semaine, quand il a fallu faire un peu de ménage, organiser les repas, s'occuper de Paul.

Aude reste silencieuse. La vraie psy, songe Delphine. Plus besoin de son Lacan, elle a chopé tous ses tics.

— Hors de Paris, poursuit-elle, hors de chez lui, aux Thermopyles, ce n'était plus le même homme. Il était toujours aussi charmant, mais il était… il était déplacé. Tu connais ces bulles que les enfants fabriquent avec un rond et du savon ? Elles s'envolent, se parent de toutes les couleurs, du bleu, du rose, rien n'est plus beau, plus léger. Mais si la bulle touche quelque chose, n'importe quoi, elle éclate. C'est ce qui nous est arrivé. Il ne fallait pas rencontrer la réalité.

— Tu vas le revoir ?

— S'il le souhaite, mais pas amoureusement. Je compte sur toi pour l'aider à passer le gué. Et à lui trouver quelqu'un. C'est ton frère !

Aude se met à rire.

— Toi aussi, tu peux chercher !

Les deux filles se mettent à pouffer. Discrètement, dans un premier temps. Puis un fou rire les submerge brusquement, inextinguible, qui s'étend peu à peu aux tables voisines, Delphine en pleure, les serveuses affolées tentent de résister au tsunami zygomatique.

Quelques minutes plus tard, Aude s'essuie les yeux, avale un verre d'eau.

— La plus malheureuse, c'est encore ma mère, dit-elle. Deux mariages croisés lui auraient bien plu. Elle trouvait ça… si romantique.

— Et ton père ?

— Il a d'autres soucis. Tu as lu, dans *Le Canard*, l'article sur les squats de Belleville ? Toute la presse de gauche va se déchaîner. Peut-être même qu'Apolline sera de la fête ! Après avoir saccagé Paris, les Salis mettent les pauvres à la porte en envoyant la troupe, les femmes et les enfants sont jetés à la rue… Je vois les titres d'ici, ça va saigner. François est ennuyé : son frère ne veut plus travailler pour la Copradim, il soutient que cela ternit l'image de l'agence.

— Et toutes ces histoires, ce n'est pas vrai ?

— Absolument faux. Mais il ne fait pas bon être promoteur en ce moment.

Delphine ne commente pas. Mieux vaut changer de sujet.

— Tu sais que Serge, le demi-frère de Paul, va se marier dans deux mois ?

Aude se penche, agite la main derrière le pilier. Si on est tranquille ici pour bavarder, on s'y fait aussi oublier des serveuses.

— Je le connais ? demande-t-elle sans avoir réussi la moindre interception. Je l'ai déjà vu ?

— Tu as dû l'apercevoir à un anniversaire. Joli garçon. C'est le premier fils d'Olivier, il a dix-sept ans de plus que Paul et il a hérité. Une petite fortune de sa grand-mère et le sens de la lévitation sociale de son père. Résultat, il ne fiche rien. Mais à part cela, c'est un très gentil jeune homme. Il va épouser une grande bringue qui lui a sauté dessus, Olivier est persuadé qu'elle pratique la chasse à la dot.

— Tu l'as revu ?

— Olivier ? Évidemment.

— Et ?

— Et rien de particulier ! Nous avons emmené Paul au cinéma, je l'ai raccompagné à L'Heure Bleue et je suis rentrée.

Delphine sort des Royale, allume une cigarette, approche le cendrier.

— T'en as pas marre de me faire fumer ? proteste Aude en chassant la fumée de la main.

— Tu parles, rien du tout. J'ai lu une étude, seulement deux cas sur cent mille par an de cancer du poumon chez les non-fumeurs. Quatre-vingt-dix pour cent des hôpitaux anglais vendent des clopes. Ce n'est pas un problème de santé, c'est un problème de courtoisie. Dont acte.

Pendant que Delphine éteint consciencieusement sa cigarette, Aude se fait offrir un morceau de pain par la table voisine, le badigeonne de moutarde et le fait disparaître en quelques bouchées.

— Comment va Zaza ? demande-t-elle. Valentine attend la suite avec impatience.

— Ça vient. Je sors en janvier un nouvel album chez Dargaud et ensuite, je monte ma boîte. Avec Julien. Il prend trente-cinq pour cent de Coco Bouda et investit deux cent mille balles en compte courant. Je pense qu'il envisage d'écrire des textes. Pour Apolline, grâce à Pierre, *Le Nouvel Obs* m'a fait du pied.

— Bravo ! C'est la gloire !

Aude cherche à intercepter une serveuse, en vain.

— Zaza et Apolline, c'est vraiment Docteur Jekyll et Mister Hyde, poursuit-elle. Comment fais-tu ?

— L'une me repose de l'autre. Et réciproquement. La chieuse et la candide. Le yin et le yang, l'envers et l'endroit, Barbès et Rochechouart. Ce doit être une forme de thérapie, tu ne crois pas ?

— Ils charrient, répond Aude en quémandant un nouveau morceau à une autre table. J'ai faim ! Tes parents sont rentrés ?

— Il y a une semaine. Deux mois à Villecroze, juillet et août, c'est la première fois qu'ils restent si longtemps au Pas Perdu. Papa s'est construit un atelier professionnel, un vrai petit menuisier ! Mais ses petits-enfants lui ont manqué. Dit-il.

— Sûrement…

Delphine attend qu'Aude relance la conversation. Sans succès. Elle se penche vers sa belle-sœur.

— Tu n'en as pas marre de ne rien dire ? D'écouter les autres ? Tu n'as pas toi aussi ton petit sac à poser sur la table ?

Aude sourit.

— C'est déjà fait, ma vieille. Et c'était un gros sac, bien rempli. Ça m'a permis d'échapper en courant aux traumatismes de la famille, Sébastien I et Sébastien II. Aujourd'hui, je cours encore, mais c'est autour de l'île Saint-Louis. Mille cinq cent cinquante mètres exactement, chaque matin, avant le réveil de Stanislas. Et j'ai toujours ma mère qui me court après, elle aussi, plus inquiète que jamais. Elle pense que mes patients sont des malades… très contagieux !

Une serveuse vient enfin prendre la commande. Deux assiettes végétariennes, une corbeille de pain, de l'eau gazeuse, deux cafés, un sourire, et l'addition, merci, on est pressées !

— Ma mère, poursuit Aude, c'est la terreur de François. Il hésite entre ultra-conventionnelle ou complètement idiote. Mais il fait des efforts, ça ne se voit pas.

— Il s'occupe de Stanislas ?

— Non, pas vraiment. Sauf le dimanche. Il n'a pas le temps. L'agence est en expansion continue, il y a maintenant quarante personnes, il faut gérer, recruter, négocier, il n'a plus une minute à lui, il y passe la moitié de ses samedis.

Durant une demi-heure, les deux femmes évoquent la rentrée scolaire, la varicelle de Stanislas et les vacances de la Toussaint.

— Je vais être en retard, s'écrie Delphine en consultant la pendule murale. On se voit dimanche ? Venez pique-niquer dans la cour, il paraît qu'il va faire beau.

— File, ma chérie. Je t'invite.

Delphine se lève en avalant une dernière gorgée de café, embrasse Aude et traverse rapidement le restaurant. La 203 est garée, décapotée, rue François-Miron devant les fausses maisons médiévales, le pare-brise orné d'un message glissé sous l'essuie-glace. Elle devine ce que c'est : encore une proposition d'achat suivie d'un numéro de téléphone. En se dirigeant vers la rue de Rivoli, Delphine remercie Olivier en pensée de lui avoir laissé la voiture. Elle adore rouler dans Paris la tête au vent, comme elle le faisait en Vespa. Pauvre scooter : le naufrage de sa vie conjugale dans la rue des Dames lui a été fatal, à lui aussi. Ce jour-là, il avait obstinément refusé de démarrer et quand Delphine était revenue sur les lieux avec un ami, le lendemain, il n'était plus là. On te l'a volé, avait dit l'ami. Mais Delphine savait bien qu'il s'était plutôt envolé, parti tout seul à la casse vers une banlieue inconnue, vers la décharge des amours mortes.

*

(Samedi 4 novembre 1978)

Retenu à Chicago par un colloque scientifique, Roger Delacour n'a pas pu venir. Olivier bavarde avec Colette en bas des marches de la mairie du 14e arrondissement. Depuis combien de temps n'a-t-il pas revu son ex-femme ? Plus de quinze ans ! Ses cheveux sont teints, elle a un peu forci, ce qui ne lui va pas mal.

— Tu as quitté Paris, alors ? demande-t-il.

— Oui. Roger a monté un labo en Ariège. Il se partage entre Moulis et Saclay.

Tout en haut des marches, bien que la pluie se soit arrêtée, Serge abrite sa belle-mère sous un immense parapluie.

— Comment le trouves-tu ?

Colette contemple son fils avec attendrissement. Il resplendit. Et sa femme – qu'elle ne connaît que depuis une heure – est magnifique. Ce mariage surprise est un peu surréaliste. Serge l'a prévenue trois jours auparavant, en lui donnant rendez-vous à la mairie.

— Tu la connaissais, toi ? Tu l'avais déjà rencontrée ?

— Pas plus que toi. Il m'en avait vaguement parlé, c'est tout.

— La famille est dans le vin, c'est cela ?

— Vin de Bordeaux, domaine Villedieu, cru Lussac Saint-Émilion. Petite noblesse du coin. Tu vois la vieille dame en violet à côté du photographe ? C'est à elle. Ils vivent tous au château, à ses crochets, ils attendent qu'elle meure, cela fait dix ans que ça dure. Malgré ses quatre-vingt-huit ans, elle se porte comme un charme et leur en fait baver. Hermine a trois sœurs, cinq frères, je crois qu'elle a compris qu'il ne fallait rien attendre de l'héritage.

— Elle semble charmante, dit Colette.

— Peut-être, répond Olivier. On verra.

— Ils vont habiter où ?

— Rue de Verneuil, en face de chez Gainsbourg. Elle a réussi à convaincre Serge, le loyer est obscène mais il vient de signer, elle le mène par le bout du nez.

— Tu as été présenté à la famille ?

— Rapidement. Je sais que la tribu Charnacé a tout fait pour décourager Hermine d'épouser ton fils. J'imagine très bien les arguments, ce Serge n'a jamais réussi le moindre examen, c'est un oisif, un paresseux, son père est une sorte d'artiste gauchiste à la vie dissolue qui tenait un cabaret à la Contrescarpe, sa mère était ouvreuse dans un cinéma de quartier. Quant à la grand-mère, Odette Russier, celle qui est morte dans un accident d'avion, elle aurait capté tout l'héritage de son mari en établissant un faux testament.

Colette sourit. Quel tableau !

— Mais Hermine a tenu bon, observe-t-elle.

— Hermine semble savoir ce qu'elle veut et comment y parvenir. Peut-être aime-t-elle vraiment notre Serge ? Ou peut-être s'intéresse-t-elle aux terrains de La Croix-Valmer, au domaine vinicole que cela pourrait devenir, pourquoi pas ? Domaine de Charnacé, Grand Vin de Provence, ça aurait de la gueule !

— Olivier, tu es odieux !

— Bon, d'accord, j'ai l'esprit mal tourné…

Colette le prend par le bras pour faire quelques pas.

— Et toi, comment vas-tu ? Serge m'a dit que tu avais enfin quitté la rue Descartes, c'est vrai ?

— J'ai déménagé, j'ai loué un studio rue Saint-Jacques. Ma mère n'a pas réussi à me déshériter totalement, je vais pouvoir acheter ma petite maison à Noirmoutier. Pour L'Heure Bleue, ton fils aimerait reprendre le bail et ouvrir une discothèque. Cela s'appellerait le Blue Night. Ce n'est pas une mauvaise idée. Il organise ce soir une petite fête, une « surprise-mariage-partie » comme il dit, tu peux rester ?

Colette secoue la tête.

— Non, je suis devenue une provinciale et ce n'est plus de mon âge. Et puis, j'ai mon train, je vais rentrer. Ta… Delphine sera là ?

— Je l'espère.

— Tu… tu penses qu'un jour cela… s'arrangera ?

Olivier lui sourit.

— Qui sait ?

*

(Mercredi 20 juin 1979)

Cela déborde : sur le trottoir, sur le trottoir d'en face, dans la rue, jusqu'à la place de la Contrescarpe. Les clochards de la Mouff' n'en croient pas leurs yeux : jamais ils n'ont vu une pareille faune. Pour l'inauguration du Blue Night, Hermine a vu les choses en grand.

Delphine lève la tête et contemple la vieille enseigne encore en place : un cadran solaire, lune et soleil entremêlés, et son injonction « N'oublie pas de vivre ». A-t-elle obéi à la recommandation ? C'était un mois de mai, elle avait quatorze ans. Treize ans et demi, pour être précise. Elle avait percuté Olivier à vélo place de l'Estrapade et il l'avait invitée : « Passe après ton cours, si tu veux. » Les souvenirs remontent, imagés : Olivier derrière le bar, Olivier au piano, Olivier avec Truffaut, puis, enfin, Olivier dans ses bras, ce terrible jour de la prise de sang. Ce sang Oh.

Elle entre, se dresse sur la pointe des pieds, parcourt l'assistance des yeux. Personne de sa connaissance. À l'intérieur, rien n'a vraiment changé, à part la suppression de la scène surélevée et l'installation d'une piste de danse. Et le piano droit, celui de Marie, entre deux piliers. Delphine se fraye difficilement un chemin vers le bar, commande une coupe de champagne. La sono, plutôt discrète, distille du Mingus et du Coleman.

— Delphine !

Julien s'approche d'elle en jouant des coudes, l'embrasse sur la joue.

— Salut, Bécassine…

— Salut Juju. Ton Nicoco n'est pas là là ?

— Il doit être quelque part, ce soir, c'est chacun pour soi.

— Qu'est-ce que tu fais là ? Tu connais Serge ?

— Bien sûr. C'est moi qui lui ai présenté Hermine !

— Je ne te fais pas mes compliments ! Tu connais tous ces gens ?

Julien hoche la tête.

— Un peu. La bande à Kalfon, la bande à Eudeline. En gros, tu as trois couches, comme un millefeuille. Hermine, c'est Palace, presse et pub, c'est la couche du haut. Serge, c'est plutôt rock, Coupole, Bataclan, tous les lieux branchés punk, la couche du milieu. Et Olivier, c'est Mouffetard, la couche du bas. Pour rééquilibrer, il a invité tous ses potes du quartier à se rincer la dalle gratuitement, les chanteurs, les zonards, les clodos, tout ça se mélange, Hermine est ravie, elle trouve que c'est marrant. Excuse-moi, je te laisse une minute…

Delphine se tourne vers le barman, lui tend son verre. Buvons, se dit-elle, buvons à la santé du temps qui passe et de l'amour en trompe-l'œil. À l'autre bout de la salle, elle aperçoit Serge en discussion avec sa femme. Curieux mariage. Elle aimerait bien connaître le sentiment d'Olivier sur cette union. Et les sentiments d'Olivier tout court.

— Bonjour, Delphine Ormen…

Elle tourne la tête, sourit poliment. Qui est-ce ?

— Vous ne me reconnaissez pas ? Claude Le Dantec, un ami d'Olivier. Vous êtes venue dîner chez moi, rue Gabrielle, il y a très longtemps.

— Mais bien sûr ! Vous étiez chez Fontana, je crois, directeur artistique.

— C'était chez Philips. Je suis toujours dans la chanson, mais côté scène : j'organise des tournées en France et à l'étranger, Sheila, Antoine, Dick Rivers, tous les vieux yéyés, ça me change de la chanson rive gauche.

— Vous voyez Olivier, de temps en temps ?

— Évidemment !

— Et… est-ce qu'il va bien ?

— Je suppose que vous aimeriez les deux réponses. Oui, il va bien, il est en bonne santé. Non, il ne va pas bien, car il ne pense qu'à vous.

— Et alors ?

— Alors, je vais vous dire une chose. Depuis que vous êtes séparés et qu'il est libre, je ne l'ai jamais vu aussi fidèle à une femme. Vous.

— Je ne l'ai pas encore vu. Il est dehors ?

— Je ne sais pas. Attendez-le là. Il viendra certainement se mettre au piano.

*

Durant toute la soirée, Delphine n'a pas bougé. Elle a attendu sagement derrière son pilier, attentive à ne pas boire trop de champagne. Vers 11 heures, sous l'impulsion d'Hermine, le Blue Night a commencé à se vider. Lorsqu'il n'est plus resté que quelques amis, Olivier s'est assis au piano et s'est mis à jouer du Trenet jazzy. En lui souriant de temps en temps.

Tandis qu'Hermine et Serge raccompagnent leurs invités petits groupes par petits groupes, Delphine se lève, emplit deux coupes de champagne et s'approche du piano.

— Tiens, dit-elle.

— Merci…

Delphine hésite. Veut-elle ? Ne veut-elle pas ? Comment dire cela avec des mots ?

— Tu me joues quelque chose ? demande-t-elle. *La Chanson du mal-aimé*, j'aimerais bien…

Olivier plaque deux accords grossiers, attaque la chanson de Claude François.

— « *Si les apparences / Sont quelquefois contre moi / Je ne suis pas ce que l'on croit / Je suis le mal-aimé…* »

Delphine se met à rire.

— Imbécile ! Tu te crois drôle ?

Olivier acquiesce et abandonne Claude François. Ses doigts se font plus légers, des effluves de Satie montent en volutes dans l'ex-Heure Bleue. Il se met à chanter, très doucement, juste pour elle :

— « *Et je chantais cette romance / En 1903 sans savoir / Que mon amour à la semblance / Du beau Phénix s'il meurt un soir / Le matin voit sa renaissance…* »

Delphine s'assied à côté de lui, pose la tête contre son épaule, ferme les yeux. Le crépitement d'un flash la fait sursauter. Serge vient de prendre une photo. Olivier abandonne Apollinaire et poursuit sa ballade au piano. Ses mains parlent d'amour, de bonheur retrouvé, d'une maison à Noirmoutier, de pêche aux coques avec Paul. Et, quand il pleuvra, des *Mémoires de cabaret* qu'il envisage d'écrire

— On va fermer, les amoureux…

Serge emplit à nouveau les deux verres, puis un troisième qu'il porte à Hermine, plongée dans des calculs derrière le bar.

— Tu m'invites chez nous, ce soir ? chuchote Olivier, esquissant les premières notes de la *Pavane* de Ravel.

Elle se serre contre lui, passe une main autour de sa taille.

— Mais qu'est-ce qu'on va dire à Paul ?

— On lui dira qu'il a de la chance d'avoir des parents qui s'aiment !

10

(Jeudi 12 mars 1981)

Pierre, perplexe, replie *Le Matin de Paris* et le glisse dans sa poche. Son dernier roman – *Il pleuvra sur Pithiviers* – déjoue tous ses pronostics : les articles laudateurs sont dans la presse de droite, les critiques circonspectes dans les journaux de gauche, en particulier *Le Monde*, plutôt acide, qui le démolit gentiment. Les débuts de *Pithiviers* ont été très prometteurs, Claude Gallimard était heureux, puis, soudain, plus rien. Après ses quinze mille exemplaires vendus tambour battant, le roman va-t-il s'enfoncer dans la forêt des bons livres morts ?

Parvenu au bout de l'île la Cité, Pierre s'assied sur un banc et regarde la Seine en pensant au Front populaire. Il avait vingt-quatre ans, il se souvient très bien de la panique d'Odette et du sourire crispé de son père. L'hypothèse la plus probable, aujourd'hui, est que la gauche revienne au pouvoir. Et trouve l'occasion de laver ses turpitudes : la lâcheté devant le franquisme, la passivité devant la Hongrie, le socialisme mou à la Mollet, l'ambiguïté sur l'Algérie, la bêtise en mai 1968… L'espoir est là, à portée de main.

Il se lève, traverse le pont Saint-Louis. Aude n'a pas posé de question : « Venez, venez prendre le café. » Délaissant l'ascenseur, Pierre monte à pied les larges marches de marbre fatiguées par les siècles et se surprend à les compter. Curieuse idée. De cela aussi, il faudrait lui parler. Il s'arrête au troisième, tend la main vers la sonnette, suspend son geste. La question lui semble hautement existentielle et requiert une réponse immédiate : combien a-t-il monté d'étages dans sa vie ? Il s'assied sur le palier, se met à compter. À Fontenay, sa chambre se situait au premier, disons six étages par jour pendant dix ans, cela fait vingt et un mille étages. À Vaugirard, avant l'ascenseur, il a bien monté environ deux fois cinq étages par jour pendant trente-cinq ans, cela fait cent vingt-sept mille étages. Ajoutons le métro, les escaliers de la Cour des comptes et tous les autres, cinq étages par jour pendant quarante ans, soixante-treize mille. Cela ferait donc environ deux cent vingt mille étages. Deux cent vingt mille étages, songe Pierre, ça nous mène où ? Pas loin du paradis, j'espère…

Troublé, il se relève, essuie son pantalon d'un revers de main, actionne la sonnette.

Aude l'accueille en tenue de sport, serviette autour du cou.

— Bonjour, Pierre, entrez.

Il s'avance, embrasse sa bru sur le front, se dirige avec autorité vers le salon.

— Vous avez l'air soucieux, remarque Aude.

— J'étais dans les comptes.

Aude sait qu'il continue à effectuer quelques missions rue Cambon. Sans doute était-il plongé dans les problématiques complexes de la Sécurité sociale ou de l'assurance vieillesse.

— Les enfants ? demande-t-il.

— Tout va bien. Valentine et Stanislas sont à l'école. Louise dort, vous voulez la voir ?

— Volontiers.

La chambre du bébé jouxte celle des parents. Compte tenu de la hauteur de plafond, un peu plus de quatre mètres, elle paraît minuscule.

— Un an, déjà…

— Un an et un mois.

Pierre contemple l'enfant, ce petit bout de destin en gestation, ce mystère lumineux. Qui sera-t-elle ? Louise Michel ? Louise Labé ? Ou Louise de France, qu'on appela Madame Dernière ? Peut-être Loulou, tout simplement.

— Laissons-la dormir, dit Aude. Je vous offre quelque chose ?

— Un whisky, volontiers.

Aude entraîne son beau-père dans le salon. Par la fenêtre, de l'autre côté de la Seine, on aperçoit la voie sur berge et le quai des Célestins.

— Je n'ai pas vu Delphine depuis une éternité, soupire Pierre. Quoi de neuf pour *Libé* ? Cela s'arrange ?

Aude ouvre le bar, lui sert un verre généreux avec des glaçons, puis vient s'asseoir à côté de lui.

— Pas vraiment, la parution a été suspendue, July vire tout le monde. Elle la première.

— Elle est ennuyée ?

— Elle s'en fiche complètement ! Son premier recueil d'Apolline marche très bien, comme *Zaza au zoo* d'ailleurs, elle vous l'a dit ?

Pierre acquiesce. Apolline, qui se paye la tête de

Giscard trois fois par semaine, commence à être connue.

— Et avec Olivier ?

Aude ne répond pas immédiatement. Qu'aimerait-il entendre ? Elle n'a jamais pu deviner s'il approuvait ou non cette union.

— Mer calme, baromètre au beau fixe. Elle semble heureuse, Olivier également. Il est souvent à Noirmoutier, il retape la maison avec son copain Firmin. Soixante ans dans trois ans et il en paraît quarante. C'est tout à fait étonnant.

Et moi, pense Pierre, j'aurai quel âge dans trois ans ? Plus de soixante-dix ! Cela aussi, c'est très étonnant. Ou désespérant.

— Comment va l'agence ? grogne-t-il, agacé par la tournure de ses pensées. Que disent les jumeaux ?

— D'après François, les clients pètent de trouille, ils imaginent les communistes couteau entre les dents, mettant le feu à la Bourse et à l'Assemblée. Un peu comme mon père : si Mitterrand gagne, il prend le maquis !

Pierre contemple sa bru. Elle est belle, pétillante, intelligente. Il lui semble parfois reconnaître chez elle tout ce qu'il a aimé chez Ariane.

— En 1936, confie-t-il, mon père ne savait plus où il en était. Fils de communard et patron d'usine, cela donnait forcément une mayonnaise tournée. Je pense qu'il a voté à droite, la mort dans l'âme.

— Et vous, Pierre, pour qui voterez-vous ?

— Je voterai à gauche, bien sûr, mais je ne suis pas dupe : d'une certaine façon, comme mon père, j'ai trahi la classe ouvrière dont je suis issu.

— Vous êtes incorrigible. Toujours en train de vous

flageller. Dites-vous qu'un bon riche vaut mieux qu'un mauvais pauvre.

— Ce n'est pas sûr.

— Alors dites-vous que vos livres témoignent du contraire. Vous avez toujours été du côté des faibles, des petits, des sans-grade. C'est ce que j'aime chez vous. Cela étant, vous n'êtes pas venu pour me parler de l'union de la gauche. Que puis-je faire pour vous, Pierre ?

Pierre contemple ses chaussures puis relève la tête.

— Je voulais te poser une question, mais tu vas te moquer de moi.

Aude se retient de rire devant son air contrit d'enfant sage pris en flagrant délit de lecture libertine.

— Voilà, commence-t-il. Crois-tu…

Le silence s'installe, on entend vaguement un bruit d'aspirateur au bout de l'appartement.

— Oui ? dit-elle.

Il toussote, croise et décroise les jambes.

— Oui… ?

— Crois-tu qu'il soit possible, pas avec toi bien sûr, crois-tu qu'il soit possible… de commencer une psychanalyse à soixante-dix ans ?

*

(Dimanche 10 mai 1981)

Parapluies déployés, Pierre et Ariane quittent l'immeuble de *L'Obs*, rue d'Aboukir. Il pleut comme jamais, à réjouir le cœur meurtri des partisans de Giscard. Ariane pense à Delphine, qui a préféré se rendre place de la Bastille, sous les trombes d'eau.

— Où ai-je mis la voiture ?

— Rue Coquillière.

Sur la place des Victoires, ils croisent un couple hilare pédalant sur un tandem, revenant sans doute de la Bastille.

— Giscard, tu l'as dans l'dos ! crie la femme.

— Elkabbach à la météo ! scande l'homme.

Pierre sourit. Peut-être qu'on s'amusait plus à la Bastille que chez Jean Daniel.

— Je t'ai trouvé bien réservé durant la soirée, constate Ariane en s'installant dans la voiture. Tu devrais être content.

Pierre s'installe à son tour, met le contact.

— Ils m'agacent. Les élections, ce n'est pas la guerre ! Et je n'aime pas les outrances. « Le peuple français est passé des ténèbres à la lumière » ! C'était d'un ridicule !

— Ils étaient heureux, Pierre…

— Moi aussi je suis heureux. Mais pas naïf. Tout ça va retomber comme un soufflé. Le programme est totalement irréaliste.

— Tu l'as voté.

— Comment faire autrement ? Rien que pour la peine de mort, cela vaut le coup. Mais la France se prépare des lendemains qui déchantent.

— Tu es un vieux bougon.

— C'est vrai.

— Qui ne supporte pas d'être à la retraite.

— C'est vrai aussi.

— Et tu n'aimes pas Mitterrand.

— Exact. Je n'oublie pas son parcours personnel. Je n'oublie pas ses mots sur l'Algérie. Tu te souviens ?

« L'Algérie, c'est la France. » Et « la seule négociation, c'est la guerre ».

Ariane sort un mouchoir de papier, essuie la buée sur sa vitre. On n'y voit rien.

— Je pense aux Salis, dit-elle. Bertrand doit être effondré.

— S'il n'y avait que lui ! Ce soir, les milieux d'affaires doivent se demander s'il ne serait pas judicieux de mettre quelque frontière entre le socialisme vainqueur et eux…

La voiture traverse le Pont-Neuf, tourne dans la rue Guénégaud.

— Tu parlais de quoi, avec Jean Daniel ? questionne Ariane.

— Tu ne me croiras pas.

— Dis toujours…

— De l'origine du nom du Pas Perdu.

*

(Mardi 12 mai 1981)

— Russier, douze et demi. Je ne vous fais pas mes compliments !

Un murmure mi-étonné mi-amusé parcourt la classe. Généralement, les notes de Paul Russier – surtout en français – chatouillent des hauteurs stratosphériques.

— J'aurais pu tout aussi bien vous coller un zéro, poursuit M. Mingaud. Un, tout sujet politique est interdit ici. Deux, mettre en scène les candidats à la présidentielle dans une fable de La Fontaine – fût-ce sous une forme allégorique – est d'un goût douteux, surtout quand la chute suggère qu'en politique, la morale n'existe pas. Vous m'avez compris ?

— Oui, monsieur.

— Bien. Messieurs, je ne vous retiens pas. Pour la semaine prochaine, vous prendrez en sortant un polycopié sur mon bureau. Il s'agit d'une explication de texte sous forme de questions simples, vous devriez vous en sortir.

Paul range tranquillement livres et cahiers dans son cartable. Douze et demi ou dix-huit, il s'en fiche totalement, de toute façon, il sera le premier de la classe.

— Tu viens, Paul ?

Jean-Loup Philipe, son voisin de pupitre, habite rue des Rosiers, à côté de chez Goldenberg. Chaque après-midi, Paul l'accompagne jusqu'au pied de son immeuble avant de rentrer par la rue de la Verrerie.

En passant devant le bureau, Jean-Loup saisit deux feuilles, en tend une à Paul qui la met dans sa poche, parcourt rapidement les questions. Perplexe.

— Tu m'aideras ? demande-t-il tandis qu'ils descendent les escaliers.

— À quoi ?

— Pour l'explication de texte.

— Oui, bien sûr. Qu'est-ce que la Mingue est encore allé chercher ?

— Un truc moderne, pour changer. Un roman qui s'appelle *Un Jour en mai*, d'un certain Ormen.

Paul se fige.

— Pierre Ormen ?

— Oui, tu connais ?

— Un peu, répond Paul. J'ai déjà lu un de ses livres.

— C'est bien ?

— Pas mal.

Paul n'en revient pas ! Un texte de son grand-père à étudier en classe comme Molière, Victor Hugo, ou Balzac ! Au début de l'année, juste avant son entrée en sixième, Olivier et Delphine ont bien pris soin de le chapitrer : ne jamais se vanter de sa famille, que ce soit de son grand-père, de sa tante Marie ou d'Apolline. Seuls motifs de fierté autorisés : sa réussite et ses notes.

Paul et son camarade, cartable au dos, traversent la rue de Rivoli et s'engagent dans la rue Pavée. Chez les Philipe, on vote à droite et l'élection de Mitterrand apparaît comme une catastrophe nationale.

— Il va tripler les impôts, affirme Jean-Loup, et mon père dit que la Bourse va s'effondrer.

— Et alors, qu'est-ce qui va se passer ?

— Je ne sais pas mais c'est grave.

— Oui, répond Paul, mais il y a aussi des avantages. Les radios, par exemple, elles vont être libres !

— Bon, on s'en fout. Tu vas au foot demain ?

— Non, je ne peux pas.

Les deux garçons s'arrêtent devant Goldenberg.

— Allez, salut.

— Salut, Paul, n'oublie pas pour mon devoir de français !

*

— Papy…

Pierre raccroche le téléphone, se tourne vers son petit-fils.

— Paul, je te l'ai déjà dit : appelle-moi Pierre.

Paul hoche la tête, avale sa salive. Il prépare sa phrase, la tourne dans tous les sens, pose le prénom en tête, en queue, au milieu. Le « Pierre » ne passe pas, il a l'impression de commettre un sacrilège.

— Je n'y arrive pas, papy…

— Bon. Appelle-moi Tapioca, comme le général !

Paul éclate de rire. Avec son grand-père, on ne s'ennuie jamais. C'est toujours imprévu. Avec sa grand-mère, c'est plus classique, mais c'est aussi plus tendre. C'est normal, sans doute.

L'appartement de la rue de Vaugirard a été repeint. Ariane a fait enlever la moquette pour retrouver le beau parquet en point de Hongrie et les tomettes de l'entrée. Le poêle a disparu, remplacé par une superbe cheminée. Paul adore : c'est grand, c'est beau et on est à quelques mètres du Luxembourg.

— Quelque chose à boire ? propose Pierre.

— Un Canada Dry !

— Mais c'est de l'alcool, ça ! Que va dire ta mère ?

Paul se contente de sourire.

La cuisine elle aussi a été refaite. Et, comble du luxe, il y a un réfrigérateur qui fait des glaçons tout seul.

— Papy ?

— Pardon ?

— Heu, général…

— Oui, mon garçon ?

— Est-ce que tu peux m'aider pour un devoir de français ? En fait, ce n'est pas vraiment m'aider, je pense que je pourrai m'en sortir tout seul, mais c'est, comment dire… pour en parler avec toi, avoir ton avis…

Pierre retourne au salon, se sert un whisky.

— On dirait du Canada Dry, fait remarquer Paul. C'est pour tromper mamy ?

— T'occupe, moussaillon. Montre-moi ton affaire.

Paul sort son polycopié, le tend à son grand-père.

— Il faut expliquer un texte qui parle d'un tableau, qui dit que les couleurs et les parfums, c'est parfois la même chose. C'est dans un de tes livres…

Pierre sort ses lunettes, parcourt le texte, hésite. Étonné. Est-ce lui qui a écrit cela ? Il consulte la mention en bas de page. *Un Jour en mai*, Pierre Ormen, 1964.

— C'est le professeur qui vous a donné cela ? Comment s'appelle-t-il ?

— M. Mingaud.

— Tu sais que j'ai été prof à Charlemagne, moi aussi ? Je me demandais si je le connaissais.

Paul secoue la tête.

— Mais il n'est pas vieux !

Pierre contemple son petit-fils avec stupéfaction. Évidemment ! Il a quitté Charlemagne en 1946, il y a trente-cinq ans ! Décidément, songe-t-il, j'ai besoin d'un plombier, j'ai vraiment un problème avec l'écoulement du temps.

— Tu sais ce qu'on va faire ? déclare Pierre. On va descendre au jardin et je te raconterai une histoire qu'aucun de tes copains ne pourra raconter. Allez, viens. Comme dirait ton père en citant Godard, allons-y, Alonso !

*

Près de la balustrade, sur la terrasse des Reines et face au bassin, Pierre approche son fauteuil de celui de Paul.

— Je me souviens qu'ici, il fallait payer pour s'asseoir !

— Fallait payer ?

Ce n'est pas si vieux, évalue Pierre. Six ans ? Huit ans ? Il paraît que, depuis la disparition de la chaisière, les sièges se volatilisent, tout le monde les pique !

— Et mon histoire ? réclame Paul.

Pierre lui sourit, lui caresse la tête. Quelle merveille de petit-fils. Est-ce bien nécessaire, se demande-t-il, est-il opportun de raconter cette histoire à un enfant de douze ans ? Il se lance, pointe le doigt vers le haut de l'immeuble du 38, caché derrière les arbres.

— Tu vois, fiston ? C'est là-haut que ça se passe. On est en 1942, c'est la guerre, Paris est occupé par les Allemands, ta maman vient juste de naître. Au quatrième, en ce temps-là, habitaient des gens qui s'appelaient les Bronstein. Juste au-dessous de chez nous. Des gens très bien, très cultivés. Ils étaient juifs, c'étaient mes amis. Et chez eux, au mur, il y avait une belle collection de tableaux. Tu sais ce qui est arrivé aux Juifs pendant la guerre ?

— Oui, évidemment.

— Le 16 juillet 1942, il y a eu une grande rafle, qu'on a appelée la rafle du Vél' d'Hiv. Les Bronstein ont été arrêtés puis déportés, toute la famille est morte là-bas. Quelques jours après leur arrestation, un camion est venu et leur appartement a été totalement vidé. Les tableaux disparurent, parmi lesquels une toile très rare et aujourd'hui d'une valeur inestimable, *L'Heure bleue*, de Picasso.

— *L'Heure bleue*, le tableau dont ils ont parlé l'autre jour à la télévision ?

— Exactement. Celui qu'on appelle le « Bleu + 8 »,

peint en 1918, acheté par un collectionneur en 1919, puis volé l'année suivante. Il réapparaît plus tard chez mes amis Bronstein, puis disparaît à nouveau dans cette rafle.

— Et, dit Paul, il y a du bleu dans ce tableau.

— Bravo, camarade ! Quand j'ai écrit ce texte, un texte sur la mémoire et les différents moyens de l'entretenir en faisant appel aux cinq sens, c'était pour eux. Pour les Bronstein. La voix d'Isaac Bronstein, la couleur des yeux d'Esther, sa femme, le parfum de Guerlain qui inspira peut-être Picasso, je voulais que tout se mêle et s'entremêle pour repousser la mort, la mort du souvenir. Tu comprends ?

— Un peu… Il y a du parfum dans le tableau ?

Pierre se met à rire.

— On peut dire ça. Ta grand-mère pense qu'à l'époque, la maîtresse de Picasso portait le fameux parfum de Guerlain, du même nom. C'est pour cette raison que le tableau s'appellerait ainsi.

Pierre s'étonne. Pour un peu, il s'applaudirait discrètement.

Il a pu parler des Bronstein, doucement, calmement, sans que sa gorge ne se serre, sans que ses mains ne se mettent à trembler.

— Et mon père, quand il avait son cabaret, pourquoi est-ce qu'il l'a appelé L'Heure Bleue ?

— Je ne sais pas. Sa mère – ta grand-mère Odette – adorait ce tableau. Et elle adorait Isaac. C'est peut-être pour lui faire plaisir qu'Olivier a choisi ce nom. Tu vois, dans la famille, L'Heure Bleue a une grande importance.

— Et le tableau, on ne sait pas du tout où il est ?

— Non. Disparu.

— Papy ?

— Oui.
— Je le retrouverai.
— Quoi donc, fiston ?
— *L'Heure bleue*, papy. Quand je serai grand, je le retrouverai.

*

(Mercredi 27 mai 1981)

Juliette, la jeune fille au pair, est pâle comme une morte. Valentine et Stanislas ne cessent de crier, maman, maman, ils ont enlevé Paul ! Dans sa poussette, Louise ouvre de grands yeux apeurés.
— Calmez-vous, dit Aude. Racontez-moi ce qui s'est passé. Vite. Sans rien oublier.
La jeune fille cherche sa respiration, parle avec un débit saccadé.
— On était sur le quai aux Fleurs, on revenait du jardin, on allait traverser, une fourgonnette s'est arrêtée, un homme est sorti par la porte coulissante et s'est précipité sur Valentine. Il a voulu la prendre et l'entraîner vers la voiture, mais Paul s'est interposé, il s'est jeté sur lui, il l'a mordu au poignet, l'homme a hurlé. J'ai crié très fort pour ameuter les passants, pendant ce temps-là l'homme a envoyé un grand coup de poing à la figure de Paul qui s'est écroulé ; l'homme l'a soulevé, l'a traîné sur le trottoir et il l'a jeté comme un paquet dans la camionnette en criant au chauffeur : démarre, démarre ! J'ai voulu leur courir après, mais je ne pouvais pas laisser les enfants. Ça a duré à peine une minute, le temps que des passants viennent voir ce qui se passait, ils étaient déjà loin…

— Maman, dit Valentine en sanglotant, ils ont emmené Paul !

— Ils étaient deux, renchérit Stanislas, la camionnette, c'était une Renault. Pourquoi ils voulaient prendre Valentine, maman ?

Aude saisit le combiné téléphonique. D'abord, la police. Ensuite, Delphine. Puis elle appellera son père.

— Emmenez les enfants dans leurs chambres, ordonne-t-elle à la jeune fille. Occupez-les.

— Mais pourquoi ils voulaient emmener Valentine ? demande à nouveau Stanislas. Et pourquoi ils ont pris Paul ?

— Ce n'est peut-être pas grave, mon chéri, j'appelle la police, elle va le retrouver. Maintenant, il faut me laisser pendant un moment. Suivez Juliette, elle va rester avec vous.

Aude compose le numéro de police secours. Au bout de trois sonneries, quelqu'un décroche.

Aude hésite, raccroche. Non, l'affaire est trop grave. Delphine et Olivier d'abord. C'est à eux de prendre la décision.

*

Ce manque de lui, de son visage, de son sourire. C'est une amputation permanente, comme si on lui coupait le bras toutes les heures, sans anesthésie, un bâillon sur la bouche. Par intermittence, elle se retient de hurler ; elle sent ce cri animal prêt à bondir, bloqué au fond de son ventre, le rugissement d'une mère fauve qui a perdu son petit. Et cette peur panique qu'il faut endiguer. Où est-il ? A-t-il peur ? Que lui font-ils ? La pensée qu'il l'appelle, maman, maman, sans qu'elle puisse lui répondre lui déchire le cœur. L'horreur l'envahit. Elle aimerait pouvoir en parler avec Olivier, avec sa mère, mais c'est au-delà des mots. Elle est seule, se répétant pour meubler le vide qu'elle serait prête à mourir à sa place, s'il le fallait.

Olivier passe le bras autour de ses épaules. Delphine, épuisée d'avoir trop retenu ses larmes, se blottit contre lui et ne quitte pas Pierre des yeux. Jamais elle n'a eu tant besoin d'un père. Son regard fait le tour de la pièce, Ariane, Pierre, Françoise, Bertrand, François, Aude. Ormen et Salis sont réunis, serrés les uns contre les autres dans le petit salon de la rue Brisemiche. Minuit vient de sonner au clocher de Saint-Merri. Chacun attend que quelqu'un prenne la parole. Delphine attend elle aussi. Mais elle sait que toute décision ne peut venir que d'elle.

— Il faut se décider pour la police, déclare Bertrand Salis en triturant un crayon jaune, inutile de perdre du temps. Si cela peut vous éclairer, je connais personnellement Maurice Grimaud, le directeur de cabinet de Defferre. Pierre également, il me semble. Olivier, vous devez prendre une décision. Olivier et Delphine, bien sûr.

— Nous en avons parlé toute la soirée, répond Olivier. Vous savez bien qu'il y a du pour et du contre. Les ravisseurs demandent toujours de ne pas appeler la police, sinon… Vous voyez ce que je veux dire. Il nous semble qu'il serait préférable d'attendre qu'ils nous contactent avant de décider quoi que ce soit. De toute façon, nous n'avons aucun élément, à part une camionnette blanche, avec un numéro d'immatriculation se terminant par 75, un homme de taille moyenne portant un chandail vert. Avec ça, aujourd'hui ou demain, pour la police, c'est la même chose.

— Je suis d'accord, intervient Pierre d'une voix blanche en hochant la tête. Attendons.

— Mais on attend quoi ? rétorque Françoise, d'un ton légèrement hystérique. Qu'ils lui fassent du mal ? Il faut prévenir la police immédiatement !

— Calmez-vous, dit Bertrand. Nous sommes là pour en décider.

Delphine passe les mains sur son visage. Elle semble ailleurs, songe Pierre. À la fois détruite et déterminée.

— C'est décidé, déclare-t-elle d'un ton ferme. C'est mon fils. On attend qu'ils se manifestent.

Dans un silence pesant, chacun tente d'évaluer les conséquences.

— C'est réglé, intervient Olivier. Reste à savoir où.

— Où quoi ? couine Françoise.

— L'endroit où ils vont écrire ou téléphoner. Ils ont enlevé Paul, c'est donc ici, a priori, qu'ils vont appeler. Mais ils voulaient prendre Valentine et peuvent donc établir un contact chez Aude et François. Et comme il est probable qu'ils visaient avant tout la petite-fille de Bertrand, ça peut aussi être rue Chalgrin.

— Je propose d'organiser une veille permanente aux trois adresses, dit Bertrand. Et de faire installer un système d'enregistrement des conversations, cela pourrait servir.

Delphine semble se désintéresser de la discussion.

— Bonne idée, approuve Olivier, sans la quitter des yeux.

Comment l'aider ? Comment lui faire comprendre qu'il est là, qu'il donnerait sa vie pour elle ou pour Paul ? Elle semble si lointaine, enfermée dans sa douleur.

Il tente de réfléchir froidement. Pourquoi les ravisseurs ont-ils embarqué Paul, l'enlèvement de la petite ayant échoué ? Pensent-ils qu'il s'agit d'un Salis, d'un frère de Valentine ? Ce serait étonnant, ils ont dû se renseigner avant de passer à l'action. Que vont-ils en faire ? Le relâcher ? S'en servir pour obtenir la rançon qu'ils projetaient de réclamer ?

— Je suppose qu'il va y avoir une demande de rançon, dit François, en se tournant vers sa sœur et vers Olivier. Il est hors de question que vous versiez le moindre franc. C'est ma fille que l'on voulait enlever, c'est à moi de prendre en charge l'aspect financier s'il y en a un.

— Pas question, proteste Bertrand. C'est sans doute en raison de ma position qu'ils ont voulu prendre ma petite-fille… puis se sont rabattus sur Paul. C'est assez dur comme ça, alors, l'argent, je m'en occupe personnellement. C'est vraiment le moins que je puisse faire.

— C'est bien, Bertrand, dit Françoise, c'est très bien, je vous approuve totalement.

Delphine allume une cigarette, prend la parole :

— Nous n'en sommes pas là. Tenons-nous-en à notre décision : pas de police, pas de presse évidemment, rien. Nous sommes déjà jeudi, attendons jusqu'à demain soir. Si les ravisseurs ne se sont pas manifestés d'ici là, j'irai voir la police. Je vous remercie tous d'être là, près de moi et d'Olivier. Et vous en particulier, Bertrand.

Bertrand Salis la considère avec une sympathie admirative. Sacrée bonne femme ! Sébastien ne s'était pas trompé : elle a de la classe et du caractère.

*

(Vendredi 29 mai 1981)

« — Vous Bertrand Salis ? »

Bertrand Salis appuie sur le bouton stop.

— C'était ce matin, à 11 h 45, dit-il avant de réenclencher la lecture.

« — Je suis Bertrand Salis, je vous écoute.

— Moi K, comme kidnapper. Écoutez bien, Salis : petit Paul Russier en notre possession. Pas directement votre famille, mais son sort pas laisser vous indifférent, nous savons.

— Qui êtes-vous ?

— Moi poser les questions. Avez-vous informé police ?

— Non.

— Bon point. Si voulez revoir vivant petit Russier, il faut rançon : dix millions francs, petites coupures, samedi prochain. Une semaine pour réunir l'argent. Ça, c'est ordre. En plus, conseil : toujours pas police. Si police prévenue, nous tuer l'enfant, Salis et Copradim responsables. Compris ?

— Oui.

— Pour modalités remise rançon, nous laisser message dans boîte aux lettres ou téléphone jeudi 11 heures. Dix millions francs, pas police. Nous d'accord ?

— C'est entendu, à une condition : jeudi prochain, au téléphone, je veux lui parler.

— Vous pas poser conditions. Jeudi argent, Salis.

— Mais comment… »

Bertrand arrête la bande.

— Ça s'arrête là, dit-il. Je pense que nous avons bien fait, pour la police.

— Si on repassait l'enregistrement ? suggère Olivier.

Durant la nouvelle écoute, Delphine reste étonnamment calme. Concentrée à l'extrême, elle tente de repérer le moindre indice.

— Accent russe ? demande François.

— Pas évident, répond Pierre. C'est un peu outré, caricatural. Il est français, j'en suis certain. Et cette allusion à la Copradim, ce n'est pas une pensée caucasienne… D'ailleurs, Juliette n'a pas relevé le moindre accent dans les quelques mots prononcés par le ravisseur à la camionnette.

— Six jours, interroge Olivier, on va y arriver ?

La petite assemblée se tourne vers Bertrand.

— J'ai déjà prévenu ma banque, dit-il. Ils se tiennent prêts à réunir la somme en liquide.

— Moi aussi, déclare Delphine.

— Pardon ?

— Bertrand, poursuit Delphine, écoutez-moi. Vous n'imaginez pas à quel point je vous suis reconnaissante de ce que vous faites. Mais il s'agit de mon fils. De notre fils, à Olivier et moi, et nous avons notre mot à dire. Ce mot, c'est ensemble. Nous voulons participer.

— Mais…

— Laissez-moi finir. En intervenant et en prenant la place de Valentine, Paul a d'une certaine manière établi un nouveau pont entre nos deux familles. Pour donner tout son sens à son geste, il faut tout partager : la douleur, la peur, la rançon. Nous en avons parlé, avec mes parents et avec François. Côté Ormen, nous pouvons mobiliser immédiatement deux millions de francs. Nous vous laissons avancer les trois millions qui nous manquent, mais ils vous seront remboursés dans les douze mois à venir.

Bertrand, du regard, fait un tour de table. Pierre hoche la tête, Ariane lui sourit.

— Très bien, conclut-il. Il sera fait comme vous le souhaitez. Mais, je le répète, c'est la fille de ma fille qui devait être enlevée. Je dois tout à Paul et je ne l'oublierai jamais.

*

(Mercredi 3 juin 1981)

Devant chez elle, le grand parvis est envahi par les enfants. Delphine s'arrête, regarde. La boule hérissée de pointes qu'elle porte dans son ventre se remet à bouger, tout en elle a envie de crier. Une main se pose sur son épaule, provoquant un début de panique. Son corps est secoué de tremblements incontrôlés, elle se retourne, hagarde.

— Delphine…

— Angelo ?

— Viens, il faut que je te parle, c'est très important.

Delphine secoue la tête.

— Non, Angelo, je suis désolée, je n'ai pas envie, je n'ai pas le temps…

— C'est à propos de ton fils. C'est très important.

Delphine le regarde avec stupeur. Comment est-il au courant ?

— Viens, dit-il, allons chez toi.

En entrant dans l'immeuble, Delphine a le sentiment que sa cervelle va éclater. Qu'est-ce qu'Angelo vient faire dans ce cauchemar ? Fébrile, elle ouvre la porte, jette son manteau sur une chaise, se tourne vers lui.

— Tu sais quelque chose, tu as des nouvelles de Paul ?

Angelo s'assied à califourchon sur une chaise, la prie de s'installer dans le canapé. De ne pas l'interrompre.

— Je suis au courant, commence-t-il. Ne me pose pas de questions, ni quoi, ni comment, je suis au courant de l'enlèvement de Paul. Tu as confiance en moi ?

— Oui, répond-elle d'une toute petite voix.

— Moi aussi, j'ai confiance en toi. Cette conversation restera entre nous quoi qu'il arrive, nous sommes d'accord ?

— Oui, Angelo.

— Bien. Allume-nous deux clopes.

Tandis que Delphine s'exécute, Angelo se lève et va regarder dans la cour. On aperçoit, au fond, sous un auvent, un vélo rouge et des patins à roulettes.

— Tiens, dit Delphine.

Angelo se retourne, lui commande à nouveau de s'asseoir.

— Bien, dit-il. Les ravisseurs. Je les connais, je sais qui ils sont. Ce que je ne sais pas, c'est où ils se trouvent. Sinon, crois-moi, j'aurais déjà agi.

— Mais…

— Ne dis rien. Je saurai bientôt où ils se cachent, où ils le cachent. J'ai encore besoin de vingt-quatre heures, quarante-huit heures tout au plus pour les loger. Ensuite, j'ai des amis sûrs ; ils se tiennent déjà prêts à intervenir. Nous ferons ce qu'il faut pour délivrer Paul. Ça, c'est mon affaire. Mais pour que Paul s'en sorte, j'ai besoin de toi. Il a besoin de toi.

— De moi ?

Angelo tire nerveusement sur sa cigarette, cherche un cendrier pour l'écraser.

— Si tu veux revoir ton fils, il faut m'écouter et ensuite, avec Olivier, vous prendrez une décision. Je vais te demander une chose qui va te faire hurler.

— Continue…

— Je les connais, dit Angelo. Ils ont déjà pratiqué ce type d'enlèvement. Un enfant de quatre ans, en Italie, il y a un an et demi. Ils ont touché la rançon et…

— Quoi ? Quoi ?

— Et… après avoir touché la rançon, ils ont tué l'enfant.

Delphine, livide, regarde Angelo au fond des yeux. Jamais elle n'aurait pu imaginer qu'il puisse avoir un regard aussi dur. Il les connaît, pense-t-elle. Peut-être est-il comme eux.

— Alors voilà, poursuit Angelo. Voilà ce que nous allons faire. Ce que tu vas faire. Je sais que cela va te sembler terrifiant, mais tu le feras. Car c'est la seule façon de sauver Paul.

*

(Jeudi 4 juin 1981)

Ils en ont parlé pendant des heures. Olivier s'est récrié, non, non et non ! Il a dit tu es folle, lui a demandé de quoi était fait son cœur, si elle en avait un. Elle a dit tu as raison, c'est fou mais je sais ce que je fais, je te supplie de me suivre, de m'épauler, de me faire confiance car je sais, je sens, je suis certaine que c'est la seule solution. Elle a insisté, insisté et, la mort dans l'âme, il a cédé, sachant qu'il signait peut-être l'arrêt de mort de son fils. Et il a promis de n'en parler à personne.

Les dix millions ont été réunis, en billets usagés de cent, cinquante, vingt et dix, rangés dans trois valises. Rue Chalgrin, Ormen et Salis se sont assis autour de la grande table, occupant les mêmes places que lors de l'écoute du premier appel. Et ils attendent.

Chacun scrute le téléphone posé devant Bertrand, comme s'il s'agissait d'un animal prêt à mordre. Le cœur de Delphine n'en peut plus de battre à tout rompre : dans quelques minutes, elle ira au bout d'elle-même, là où personne – pas même Olivier – ne peut la suivre.

À 11 h 02, le téléphone sonne. Blanc comme un linge, Bertrand Salis saisit le combiné tout en regardant les sept silhouettes pétrifiées autour de la table, il met le haut-parleur et enclenche la touche REC.

— Argent ? questionne la voix.

— Oui. En petites coupures.

— Police ?

— Pas de police, dit Bertrand.

— Bien, dit la voix.

— Je veux l'entendre, dit Bertrand. Je veux être sûr qu'il est vivant.

— Impossible, dit la voix. Lui pas ici. Vous payer d'abord, voici instructions.

Delphine se lève, s'approche de Bertrand, lui enlève doucement le combiné des mains.

— Mais…

Elle pose un doigt sur ses lèvres, porte le combiné à son oreille.

— Allô, dit-elle.

— Qui êtes-vous ? demande la voix après un léger silence.

— Je m'appelle Delphine Ormen, je suis la mère du petit garçon que vous avez enlevé.

Nouveau silence.

— Il est vivant, dit la voix en perdant sensiblement son accent russe. Vous devez me croire sur parole. Voici mes instructions…

— Les instructions, coupe Delphine d'une voix dure, c'est moi qui les donne. Vous m'entendez ?

Autour de la table, c'est la sidération. Ariane contemple sa fille avec effroi. Elle va faire une bêtise, elle est en train de faire une bêtise, elle le sent.

— Je ne… commence la voix.

— Écoutez-moi, écoutez-moi très attentivement. Nous n'avons pas prévenu la police, nous avons réuni l'argent. Dix millions, en petites coupures. Je les ai là, devant moi. Maintenant, voici ce que l'on va faire : vous n'aurez pas un franc, pas un centime, rien.

Ariane échange des regards affolés avec Pierre et François. Elle le savait ! Aude fixe Olivier qui baisse la tête. Françoise et Bertrand Salis, bouche bée, contemplent Delphine avec stupéfaction.

— C'est simple, poursuit Delphine, ou vous relâchez mon fils – et tout ceci reste entre nous, pas de police – ou je consacre l'intégralité de cette rançon à vous faire traquer et exécuter par des tueurs professionnels. Cela prendra le temps qu'il faudra, mais je vous aurai. Personne ne fait le poids en face de dix millions. Je mettrai votre tête à prix dans les journaux et à la télévision… Réfléchissez bien. C'est votre vie contre la sienne. Libérez-le maintenant et vous vous sauvez ; versez son sang et vous êtes déjà morts. Soyez bien sûrs de ça. Je vous poursuivrai jusqu'en enfer s'il le faut.

Delphine repose le combiné d'un geste lent, s'appuie à la table pour ne pas tomber. Vient-elle de sauver son fils ou l'a-t-elle tué de ses propres mains ? Elle relève la tête, regarde intensément Olivier, puis son père, sa mère, son frère. Elle ferme les yeux, s'adresse intérieurement au Dieu auquel elle ne croit pas :

— Seigneur, Seigneur, ayez pitié de moi.

Au terme de cet ouvrage, je tiens à remercier tous ceux qui ont bien voulu m'apporter leur aide et leur soutien pendant sa rédaction. Les remarques et informations dont ces lecteurs avisés ont pu me faire part m'ont été des plus précieuses. Que ceux-ci, et tout particulièrement Barbara Kamir et Clara Mackenzie, trouvent ici l'expression de ma grande gratitude.

Composé par NORD COMPO
à Villeneuve d'Ascq (Nord)

Imprimé en France par CPI
en mars 2017

POCKET - 12, avenue d'Italie - 75627 Paris Cedex 13

N° d'impression : 2028628
Dépôt légal : juin 2016
S25804/02